**Análise de Jurisprudência
sobre Arbitragem**

Análise de Jurisprudência sobre Arbitragem

Isabel Gonçalves
Joana Galvão Teles
Joana Neves
Rui Ferreira
Rute Santos

Coordenação: MARIANA FRANÇA GOUVEIA
Edição: JOÃO PEDRO PINTO-FERREIRA

ANÁLISE DE JURISPRUDÊNCIA
SOBRE ARBITRAGEM
COORDENAÇÃO
Mariana França Gouveia
EDITOR
EDIÇÕES ALMEDINA, S.A.
Rua Fernandes Tomás nºs 76, 78, 80
3000-167 Coimbra
Tel.: 239 851 904 · Fax: 239 851 901
www.almedina.net · editora@almedina.net
DESIGN DE CAPA
FBA.
PRÉ-IMPRESSÃO, IMPRESSÃO E ACABAMENTO
G.C. – GRÁFICA DE COIMBRA, LDA.
Palheira Assafarge, 3001-153 Coimbra
producao@graficadecoimbra.pt
Março, 2011
DEPÓSITO LEGAL
324741/11

Apesar do cuidado e rigor colocados na elaboração da presente obra, devem os diplomas legais dela constantes ser sempre objecto de confirmação com as publicações oficiais.
Toda a reprodução desta obra, por fotocópia ou outro qualquer processo, sem prévia autorização escrita do Editor, é ilícita e passível de procedimento judicial contra o infractor.

GRUPOALMEDINA

BIBLIOTECA NACIONAL DE PORTUGAL – CATALOGAÇÃO NA PUBLICAÇÃO
ANÁLISE DE JURISPRUDÊNCIA SOBRE
ARBITRAGEM

Análise de jurisprudência sobre arbitragem / coord.
Mariana França Gouveia
ISBN 978-972-40-4429-3

I – GOUVEIA, Mariana França, 1974-

CDU 347

INDICAÇÕES SOBRE O MODO DE CITAR

1. No texto, as obras são citadas com referência ao autor(es), título, ano e página, constando da bibliografia final os restantes elementos. No caso de artigos integrados em publicações periódicas, opta-se pela referência ao título da publicação, ao local de edição, ano e número.

2. Quando numa nota se citam vários autores, a regra é a da sua ordenação alfabética. Esta regra tem como excepção os casos em que um autor seja referido em especial, constando este em primeiro e os restantes por ordem alfabética.

3. Na primeira citação de cada texto, optou-se por apresentar o nome completo de cada autor (como apresentado no texto) e o título, sendo ambos os elementos referidos de forma abreviada nas restantes referências.

4. Na bibliografia final, as referências são apresentadas de acordo com a ordem alfabética do primeiro autor (último nome), ano da obra e ordem alfabética do seu título.

5. A jurisprudência é referida, por regra, através do nome do acórdão (cfr. Lista de Acórdãos Analisados). Quando a decisão apenas conste de nota de rodapé, será citada através da data e número do processo.

ABREVIATURAS

AAFDL	–	Associação Académica da Faculdade de Direito de Lisboa
Ac.	–	Acórdão
Art.	–	Artigo
BMJ	–	Boletim do Ministério da Justiça
BTE	–	Boletim do Trabalho e Emprego
Cfr.	–	Conferir
CJ STJ	–	Colectânea de Jurisprudência do Supremo Tribunal de Justiça
CJ	–	Colectânea de Jurisprudência
DL	–	Decreto-Lei
Ed.	–	Edição
Org.	–	Organizado por
Par. (ou Pars.)	–	Parágrafo (ou parágrafos)
Proc. nº	–	Processo número
RDES	–	Revista de Direito e de Estudos Sociais
RFDUL	–	Revista da Faculdade de Direito da Universidade de Lisboa
ROA	–	Revista da Ordem dos Advogados
STA	–	Supremo Tribunal Administrativo
STJ	–	Supremo Tribunal de Justiça
TRC	–	Tribunal da Relação de Coimbra
TRE	–	Tribunal da Relação de Évora
TRG	–	Tribunal da Relação de Guimarães
TRL	–	Tribunal da Relação de Lisboa
TRP	–	Tribunal da Relação do Porto

LISTA DE ACÓRDÃOS ANALISADOS

Por facilidade de exposição, as decisões analisadas nos diferentes textos serão referidas através de um nome, constando os restantes elementos da lista que se segue. As decisões que apenas constem de notas de rodapé encontram-se referidas na lista de jurisprudência final.

"Caso do Acidente de Viação": Ac. STJ de 19.12.1989 – Proc. nº 078381

"Caso Empreitada no Funchal": Ac. STJ de 27.9.1990 – Proc. nº 080443

"Caso Setenave": Ac. STJ de 29.5.1991 – Proc. nº 078981

"Caso da Comissão Paritária": Ac. STJ de 11.3.1999 - Proc. nº 98B1128

"Caso do Jogador de Golfe II": Ac. STJ de 17.5.2001 – CJ 2001, II, pp. 89 a 91

"Caso dos Automóveis": Ac. STJ de 27.6.2002 – Proc. nº 02A3692

"Caso Nova Dehl": Ac. STJ de 23.10.2003 – Proc. nº 03B3145

"Caso PT II": Ac. STJ de 4.10.2005 – Proc. nº 05A2222

"Caso Nova Deli": Ac. STJ de 11.10.2005 – Proc. nº 05A2507

"Caso da Compra e Venda de Acções": Ac. STJ de 24.10.2006 – Proc. nº 06B2366

"Caso da Apresentadora de Televisão": Ac. STJ de 3.5.2007 – Proc. nº 06B3359

"Caso da Construção Civil": Ac. STJ de 27.5.2008 – Proc. nº 08B847

"Caso da Cláusula Penal II": Ac. STJ de 10.7.2008 – Proc. nº 08A1698

"Caso Inquérito Judicial I": Ac. TRL de 18.5.1977 – CJ 1977, III, pp. 619 e 620

"Caso Anulação Deliberações Sociais": Ac. TRL de 15.4.1986 – CJ 1986, II, p. 110

"Caso do Contrato-Promessa": Ac. TRL de 31.3.1992 – Proc. nº 0057461

"Caso Prémio Anual dos Administradores": Ac. TRL de 14.6.1994 – Proc. nº 0083551

"Caso Despejo I": Ac. TRL de 11.10.1994 – Proc. nº 0086041

"Caso Acção Executiva": Ac. TRL de 14.5.1998 – Proc. nº 0008222

"Caso das Faltas Injustificadas": Ac. TRL de 14.6.2000 – CJ 2000, III, pp. 167 a 169

"Caso do Jogador de Golfe I": Ac. TRL de 9.11.2000 – CJ 2000, V, pp. 87 a 90

"Caso da Execução Específica": Ac. TRL de 16.1.2001 – CJ 2001, I, pp. 79 a 81

"Caso do Árbitro Impedido": Ac. TRL de 7.11.2002 – CJ 2002, V, pp. 69 a 71

"Caso Despejo II": Ac. TRL de 23.10.2003 – Proc. nº 3317/2003-6

"Caso Teleweb": Ac. TRL de 18.5.2004 – Proc. nº 3094/2004-7

"Caso PT I": Ac. TRL de 3.3.2005 – Proc. nº 9596/2004-6

"Caso Sporting": Ac. TRL de 21.4.2005 – Proc. nº 3060/2005-6

"Caso Imopólis": Ac. TRL de 24.11.2005 – Proc. nº 10593/2005-6

"Caso Arresto": Ac. TRL de 20.4.2006 – Proc. nº 3041/2006-2

"Caso Golfe das Amoreiras": Ac. TRL de 2.10.2006 – Proc. nº 1465/2006-2

"Caso da Deliberação Social": Ac. TRL de 6.3.2007 – *CJ* 2007, II, pp. 70 a 76

"Caso do Trespasse": Ac. TRL de 5.6.2007 – Proc. nº 1380/2007-1

"Caso da Cláusula Penal I": Ac. TRL de 29.11.2007 – Proc. nº 5159/2007-2

"Caso Embargo Obra Nova": Ac. TRL de 18.9.2008 – Proc. nº 3612/2008-8

"Caso do Acordo-Quadro": Ac. TRL de 10.2.2009 – Proc. nº 3859/2008-7

"Caso Insolvência": Ac. TRL de 25.6.2009 – Proc. nº 984/08.oTBRMR.L1-8

"Caso dos Juros": Ac. TRP de 11.11.1993 – Proc. nº 9220917

"Caso do Fornecimento de Moldes": Ac. TRP de 3.4.1995 – Proc. nº 9451263

"Caso do Condomínio": Ac. TRP de 30.9.1996 – Proc. nº 9650553

"Caso Ovarense": Ac. TRP de 24.11.1997 – CJ 1997, V, pp. 246 a 248

"Caso do Cão": Ac. TRP de 27.11.2001 – Proc. nº 0121217

"Caso Impugnação Despedimento": Ac. TRP de 9.2.2004 – Proc. nº 0344354

"Caso Suspensão de Deliberações Sociais": Ac. TRP de 17.5.2005 – Proc. nº 0522209

"Caso da Sociedade de Pesca da Sardinha": Ac. TRP de 18.5.2006 – Proc. nº 0630812

"Caso Nomeação Órgãos Sociais": Ac. TRP de 20.7.2006 – Proc. nº 0632696

"Caso das Sementes de Milho": Ac. TRP de 11.1.2007 – Proc. nº 0636141

"Caso Inquérito Judicial II": Ac. TRP de 17.4.2007 – Proc. nº 0721539

"Caso Consignação em Depósito I": Ac. TRP de 26.5.2008 – Proc. nº 0852236

"Caso do Contrato de Prestação de Serviços": Ac. TRP de 18.6.2008 – Proc. nº 0726831

"Caso Consignação em Depósito II": Ac. TRP de 2.3.2009 – Proc. nº 0823701

"Caso Beira-Mar": Ac. TRE de 27.10.1998 – CJ 1998, IV, pp. 292 a 294

"Caso da Urbanização": Ac. TRE de 4.10.2007 – Proc. nº 1725/07-2

"Caso Indemnização de Clientela": Ac. TRG de 16.2.2005 – Proc. nº 197/05-1

"Caso da Auto-Estrada": Ac. TRG de 23.11.2005 – Proc. nº 1595/05-1

"Caso Mitsubishi": Ac. *Supreme Court* – 473 U.S. 614, L. Ed. Ed 444 (1985)

A Arbitragem Voluntária na Jurisprudência dos Tribunais Superiores

por Mariana França Gouveia e João Pedro Pinto-Ferreira**

I. A obra que agora se publica resulta de um conjunto de trabalhos apresentados no âmbito do II Curso de Pós-Graduação em Arbitragem, realizado na Faculdade de Direito da Universidade Nova de Lisboa e coordenado por Mariana França Gouveia e pelo Doutor Filipe Alfaiate.

Os textos tiveram como pano de fundo a jurisprudência dos tribunais judiciais em matéria de arbitragem a partir de 1986, ano em que foi aprovada a Lei nº 31/86, de 29 de Agosto (Lei de Arbitragem Voluntária, doravante "LAV"). Segue-se a lista completa dos trabalhos apresentados:

- "Fundamentos de Anulação de Sentença Arbitral – A Alegação Oportuna dos Fundamentos", por Filipa Farinha Santos;
- "Fundamentos de Anulação de Sentença Arbitral – A Irregular Constituição do Tribunal", por Filipa Farinha Santos;
- "O Excesso e a Omissão de Pronúncia como Fundamentos de Anulação da Decisão Arbitral", por Guilhermina Cotrim;
- "A Não Arbitrabilidade como Fundamento de Anulação da Sentença Arbitral na Lei de Arbitragem Voluntária", por Isabel Gonçalves;
- "A Arbitrabilidade dos Litígios em Sede de Invocação de Excepção de Preterição do Tribunal Arbitral Voluntário", por Joana Galvão Teles;
- "O Princípio da Competência dos Tribunais Arbitrais para Decidirem sobre a sua própria Competência", por Joana Neves;

---

* Professora da Faculdade de Direito da Universidade Nova de Lisboa.
** Mestre em Ciências Jurídicas Empresarias pela Faculdade de Direito da Universidade Nova de Lisboa.

– "A Incompetência do Tribunal Arbitral em sede de Acção de Anulação da Decisão Arbitral", por João Taborda;
– "A Violação dos Princípios Processuais Previstos no artigo 16º da Lei de Arbitragem Voluntária como Fundamento de Anulação da Decisão Arbitral – Análise de Jurisprudência", por Maria José Tavares;
– "Questões Processuais", por Natália Teixeira Garcia;
– "Anulação da Decisão Arbitral. Taxatividade dos Fundamentos de Anulação", por Rui Ferreira;
– "Os Requisitos Formais e Materiais da Convenção de Arbitragem", por Rute Santos;
– "A Falta de Fundamentação e de Assinatura da Decisão Arbitral", por Vítor Completo Martins.

II. Numa altura em que se discute a necessidade de proceder a alterações na LAV[1] – tendo a Associação Portuguesa de Arbitragem (doravante "APA") apresentado, em Março de 2009, uma proposta de nova LAV ao ministro titular da pasta da Justiça[2] – o diálogo privilegiado com a jurisprudência que se procurou estabelecer nos trabalhos pode contribuir para uma visão mais concreta sobre os problemas suscitados durante os cerca de 25 anos de vigência da LAV e, bem assim, sobre as soluções que os tribunais judiciais têm preconizado.

De facto, analisar a actividade jurisprudencial em matéria de arbitragem voluntária implica centrar a análise na aplicação concreta do Direito. Esta abordagem reveste particular interesse pela conjugação de duas circunstâncias: por um lado, salienta a importância da *law in action*, assim revelando a notável diversidade de situações e de problemas que podem surgir, alguns deles com resposta na lei; por outro lado, permite constatar qual a atitude adoptada pelos tribunais judiciais face à arbitragem voluntária e ao concomitante exercício de poderes jurisdicionais por privados.

Assim, o objectivo dos textos que compõem este livro pode resumir-se à seguinte ideia: partindo de alguns aspectos do regime legal da arbitragem

---

[1] Cfr., neste sentido, António Sampaio Caramelo, "A Disponibilidade do Direito como Critério de Arbitrabilidade do Litígio – Reflexões de *Jure Condendo*", *in ROA*, ano 66, nº 3, p. 1233 e Armindo Ribeiro Mendes, "Balanço dos Vinte Anos de Vigência da Lei de Arbitragem Voluntária: sua Importância no Desenvolvimento da Arbitragem e Necessidade de Alterações", *in I Congresso do Centro de Arbitragem da Câmara de Comércio e Indústria Portuguesa*, 2008, pp. 52 a 62.

[2] A proposta foi, entretanto, objecto de algumas alterações, tendo a APA apresentado, em Maio de 2010, uma versão final da mesma ao Secretário de Estado da Justiça. É a este último documento – disponível em http://arbitragem.pt/noticias/proposta-de-lav-13052010.pdf - que nos referiremos ao longo deste texto.

voluntária e da doutrina que sobre eles se tem pronunciado, pretendeu atingir-se a sua concretização prática pela jurisprudência.

Antecipando alguns dos temas que serão versados, é bastante revelador da atitude da jurisprudência face à jurisdição arbitral o entendimento sobre a interpretação da disponibilidade do direito como critério de arbitrabilidade de litígios (art. 1º, nº 1 da LAV) ou sobre o efeito negativo do princípio da competência da competência do tribunal arbitral ou ainda sobre o carácter taxativo ou exemplificativo dos fundamentos de anulação da decisão arbitral (art. 27º, nº 1). A posição que se adopte a respeito de qualquer uma destas questões, porque susceptível de condicionar a intervenção da jurisdição arbitral ou de permitir um maior controlo *a posteriori* das decisões proferidas por tribunal arbitral, dirá muito acerca da *verdadeira atitude, favorável ou desfavorável, de confiança ou de desconfiança, de conhecimento ou de ignorância*, dos tribunais estaduais em face dos tribunais arbitrais.

III. Entre os diversos trabalhos apresentados, foram seleccionados cinco para publicação, a saber:

– "O Princípio da Competência dos Tribunais Arbitrais para Decidirem sobre a sua própria Competência", por Joana Neves;
– "A Arbitrabilidade dos Litígios em Sede de Invocação de Excepção de Preterição do Tribunal Arbitral Voluntário", por Joana Galvão Teles;
– "A Não Arbitrabilidade como Fundamento de Anulação da Sentença Arbitral na Lei de Arbitragem Voluntária", por Isabel Gonçalves;
– "Os Requisitos Formais e Materiais da Convenção de Arbitragem", por Rute Santos;
– "Anulação da Decisão Arbitral. Taxatividade dos Fundamentos de Anulação", por Rui Ferreira.

IV. O texto "O Princípio da Competência dos Tribunais Arbitrais para Decidirem sobre a sua própria Competência" (Joana Neves) analisa o princípio da competência da competência do tribunal arbitral nas suas vertentes positiva e negativa.

O primeiro aspecto versado diz respeito à natureza contratual, na sua fonte, da jurisdição arbitral, do que resulta que a competência do tribunal arbitral depende da existência, validade, eficácia ou aplicabilidade da convenção de arbitragem. É neste contexto que importa saber a que tribunal – arbitral ou judicial – compete o juízo sobre a competência dos árbitros.

A autora refere, em primeiro lugar, que o tribunal arbitral pode apreciar a existência, validade, eficácia ou aplicabilidade da convenção arbitral quando a sua competência for questionada por uma das partes – *efeito positivo* do princípio da competência da competência do tribunal arbitral (art. 21º, nº 1 da LAV). Na sequência da exposição, são ainda discutidas questões como o fundamento teórico e prático da vertente positiva do princípio da competência da competência e a sua ligação com a regra da autonomia da convenção de arbitragem (art. 21º, nº 2 da LAV).

No que respeita ao *efeito negativo* do princípio da competência da competência – que consiste na prioridade do tribunal arbitral na apreciação da sua competência –, o texto dá nota das tendências contraditórias que se verificam em outros ordenamentos jurídicos, bem como da sua não consagração expressa na LAV, referindo ainda as diferentes posições doutrinais que foram surgindo a este respeito.

A análise da jurisprudência acaba, no fundo, por reflectir as dúvidas quanto ao reconhecimento ou não da vertente negativa da regra da competência da competência dos tribunais arbitrais. Assim, no *"Caso Setenave"*, o Supremo Tribunal de Justiça negou prioridade aos tribunais arbitrais na apreciação da sua competência, ao admitir, de forma expressa, a propositura de acções judiciais tendentes à declaração de inexistência, de invalidade, de caducidade ou de inaplicabilidade da convenção de arbitragem. Pelo contrário, no *"Caso Trespasse"*, o Tribunal da Relação de Lisboa adoptou uma atitude favorável à arbitragem, defendendo que a excepção de preterição do tribunal arbitral voluntário apenas deverá improceder face a uma convenção arbitral manifestamente nula. Desta forma, o Tribunal concluiu pela procedência da excepção, uma vez que considerando que, pese embora se tratasse de uma acção de despejo, os litígios relativos a contratos de arrendamento podem, por regra, ser submetidos à arbitragem.

Destaque, por fim, para o facto de a autora defender, *de jure condendo*, a consagração do efeito negativo do princípio da competência da competência dos tribunais arbitrais através de uma regra que limite a intervenção do tribunal judicial, no domínio da excepção de preterição do tribunal arbitral voluntário, a uma análise perfunctória da convenção arbitral.

V. O texto "A Arbitrabilidade dos Litígios em Sede de Invocação de Excepção de Preterição do Tribunal Arbitral Voluntário" (Joana Galvão Teles) debruça-se sobre os conceitos de arbitrabilidade e de (in)arbitrabilidade objectiva (art. 1º, nº 1 da LAV) quando alegados no âmbito de acção judicial para, respectivamente, fundamentar ou afastar a excepção dilatória de violação da convenção de arbitragem [art. 494º, al. j) do CPC].

Num primeiro momento, a autora aborda, em abstracto, as finalidades que o legislador tem em vista ao impor a (in)arbitrabilidade de certos litígios atento o seu objecto, entendendo que, por regra, tal resulta da natureza de ordem pública das matérias em questão ou de uma maior eficiência e aptidão dos tribunais judiciais nos domínios em causa. Esta constatação permite, depois, proceder à distinção entre a (in)arbitrabilidade objectiva e as limitações ao poder decisório dos árbitros, na medida em que estas resultam da natureza contratual e privada da arbitragem.

Em seguida, é focada a disponibilidade do direito como critério de arbitrabilidade de litígios (art. 1º, nº 1 da LAV), confrontando-a com os critérios da ligação do litígio com a ordem pública e da natureza patrimonial da pretensão. Esta análise leva a autora a concluir que o critério da disponibilidade do direito é o que mais se aproxima das preocupações que, em abstracto, determinam a (in)arbitrabilidade dos litígios, desde que entendido como apenas vedando a sujeição à arbitragem dos litígios respeitantes a direitos absolutamente indisponíveis.

O texto debruça-se, ainda, sobre um apreciável número de acórdãos que se pronunciaram, directa ou indirectamente, sobre a arbitrabilidade ou (in)arbitrabilidade objectiva dos litígios.

O exame de algumas destas decisões sugere que os problemas resultam, essencialmente, de questões como o direito material aplicável ou os limites dos poderes dos árbitros. De facto, em alguns acórdãos, é notório que a imperatividade das normas em causa ou a ausência de poderes executivos dos árbitros acabam por influenciar a análise da arbitrabilidade ou (in)arbitrabilidade. A título exemplificativo desta tendência, refira-se o *"Caso Indemnização de Clientela"*, em que o Tribunal da Relação de Guimarães concluiu pela (in)arbitrabilidade do litígio com base na incompatibilidade entre o carácter imperativo das normas que regulam os direitos do agente em caso de cessação do contrato de agência, por um lado, e a concessão de poderes aos árbitros para julgar de acordo com a equidade, por outro lado. No mesmo sentido, o acórdão do Tribunal da Relação do Porto no *"Caso Suspensão de Deliberações Sociais"* baseou a (in)arbitrabilidade da providência cautelar requerida na concepção – partilhada pela doutrina maioritária – segundo a qual são inarbitráveis as providências cautelares que impliquem o exercício de *ius imperii* pelos tribunais arbitrais, assim colocando a ênfase nos limites dos poderes dos árbitros.

Em outras decisões, pelo contrário, é possível observar uma adequada aplicação do critério legal de arbitrabilidade objectiva. Assim, por exemplo, no *"Caso Beira-Mar"*, o Tribunal da Relação de Évora entendeu que nada obstava à arbitrabilidade do direito às retribuições salariais após a cessação do contrato de trabalho, uma vez que já não se verificavam as razões que, na vigência do contrato, justificavam a indisponibilidade do direito. Como se pode constatar, o Tribunal não só evitou a confusão entre a arbitrabilidade do litígio e o direito material aplicável, como também interpretou a disponibilidade exigida no art. 1º, nº 1 da LAV como relativa.

VI. O texto "A Não Arbitrabilidade como Fundamento de Anulação da Sentença Arbitral na Lei de Arbitragem Voluntária" (Isabel Gonçalves) procede ao estudo da (in)arbitrabilidade do litígio quando alegada no âmbito de acção de anulação da decisão arbitral.

O estudo começa por se debruçar sobre os critérios de delimitação da arbitrabilidade objectiva (art. 1º, nº 1 da LAV), centrando-se no critério da disponibilidade do direito e, em particular, na destrinça entre a indisponibilidade do direito – que funciona como limite à arbitrabilidade do litígio – e o carácter imperativo das normas – que implica uma restrição ao poder de declarar o direito. A análise do critério da disponibilidade do direito – e o seu confronto com outros critérios de arbitrabilidade – leva a autora a concluir que este não só preenche os objectivos subjacentes à imposição de limites à arbitrabilidade objectiva, como também se adapta às transformações socioculturais na configuração dos direitos, desde que interpretado no sentido de permitir a intervenção da arbitragem no âmbito de litígios respeitantes a direitos relativamente indisponíveis.

O texto aborda ainda a dualidade de meios de impugnação das decisões arbitrais, referindo-se à conjugação entre a acção de anulação e os recursos (art. 27º, nº 3 da LAV) e às diferenças mais marcantes entre ambos, com especial ênfase para a amplitude dos poderes de controlo da sentença arbitral pelos tribunais judiciais. No que respeita especificamente à acção de anulação, a autora defende que o controlo meramente formal da decisão, característico deste meio de impugnação, é insuficiente quando seja invocada a indisponibilidade do direito ou a violação de uma regra de ordem pública, na medida em que se trata de questões substantivas que exigem, assim, a apreciação do mérito da sentença arbitral, ainda que apenas na estrita medida do necessário para julgar da procedência ou improcedência da acção.

É, finalmente, possível constatar a atitude favorável da jurisprudência consultada em relação à arbitragem. Neste sentido, merece especial destaque o *"Caso da Apresentadora de Televisão"*, no qual o Supremo Tribunal de Justiça concluiu pela arbitrabilidade do direito de indemnização por violação do direito à imagem, na medida em que entendeu estar na presença de uma vertente disponível de um direito, em abstracto, indisponível. Por outro lado, o Tribunal reconduziu a acção de anulação a um mero controlo da validade formal da decisão arbitral, entendendo assim que a (eventual) ilegitimidade substantiva de uma das autoras não poderia ser apreciada nesta sede, mas apenas no âmbito de recurso da decisão arbitral (o que não era possível, uma vez que as partes tinham renunciado aos recursos).

VII. O texto "Os Requisitos Formais e Materiais da Convenção de Arbitragem" (Rute Santos) centra-se nos pressupostos que condicionam a validade da convenção de arbitragem, ora no que respeita à sua forma, ora no que respeita ao seu conteúdo.

A autora começa por abordar a natureza da convenção de arbitragem, concluindo que se trata de um negócio jurídico processual, dado que os respectivos efeitos são essencialmente processuais, ou seja, traduzem-se na atribuição do litígio a um tribunal arbitral e na sua consequente subtracção aos tribunais judiciais. Em seguida, refere a necessidade de acordo das partes em submeterem o litígio à arbitragem e, a propósito desta questão, aborda dois preceitos da Lei das Cláusulas Contratuais Gerais (doravante "LCCG") – os arts. 19º, al. g) e 21º, al. h) – que têm suscitado algumas dificuldades interpretativas na doutrina e na jurisprudência. Ainda a propósito dos requisitos formais da convenção arbitral, é colocada especial ênfase na *ratio* subjacente à exigência de forma escrita (art. 2º, nº 1 da LAV) e nas suas consequências, com especial destaque para as questões da convenção de arbitragem *per relationem* (art. 2º, nº 2) e da celebração de convenção arbitral por meios electrónicos.

No que respeita aos requisitos materiais da convenção de arbitragem, o realce vai para a distinção, em atenção ao respectivo objecto, entre a cláusula compromissória e o compromisso arbitral (art. 2º, nº 3 da LAV) e para as consequências daí resultantes em matéria de notificação para constituição do tribunal arbitral (art. 11º, nº 3). É também abordada a questão da determinação do objecto do litígio, discutindo-se o papel das partes na conformação deste e do tribunal, arbitral ou judicial, na verificação da sua concordância com o âmbito objectivo da convenção arbitral.

Por fim, o texto dá conta de uma atitude jurisprudencial globalmente favorável à arbitragem no que respeita aos aspectos relacionados com os requisitos formais e materiais da convenção arbitral. Neste particular, destaque-se o *"Caso PT II"*, no âmbito do qual se discutia a validade ou invalidade de uma cláusula compromissória constante de contrato de adesão face ao disposto no art. 21º, al. h) da LCCG. Numa interpretação reveladora de um *favor arbitrandum*, o Supremo Tribunal de Justiça entendeu que o preceito em análise não obsta à validade da cláusula arbitral desde que esta seja conforme à LAV. Impõe-se ainda uma breve referência ao *"Caso Nova Dehl"*, dada a originalidade da questão sobre a qual este se debruçou – convenção de arbitragem *per relationem*. Confrontado com uma carta escrita por uma das partes à outra, com remissão para um contrato do qual constava cláusula arbitral, o Supremo Tribunal de Justiça concluiu que as partes tinham celebrado uma convenção de arbitragem por remissão, nos termos do art. 2º, nº 2 da LAV.

VIII. O texto "Anulação da Decisão Arbitral. Taxatividade dos Fundamentos de Anulação" (Rui Ferreira) tem por objecto a acção de anulação como meio de impugnação de sentenças arbitrais, discutindo a natureza taxativa ou exemplificativa das causas de anulação previstas na LAV.

O texto parte da análise do regime da acção de anulação de decisões arbitrais e das finalidades por esta visadas, salientando que os fundamentos de anulação previstos no art. 27º da LAV traduzem-se, por regra, em nulidades processuais. O carácter aparentemente taxativo das causas de anulação previstas na LAV (que parece resultar do próprio elemento literal do art. 27º) leva a uma breve incursão pelo Direito Internacional Convencional e pelas normas que regulam a arbitragem em outros ordenamentos jurídicos, sendo possível constatar a existência de outros fundamentos de anulação da sentença arbitral para além daqueles que foram acolhidos pelo legislador nacional.

Retomando a análise da LAV, o autor verifica que uma parte da doutrina e a jurisprudência maioritária sustentam o carácter taxativo das causas de anulação da decisão arbitral, assim procurando obstar a que a acção de anulação seja utilizada como se de um recurso se tratasse. Neste sentido, é particularmente ilustrativo o *"Caso da Compra e Venda de Acções"*, na medida em que o Supremo Tribunal de Justiça, para além de (re)afirmar o carácter taxativo dos fundamentos de anulação da sentença arbitral, salientou que o controlo de mérito da decisão apenas é possível em sede de recurso, visando a acção de anulação, por seu turno, assegurar o respeito por princípios processuais estruturantes.

Não obstante, alguns autores e decisões têm defendido a existência de fundamentos adicionais de anulação da sentença arbitral, baseando-se ora no argumento de maioria de razão com o disposto na Convenção de Nova Iorque de 1958[3], ora na necessidade de acompanhar o alargamento da arbitrabilidade objectiva de um acrescido controlo estadual das decisões arbitrais. Esta orientação encontra-se, em parte, traduzida no acórdão do Supremo Tribunal de Justiça no *"Caso Cláusula Penal II"*, que considerou que a violação da ordem pública pode, em abstracto, conduzir à invalidade da decisão arbitral. Contudo, o Tribunal acabou por julgar o recurso improcedente, por um lado, com base na impossibilidade de analisar o mérito da sentença arbitral no âmbito da acção de anulação e, por outro lado, entendendo que a condenação em cláusula penal indemnizatória, mesmo que se provasse a ausência de danos, não implicava, necessariamente, a violação da ordem pública.

Uma vez ponderadas as diversas posições expostas e as razões que lhes estão subjacentes, o autor acaba por concluir pela natureza taxativa dos fundamentos

---

[3] Mais especificamente, referimo-nos à Convenção de Nova Iorque de 1958 sobre o Reconhecimento e a Execução de Sentenças Arbitrais Estrangeiras, disponível em http://www.gddc.pt/siii/docs/rar37-1994.pdf.

de anulação da decisão arbitral previstos no art. 27º da LAV, referindo que, na generalidade dos casos, os (supostos) fundamentos adicionais de anulação acabam por se reconduzir a causas de anulação já previstas na LAV. A única excepção – violação de uma regra de ordem pública *interna* na sentença arbitral – não deverá, no seu entender, constituir fundamento de anulação da decisão nos termos da LAV, devendo antes conduzir à paralisação dos seus efeitos nos termos gerais de direito (arts. 281º e 286º do CC).

IX. Em jeito de conclusão, parece-nos importante confrontar algumas das principais questões suscitadas ao longo destas páginas com as soluções preconizadas na proposta de nova LAV apresentada pela APA.

Assim, quanto ao critério de arbitrabilidade objectiva, é de realçar que a proposta optou por uma solução diferente, determinando a substituição do critério da disponibilidade do direito pelo critério da patrimonialidade do interesse, conjugado com o critério da transigibilidade do direito no que respeite a interesses destituídos de natureza patrimonial (art. 1º, nºs 1 e 2).

Esta opção parece ter ficado a dever-se, em grande medida, à posição manifestada por António Sampaio Caramelo (autor material da versão inicial da proposta) no sentido de que *"o critério de patrimonialidade da pretensão é, por um lado, o que permite uma mais fácil identificação de matérias susceptíveis de submissão à arbitragem e, por outro lado, o que possibilita o alargamento máximo, até ao limite de que parece razoável à luz dos valores fundamentais que enformam não só a nossa ordem jurídica mas também as ordens jurídicas estrangeiras que maiores afinidades têm com a nossa"*[4]. Importa, no entanto, referir que o critério da patrimonialidade está longe de ser consensual na doutrina, chegando a defender-se que tornará mais difícil a resolução de algumas situações que, até ao momento, não tinham suscitado problemas especiais[5].

Outro dos aspectos que a proposta de nova LAV decidiu alterar está relacionado com o princípio da competência da competência do tribunal arbitral, mais especificamente com a vertente negativa deste. Mantendo-se a regra que permite ao tribunal arbitral julgar a sua competência quando esta seja posta em crise por uma das partes (art. 18º, nº 1), passou a reconhecer-se, de forma expressa, prioridade ao tribunal arbitral na apreciação da sua competência, salvo quando a convenção de arbitragem for manifestamente nula ou se tiver tornado ineficaz

---

[4] Sampaio Caramelo, "A Disponibilidade cit.", p. 1243.
[5] Neste sentido, cfr. Carlos Ferreira de Almeida, "Convenção de Arbitragem: Conteúdo e Efeitos", *in I Congresso do Centro de Arbitragem da Câmara de Comércio e Indústria Portuguesa*, 2008, p. 87; pronunciando--se a favor do critério da disponibilidade do direito, embora com algumas hesitações, Ribeiro Mendes, "Balanço cit.", p. 56.

ou inexequível (art. 5º, nº 1). Esta solução vem, aliás, ao encontro da posição que parte da doutrina tem manifestado em face da actual LAV com base na aplicação analógica do art. 12º, nº 4 em sede de excepção dilatória de preterição do tribunal arbitral voluntário[6].

Por fim, importa salientar que a proposta introduziu alterações significativas no que aos fundamentos de anulação da decisão arbitral respeita. De facto, para além das causas de anulação constantes do art. 27º da LAV – que transitam para a proposta, embora, em alguns casos, com configuração diversa – passa a referir-se expressamente, entre outros fundamentos de anulação, a desconformidade entre a convenção de arbitragem e o processo arbitral, desde que com influência decisiva na resolução do litígio [art. 46º, nº 3, al. a), (iv)].

Não obstante, a versão final[7] da proposta persiste em excluir a violação da ordem pública interna[8] do elenco taxativo de fundamentos de anulação da decisão arbitral, o que é um pouco surpreendente tendo em conta que a ordem pública interna abarca o conjunto de princípios e regras estruturantes do ordenamento jurídico[9]. A proposta da APA contém uma nota justificativa em que se defende esta solução com o *"risco de se abrir a porta a um reexame do mérito pelos tribunais estaduais (...) a pretexto da averiguação da conformidade com os princípios da ordem pública, o que poria em causa a eficácia e o sentido da própria arbitragem"*[10], acrescentando ainda que a lei processual civil não conhece qualquer meio de impugnação da decisão judicial com base na violação da ordem pública interna quando as partes tenham renunciado ao recurso.

---

[6] Assim, João Luís Lopes dos Reis, "A Excepção da Preterição do Tribunal Arbitral (Voluntário)", *in* ROA, ano 58, nº 3, pp. 1123 e ss. e Luís De Lima Pinheiro, *Arbitragem Transnacional – A Determinação do Estatuto da Arbitragem*, 2005, pp. 123 e 124. Em sentido contrário, defendendo que o julgamento da excepção de violação da convenção de arbitragem acarreta a análise detalhada da validade da convenção arbitral, cfr. Miguel Teixeira de Sousa, *A Competência Declarativa dos Tribunais Comuns*, 1994, p. 136.

[7] Na versão inicial da proposta, pelo contrário, a violação da ordem pública interna constava do elenco das causas de anulação da decisão arbitral, encontrando-se então prevista no art. 46º, nº 3, al. b), (ii). Cfr., a este propósito, António Sampaio Caramelo, "A Reforma da Lei da Arbitragem Voluntária", *in Revista Internacional de Arbitragem e Conciliação*, ano 2, pp. 42 a 44.

[8] Por seu turno, a violação da ordem pública internacional constitui, nos termos da proposta, causa de anulação das decisões arbitrais proferidas no âmbito de arbitragens internacionais (art. 54º) ou de recusa de recusa de reconhecimento de decisões arbitrais estrangeiras [art. 56º, nº 1, al. b), (ii)]. Sobre a relação entre a ordem pública interna e a ordem pública internacional, cfr. Assunção Cristas e Mariana França Gouveia, "A Violação da Ordem Pública como Fundamento de Anulação de Sentenças Arbitrais – Anotação ao Acórdão 20 STJ de 10.7.2008", *in Cadernos de Direito Privado*, nº 29, pp. 52 e 53 e Sampaio Caramelo, "A Reforma cit.", p. 43.

[9] Assim, Assunção Cristas e França Gouveia, "A Violação cit.", p. 53.

[10] Cfr. a nota 156 da proposta de nova LAV, disponível em http://arbitragem.pt/noticias/proposta-de-lav-13052010.pdf.

Neste particular, importa salientar que, em nosso entender, a consagração do critério da patrimonialidade do interesse, porque permite o alargamento das margens de arbitrabilidade objectiva, pressupõe o controlo adicional da decisão arbitral, o que implica que a violação da ordem pública interna passe a constituir uma causa de anulação da sentença arbitral[11]. Esta quebra da correlação entre arbitrabilidade objectiva e controlo estadual da decisão arbitral promete, assim, intensificar a controvérsia já existente a este propósito caso a proposta da APA venha a ser acolhida numa futura revisão da LAV.

---

[11] Cfr. Assunção Cristas e França Gouveia, "A Violação cit.", p. 52. No mesmo sentido, criticando ainda a disparidade de regimes aplicáveis à violação da ordem pública interna e à violação da ordem pública internacional, Sampaio Caramelo, "A Reforma cit.", pp. 48 e 49.

O Princípio da Competência dos Tribunais Arbitrais para Decidirem sobre a sua Própria Competência

por Joana Neves

I. Introdução – 1. Competência dos Árbitros para Decidirem sobre a sua própria Competência. 2. Autonomia da Convenção de Arbitragem. 3. Intervenção dos Tribunais Estaduais no Julgamento da Competência do Tribunal Arbitral. II. Análise Jurisprudencial – 1. Efeito Positivo do Princípio da Competência da Competência. 2. Prioridade do Tribunal Arbitral no Julgamento da sua Competência. 3. Julgamento da Excepção de Preterição de Tribunal Arbitral pelo Tribunal Estadual. III. Conclusões

I. Introdução

Constituem pressupostos essenciais da competência do tribunal arbitral a regularidade da sua constituição e a inclusão do litígio no âmbito da convenção de arbitragem, por um lado e, por outro lado, a existência, validade e eficácia da convenção de arbitragem[1]. A competência do tribunal arbitral é, por seu turno, requisito de validade da decisão que este vier a proferir.

Dispõe o art. 3º da Lei nº 31/86, de 29 de Agosto (Lei de Arbitragem Voluntária, que doravante designaremos apenas por "LAV") que é nula a convenção que não tenha sido reduzida a escrito (art. 2º, nºs 1 e 2 da LAV) ou que verse sobre litígio não arbitrável, quer por estar exclusivamente submetido a tribunal judicial ou a arbitragem necessária (cfr. art. 1º, nº 1), quer por respeitar a direitos indisponíveis (cf. artigo 1º, nº 1, *in fine*), quer ainda por ter sido celebrada pelo Estado ou outras pessoas colectivas de direito público, fora dos casos previstos

---

[1] Assim, Luís de Lima Pinheiro, *Arbitragem Transnacional – A Determinação do Estatuto da Arbitragem*, 2005, p. 133.

no art. 1º, nº 4. Para além destas situações de inobservância dos requisitos formais e de inarbitrabilidade do litígio, a convenção de arbitragem é **inválida** quando não contenha um ou mais dos seus elementos essenciais (a indicação das partes outorgantes, a determinação do litígio ou litígios por ela abrangidos[2] e a vontade de submeter a causa a tribunal arbitral[3]) ou quando uma das partes não tenha personalidade ou capacidade jurídica.

A convenção de arbitragem é, por sua vez, **ineficaz** quando se tenham verificado eventos suspensivos ou extintivos da sua eficácia[4], designadamente por ter sido sujeita a condição, por ter caducado (art. 4º)[5] ou por ter sido revogada (art. 2º, nº 4)[6], ou por uma das partes ter sido declarada insolvente, quando a convenção de arbitragem respeite a litígios cujo resultado possa influenciar o valor da massa insolvente (art. 87º, nº 1 do Código de Insolvência e Recuperação de Empresas).

Uma vez que é da convenção de arbitragem que nascem os poderes jurisdicionais dos árbitros, sendo ela que define e limita o âmbito de intervenção do tribunal arbitral, o juízo acerca da existência, validade, eficácia ou aplicabilidade da convenção de arbitragem mais não é do que o juízo sobre a competência dos árbitros[7].

Verificando-se esta relação de dependência entre a competência do tribunal arbitral e a convenção de arbitragem, a questão que se coloca consiste em saber quem, e em que termos, exerce os poderes de verificação e de controlo da competência do tribunal arbitral. Para tanto importará averiguar quais os poderes de que dispõem os tribunais arbitrais na verificação dos vários aspectos atinentes

---

[2] Em bom rigor, relativamente à cláusula compromissória, talvez seja mais adequado falar-se em determinabilidade, na medida em que a LAV apenas impõe a indicação da fonte donde possam emergir os futuros litígios, exigindo a indicação de determinada relação contratual ou extracontratual.

[3] A vontade das partes pode estar afectada por vícios de vontade, quer na formação do negócio, quer na declaração de vontade negocial. Nestes casos, poderá a convenção de arbitragem ser anulada com fundamento em erro, dolo ou coacção.

[4] Carlos Ferreira de Almeida, "Convenção de Arbitragem: Conteúdo e Efeitos", *in I Congresso do Centro de Arbitragem da Câmara de Comércio e Indústria Portuguesa*, 2008, p. 90.

[5] Sobre a caducidade da convenção de arbitragem, em especial sobre o decurso do prazo para a decisão dos árbitros, cfr. Raul Ventura, "Convenção de Arbitragem", *in ROA*, ano 46, nº 2, pp. 403 e ss.

[6] Sobre a revogação da convenção de arbitragem, cfr. Raul Ventura, "Convenção cit.", pp. 398 e ss.

[7] Na doutrina do processo civil distingue-se, para determinados efeitos, o conceito de competência do conceito de jurisdição [cfr. Antunes Varela, J. Miguel Bezerra e Sampaio e Nora, *Manual de Processo Civil*, 1985, p. 196 e João Luís Lopes dos Reis, "A Excepção da Preterição do Tribunal Arbitral (Voluntário)", *in ROA*, ano 58, nº 3, p. 1126 a 1128]. Utilizaremos, no entanto, indistintamente os dois conceitos à semelhança dos autores estrangeiros, bem como da jurisprudência consultada. Também assim, António Sampaio Caramelo, "Anotação ao Acórdão da Relação de Lisboa de 18 de Maio de 2004", *in RDES*, ano 45, nº 4, p. 334, nota 10.

O PRINCÍPIO DA COMPETÊNCIA DOS TRIBUNAIS ...

à convenção de arbitragem e de que forma tais poderes influem na competência dos tribunais estaduais para controlar a competência dos árbitros.

1. Competência dos árbitros para decidirem sobre a sua própria competência

Grande parte dos sistemas nacionais reconhece ao tribunal arbitral a competência para decidir sobre a sua própria competência. Fala-se, nestes casos, do denominado *efeito positivo do princípio da competência da competência*,[8] segundo o qual o tribunal arbitral tem o poder de apreciar a existência, a validade, a eficácia e a aplicabilidade da convenção de arbitragem, enquanto fonte negocial do seu poder jurisdicional, decidindo sobre a sua própria competência para conhecer do mérito da causa. Nesta acepção positiva, o princípio da *competência da competência* permite ao tribunal arbitral prosseguir o processo arbitral mesmo quando a existência, validade ou aplicabilidade da convenção de arbitragem tenham sido contestadas por razões directamente atinentes ao acordo arbitral[9].

No ordenamento jurídico português, essa regra encontra-se expressamente consagrada no art. 21º, nº 1 da LAV, que estabelece que *"o tribunal arbitral pode pronunciar-se sobre a sua própria competência, mesmo que para esse efeito seja necessário apreciar a existência, a validade ou a eficácia da convenção de arbitragem ou do contrato em que ela se insira, ou a aplicabilidade da referida convenção"*.

Desde logo, a vertente positiva do princípio da *competência da competência* torna patente que a incompetência do tribunal arbitral para se pronunciar sobre o fundo da causa não obsta a que este se considere competente para apreciar a sua própria competência. Assim, tem-se entendido que os poderes do tribunal arbitral de verificação da sua própria competência não podem derivar do acordo de arbitragem, que o tribunal pode vir a declarar inexistente, inválido, ineficaz ou inaplicável ao caso concreto, nem mesmo da vinculatividade da convenção de arbitragem, resultante do princípio *pacta sunt servanda*. Tais poderes resultarão, como referido na literatura internacional, de uma ficção jurídica atributiva de

---

[8] Designado na doutrina alemã por *Kompetenz/Kompetenz*, na doutrina inglesa por *Competence- -Competence* e na doutrina francesa por *Compétence de la compétence*. Chama-se, no entanto, a atenção para a circunstância de, na terminologia alemã, a expressão *Kompetenz/Kompetenz* significar originalmente a atribuição aos árbitros da competência para proferir decisão sobre a sua própria competência, com exclusão da revisão dessa decisão por parte de qualquer outro tribunal. Não é, porém, esse o significado atribuído ao princípio da *competência da competência* pela maioria dos ordenamentos jurídicos, incluindo, actualmente, o próprio ordenamento jurídico alemão. Na doutrina portuguesa cfr. António Sampaio Caramelo, "A Autonomia da Cláusula Compromissória e a Competência da Competência do Tribunal Arbitral", *in ROA*, ano 68, nº 1, pp. 367 e ss.; Lima Pinheiro, *Arbitragem cit.*, pp. 133 e ss.; Lopes dos Reis, "A Excepção cit.", pp. 1020 e ss. e Miguel Teixeira de Sousa, *A Competência Declarativa dos Tribunais Comuns*, 1994, pp. 37 e 38.

[9] Fouchard, Gaillard e Goldman, *On International Commercial Arbitration*, org. Emmanuel Gaillard e John Savage, 1999, pp. 399 e 400, par. 658.

competência aos árbitros para proferir decisão acerca da sua própria competência, ou de uma presunção da vontade das partes no sentido de conferir aos árbitros o poder de decidir todos os aspectos da disputa, incluindo a própria competência do tribunal,[10,11] havendo ainda quem os classifique como um corolário de uma presunção de legalidade ou validade da convenção de arbitragem, ele próprio reconhecido como um costume internacional[12].

Em última análise, a justificação mais sólida do efeito positivo do princípio da *competência da competência* residirá na lei de arbitragem aplicável[13].

Do ponto de vista prático, o efeito positivo da *competência da competência* tem subjacente a preocupação de impedir que uma das partes possa obstruir ou atrasar o decurso do processo arbitral pela mera alegação da incompetência do tribunal arbitral por razões ligadas à existência, validade, eficácia ou aplicabilidade da convenção de arbitragem, permitindo que o tribunal arbitral aprecie ele próprio essas matérias sem necessidade de suspender ou extinguir a instância arbitral.

A incompetência do tribunal arbitral não pode ser declarada *ex officio* pelos árbitros, exigindo-se que tal questão seja suscitada pela parte demandada até à apresentação da defesa quanto ao fundo da causa, ou juntamente com esta (art. 21º, nº 3 da LAV), sob pena de se considerar sanada a incompetência. A parte interessada só poderá depois, em sede de acção de anulação da sentença arbitral, invocar a incompetência do tribunal arbitral caso tenha alegado oportunamente esse vício perante o tribunal arbitral [art. 27º, nº 1, alínea b) e nº 2][14].

No julgamento da excepção de incompetência o tribunal arbitral deverá actuar com plenos poderes de cognição, sendo admissível – e até exigível – que analise todos os factos relevantes para a apreciação da excepção e que examine todos os meios de prova convenientes, ainda que igualmente relevantes para a apreciação do fundo da causa. Entende-se, aliás, que o tribunal arbitral não poderá basear a sua decisão acerca da competência numa análise perfunctória

---

[10] Jean-François Poudret e Sébastian Besson, *Comparative Law of International Arbitration*, tradução de Stephen V. Berti e Anette Ponti, 2007, p. 385, par. 457.

[11] Julian D. M. Lew, Loukas A. Mistelis e Stefan Kröll, *Comparative International Commercial Arbitration*, 2003, p. 333.

[12] Fouchard, Gaillard e Goldman, *On International cit.*, p. 400, pars. 658 e 659 e Jean-François Poudret e Sébastien Besson, *Comparative Law cit.*, pp. 385 e 387, pars. 457 e 459.

[13] Fouchard, Gaillard e Goldman, *On International cit.*, p. 400, par. 658. Segundo Lima PInheiro, *Arbitragem cit.*, pp. 133 e 134, o facto de a invalidade da convenção de arbitragem não prejudicar a competência do tribunal arbitral é ilustrativo do seu entendimento de que a competência do tribunal arbitral não se funda na convenção de arbitragem, residindo antes, no caso da arbitragem interna, no regime local da arbitragem.

[14] Sobre esta questão, cfr. *infra*, ponto 3, p. 31.

da convenção de arbitragem mesmo nos casos em que decida separar a decisão acerca da sua competência da decisão sobre o mérito da causa[15].

Uma vez invocada a incompetência dos árbitros, o tribunal arbitral poderá resolver imediatamente a questão ou relegá-la para a decisão final sobre o mérito da causa, designadamente quando esteja carecido de produção de prova a apresentar em sede de audiência de julgamento acerca da validade ou eficácia da convenção de arbitragem[16].

Neste ponto importa avançar um pouco mais relativamente à natureza e aos efeitos da decisão do tribunal arbitral acerca da sua própria competência, sendo conveniente distinguir a decisão pela qual o tribunal arbitral se declara competente daquela pela qual se considera incompetente para conhecer do mérito da causa.

Caso o tribunal arbitral profira a decisão sobre a competência antes da decisão de mérito, a decisão pela qual o tribunal arbitral se declara competente constitui, como refere António Sampaio Caramelo[17], uma *"sentença interlocutória"* (*ínterim awards, sentences intérimaires, lodi interlocutori*). Tal decisão resolve, de modo definitivo, uma questão prévia ou prejudicial determinante para o desfecho da instância e considera-se vinculativa para as partes e para os árbitros, não podendo ser alterada ou revogada pelo tribunal arbitral no decurso do processo. As chamadas *"sentenças interlocutórias"* versam, assim, sobre um meio de defesa tendente a invalidar a arbitragem e produzem força obrigatória na acção arbitral (caso julgado formal)[18].

Nos sistemas em que se admite a impugnação imediata da decisão interlocutória da competência, as partes podem recorrer aos tribunais estaduais com vista à anulação da decisão do tribunal arbitral que se declarou competente[19]. Não é porém o que sucede no caso português, conforme se verá mais adiante.

---

[15] Neste sentido, Jean-François Poudret e Sébastien Besson, *Comparative Law cit.*, p. 389, par. 462.

[16] Jean-François Poudret e Sébastien Besson, *Comparative Law cit.*, p. 389, par. 462, referem que *"Todos os factos relevantes para determinar a jurisdição serão apreciados pelo tribunal arbitral com poder pleno de controlo (full power of review) e devem ser provados, ainda que tais factos sejam relevantes para a decisão do mérito da causa* (factos de relevância dupla, *faits de double pertinence*). Concluem aqueles Autores que *"o tribunal arbitral não pode basear a sua própria jurisdição numa apreciação provisória de tais factos"*.

[17] António Sampaio Caramelo, "Decisões Interlocutórias e Parciais no Processo Arbitral. Seu Objecto e Regime", *in II Congresso do Centro de Arbitragem da Câmara de Comércio e Indústria Portuguesa*, 2009, pp. 178 a 180.

[18] Sampaio Caramelo, "Decisões cit.", pp. 181 e 199.

[19] Tem sido entendimento de alguma doutrina que o art. 16º da Lei-Modelo aprovada em Viena, na 18ª Sessão da CNUDCI (Comissão das Nações Unidas para o Direito do Comércio Internacional), que admite a impugnação imediata da decisão pela qual o tribunal arbitral se declarou competente, inspirou o artigo 21º, nº 1 da LAV. Nessa medida, segundo Lopes dos Reis, "A Excepção cit.", p. 1121, *"há, por isso, boas razões para entender que o emprego da forma verbal pode pronunciar-se tem, na lei portuguesa,*

Pelo contrário, a decisão arbitral na qual o tribunal se declare incompetente para se pronunciar sobre o fundo da causa determina a extinção da instância arbitral, constituindo, nessa medida, uma verdadeira decisão final[20]. Uma vez que a declaração de incompetência põe termo ao processo antes de proferida decisão de mérito, os pedidos para os quais o tribunal se julgou incompetente podem ser novamente apresentados pelas partes perante um tribunal estadual ou mesmo perante um novo tribunal arbitral. Tratando-se de uma decisão definitiva, esta poderá ser desde logo impugnada nos mesmos termos da decisão arbitral sobre o mérito da causa, quer através de recurso, se admissível, quer mediante acção de anulação da decisão[21].

2. Autonomia da convenção de arbitragem

Ao princípio da *competência da competência* aparece normalmente ligada a regra da **autonomia** da convenção de arbitragem relativamente ao contrato onde esta se insere[22]. A convenção de arbitragem, quer na modalidade de cláusula compromissória, quer na modalidade de compromisso arbitral, quando contida em determinado contrato mantém a sua autonomia relativamente a este, na medida em que, por regra, a nulidade do contrato não acarreta a nulidade da convenção de arbitragem (art. 21º, nº 3 da LAV).

Ao passo que a *competência da competência* permite aos árbitros prosseguir a acção arbitral quando a existência, a validade, a eficácia ou a aplicabilidade da convenção de arbitragem tenham sido contestadas, a autonomia da convenção de arbitragem atribui ao tribunal o poder de invalidar o contrato principal sem o risco de que a sua decisão coloque em crise a sua competência para decidir do mérito da causa[23]. O princípio da competência do tribunal arbitral para decidir sobre a própria competência e a autonomia da convenção de arbitragem não devem por isso confundir-se, ainda que ambos desempenhem um importante papel na garantia e na efectivação da vontade das partes. Como observa Sampaio Caramelo, os dois princípios distinguem-se ainda pelo facto de a regra da autonomia da convenção de arbitragem constituir um princípio de direito substantivo, enquanto o princípio da *competência da competência* tem natureza essencialmente processual[24].

---

o mesmo significado que é pacificamente aceite para a expressão equivalente no texto fonte, de atribuir ao tribunal arbitral a competência para se pronunciar sobre a sua própria competência".

[20] Sampaio Caramelo, "Decisões cit.", p. 184.

[21] Assim, Lopes dos Reis, "A Excepção cit.", p. 1128.

[22] Ou separabilidade, conforme prefere chamar-lhe Sampaio Caramelo, "A Autonomia cit.", p. 356, acolhendo a terminologia mais usada na doutrina anglo-saxónica.

[23] Julian Lew, Loukas Mistelis e Stefan Kröll, *Comparative International cit.*, pp. 334 e 335.

[24] Sampaio Caramelo, "A Autonomia cit"., p. 368.

Em suma, ainda que a *competência da competência* permita aos árbitros apreciar a existência, a validade ou eficácia da convenção de arbitragem, apenas a regra da autonomia autoriza o tribunal arbitral a declarar inexistente, inválido ou ineficaz o contrato principal sem com isso atingir a fonte dos seus poderes jurisdicionais.

3. Intervenção dos tribunais estaduais no julgamento da competência do tribunal arbitral

Para além do efeito positivo acima enunciado, é comummente atribuído ao princípio da *competência da competência* o efeito negativo de impor aos tribunais judiciais o dever de se abster de decidir antecipadamente sobre a competência dos árbitros.

Na sua acepção negativa, a regra da *competência da competência* impõe essencialmente a prioridade do tribunal arbitral no julgamento da sua própria competência, obrigando os tribunais estaduais a absterem-se de decidir sobre essa matéria antes da decisão do tribunal arbitral.

Tal prioridade do tribunal arbitral na análise da sua competência implicará, em princípio, a impossibilidade das partes instaurarem junto de um tribunal estadual acção de simples apreciação tendente à confirmação ou negação da validade da convenção de arbitragem ou da própria competência do tribunal arbitral[25], apontando-se ainda como corolário do efeito negativo do princípio da *competência da competência* a inadmissibilidade de discussão autónoma da competência do tribunal arbitral em procedimento cautelar destinado a impedir a constituição ou o funcionamento de um tribunal arbitral[26,27].

Na ausência desse efeito negativo da convenção de arbitragem poder-se-á equacionar a existência de litispendência entre as acções ou processos cautelares que corram junto dos tribunais estaduais e respectivos recursos, de um lado, e o processo arbitral, do outro[28]. A doutrina nacional vem, no entanto, entendendo

---

[25] Fouchard, Gaillard e Goldman, *On International cit.*, p. 401, par. 659.

[26] No Projecto da nova Lei de Arbitragem Voluntária apresentado recentemente pela Associação Portuguesa de Arbitragem ("APA") propõe-se, sob a epígrafe *"Efeito negativo da convenção de arbitragem"*, a adopção inequívoca do efeito negativo do princípio da *competência da competência*. Estabelece-se aí que o tribunal estadual no qual seja proposta uma acção relativa a uma questão abrangida por convenção de arbitragem deve declarar-se incompetente para conhecer do mérito da causa, excepto em caso de manifesta nulidade, ineficácia ou inexequibilidade da convenção de arbitragem, admitindo-se deste modo uma análise meramente perfunctória da convenção de arbitragem por parte dos tribunais estaduais (art. 5º, nº 1 do Projecto). Como corolários deste princípio estabelece-se ainda a inadmissibilidade de instauração, antes ou na pendência de determinado processo arbitral, de acção declarativa de simples apreciação da convenção de arbitragem tendente à declaração de nulidade, ineficácia ou inexequibilidade da mesma (art. 5º, nº 4 do Projecto), bem como a inadmissibilidade de procedimento cautelar destinado a impedir a instauração ou continuação da acção arbitral (art. 5º, nº 4 do Projecto).

[27] Trata-se das chamadas *anti-arbitration injunctions*.

[28] Arts. 497º a 499º do Código de Processo Civil (CPC).

que a situação descrita não poderá ser resolvida no contexto da litispendência, quer com fundamento na incompatibilidade entre a livre revogabilidade da convenção de arbitragem e o conhecimento oficioso da excepção de litispendência[29], quer por entender que, na pendência de acção arbitral e de acção judicial idênticas, apenas se coloca a questão de saber qual o tribunal com poderes para julgar a causa, sendo irrelevante a discussão acerca de qual a acção proposta em primeiro lugar[30].

Assim, de acordo com o princípio da *competência da competência*, existindo uma convenção de arbitragem, o tribunal estadual deve declarar-se incompetente se nele for proposta uma acção entre as partes de um processo arbitral pendente e estiver em causa o mesmo pedido e causa de pedir, ou quando, não tendo ainda sido constituído tribunal arbitral, o litígio tal como descrito pelas partes na acção judicial esteja abrangido pela convenção de arbitragem.

É certo que a decisão dos árbitros sobre a sua própria competência não é irrevogável e que a generalidade das jurisdições confere aos tribunais do Estado uma função de controlo das decisões arbitrais, enquanto *contrapartida necessária da atribuição de eficácia jurisdicional à decisão arbitral*[31]. No entanto, tal função apenas poderá ser exercida em sede de impugnação ou de execução da decisão arbitral, uma vez proferida decisão final e definitiva pelo tribunal arbitral (art. 21º, nº 4 da LAV)[32].

O sentido do efeito negativo do princípio da *competência da competência* prende-se, assim, com a prioridade cronológica do tribunal arbitral na apreciação da competência, não significando que os árbitros sejam os únicos juízes da sua própria competência, mas apenas que o tribunal arbitral deverá ser o primeiro a pronunciar-se sobre a existência, a validade, a eficácia ou a aplicabilidade da convenção de arbitragem[33].

No entanto, muito embora o poder dos árbitros para decidir sobre a sua própria competência seja reconhecido pela maioria das jurisdições nacionais, o efeito negativo do princípio da *competência da competência* não encontra ainda total consenso[34].

---

[29] Lima Pinheiro, *Arbitragem cit.*, p. 90 e Lopes dos Reis, "A Excepção cit.", pp. 1119 e 1120. Também nesta matéria v. *infra* p. 36.

[30] António Sampaio Caramelo, "Questões de Arbitragem Comercial – II Anotação ao Acórdão do STJ, de 22 de Abril de 2004", *in RDES*, ano 46, nº 2-3-4, pp. 380 a 382.

[31] Lima Pinheiro, *Arbitragem cit.*, p. 73.

[32] Com esta expressão "decisão final e definitiva" referimo-nos, quer à decisão que se pronuncie sobre o fundo da causa, quer à decisão do tribunal arbitral que se declare incompetente.

[33] Fouchard, Gaillard e Goldman, *On International cit.*, p. 401, par. 659 e Sampaio Caramelo, "A Autonomia cit.", pp. 367 e 368.

[34] Fouchard, Gaillard e Goldman, *On International cit.*, p. 401, par. 659.

No Direito francês – que hoje consagra de uma forma mais abrangente essa vertente negativa da *competência da competência* – nas acções judiciais que respeitem a um litígio abrangido por convenção de arbitragem, o tribunal estadual deverá declarar-se incompetente quando o tribunal arbitral já esteja constituído ou, quando este não esteja ainda constituído, a convenção de arbitragem não for manifestamente nula[35].

Diferentemente, noutros ordenamentos jurídicos onde apenas se consagra o efeito positivo do princípio da *competência da competência*, não apenas se admite que as partes proponham uma acção num tribunal estadual com vista à apreciação da existência, da validade, da eficácia ou da aplicabilidade da convenção de arbitragem, como se impõe aos tribunais estaduais perante os quais seja proposta uma acção dessa natureza que analisem de forma detalhada a convenção de arbitragem. É o que sucede no direito alemão (nos casos em que o tribunal arbitral esteja constituído) e no direito inglês (desde que para tanto haja o consentimento das partes ou do tribunal)[36].

No caso da LAV, o art. 21º, nº 4 estabelece que a decisão pela qual o tribunal arbitral se declare competente só pode ser apreciada depois de proferida a decisão sobre o fundo da causa e pelos meios especificados nos arts. 27º e 31º, não atribuindo de forma expressa ao tribunal arbitral prioridade no julgamento da sua competência, o que deixa em aberto o verdadeiro sentido e alcance do princípio da *competência da competência* e, em particular, do seu efeito negativo no ordenamento jurídico português.

Existe, contudo, uma situação em que a lei é clara, permitindo que o tribunal estadual se pronuncie antecipadamente sobre matérias relativas à competência do tribunal arbitral. Tal hipótese encontra-se prevista no art. 12º, nº 4 da LAV e surge em situações de impossibilidade de constituição do tribunal arbitral por falta de nomeação de árbitros em conformidade com as regras estabelecidas nos arts. 6º e ss. Neste caso, as partes podem requerer ao presidente do tribunal da Relação a nomeação judicial do ou dos árbitros em falta (art. 12º, nº 1), podendo este – se, após avaliação perfunctória da convenção de arbitragem, concluir pela sua manifesta nulidade – declarar não haver lugar à designação de árbitros (art. 12º, nº 4).

---

[35] Art. 1458 do NCPC «(1) *Lorsqu'un litige dont un tribunal arbitral est saisi en vertu d'une convention d'arbitrage est porté devant une juridiction de l'Etat, celle-ci doit se déclarer incompétente. (2) Si le tribunal arbitral n'est pas encore saisi, la juridiction doit également se déclarer incompétente à moins que la convention d'arbitrage ne soit manifestement nulle*».

[36] Refiram-se ainda nesta matéria as regras previstas no art. II, nº 3 da Convenção de Nova Iorque, de 1958, sobre o Reconhecimento e Execução de Sentenças Arbitrais Estrangeiras e no art. 8º da Lei-Modelo da UNCITRAL.

Face à ambiguidade da lei nesta matéria, importa então averiguar se, e de que forma, pode o tribunal estadual apreciar a convenção de arbitragem e, consequentemente, proferir decisão sobre a competência do tribunal arbitral.

Em todo o caso, à semelhança do que sucede no âmbito do processo arbitral, o tribunal estadual não poderá declarar oficiosamente a competência ou incompetência do tribunal arbitral, sendo necessário que a parte demandada invoque a excepção de preterição de tribunal arbitral voluntário, ao abrigo dos arts. 494º, alínea j) e 495º do CPC.

Uma vez que a arbitragem tem origem no acordo das partes em resolver as suas disputas por via arbitral, é igualmente possível que as mesmas partes acordem em retirar ao tribunal arbitral a competência para apreciar matérias abrangidas por esse acordo. Nessa medida, ao submeter ao tribunal judicial determinado litígio abrangido por convenção de arbitragem, a parte demandante renuncia aos poderes que o acordo arbitral lhe confere e, caso o demandado não conteste a competência do tribunal estadual, deverá entender-se que renunciou igualmente à convenção de arbitragem[37].

É, pois, no âmbito da excepção de preterição de tribunal arbitral voluntário que incidirá este estudo. Pretende-se, por um lado, compreender a posição dos tribunais estaduais relativamente ao papel dos árbitros e dos juízes na apreciação da competência do tribunal arbitral e, por outro lado, analisar e discutir a jurisprudência dos tribunais estaduais superiores sobre aspectos atinentes à existência, validade, eficácia ou aplicabilidade da convenção de arbitragem.

Como se viu antes, a competência dos tribunais arbitrais está sujeita ao controlo do próprio tribunal arbitral, podendo ainda ser apreciada em sede de recurso, de acção de anulação ou ainda de execução da decisão arbitral e, eventualmente, no âmbito de acção judicial anterior ou simultânea à acção arbitral. O acolhimento de cada um dos potenciais controlos dependerá, não só da consagração do princípio da *competência da competência* na legislação nacional, mas também da interpretação jurisprudencial dos verdadeiros contornos desse princípio.

Assim, tendo como fio condutor o exame da sua posição acerca do conteúdo e efeitos do princípio da *competência da competência*, analisar-se-ão as posições dos tribunais estaduais portugueses em face da regra que atribui competência aos árbitros para apreciarem a sua própria competência.

Em seguida, analisar-se-á o entendimento dos tribunais estaduais quanto à eventual prioridade dos árbitros na apreciação da sua competência e consequente admissibilidade ou inadmissibilidade das acções tendentes à decla-

---

[37] Fouchard, Gaillard e Goldman, *On International cit.*, pp. 405 e ss., pars. 669 e 670.

ração de invalidade ou ineficácia da convenção de arbitragem ou à intimação da contraparte a abster-se de iniciar ou de prosseguir determinada acção arbitral.

Por fim, haverá oportunidade para nos debruçarmos sobre algumas decisões que afloram o regime de arguição e julgamento da excepção de preterição de tribunal arbitral. Três ordens de raciocínio poderão surgir nesta sede. Para alguns autores, os tribunais estaduais estão impossibilitados de apreciar qualquer questão que possa implicar o julgamento da competência do tribunal arbitral, devendo nesses casos suspender absolver a Ré da instância (art. 493º, nº 2). O controlo da convenção de arbitragem pelo tribunal estadual estará reservado, nestes casos, ao tribunal de recurso, da acção de anulação ou da acção executiva. Outros autores defendem que o tribunal estadual apenas pode declarar a incompetência do tribunal arbitral nos casos de manifesta nulidade da convenção arbitral, por analogia com o disposto no art. 12º, nº 4 da LAV. Por último, há ainda quem sustente, por paralelismo com o disposto no art. 290º do CPC, que o tribunal estadual se encontra obrigado a analisar detalhadamente a validade da convenção de arbitral, podendo declarar a incompetência do tribunal arbitral antes da pronúncia dos árbitros.

II. Análise de Jurisprudência

Para efeitos da análise das questões enunciadas no capítulo anterior foram tidas em conta as decisões proferidas por tribunais estaduais superiores em sede de apreciação da excepção de preterição de tribunal arbitral voluntário. Muito embora as decisões consultadas se encontrem tematicamente distribuídas pelas várias matérias relacionadas com o princípio da *competência da competência* – (1) efeito positivo do princípio da *competência da competência*; (2) efeito negativo do princípio da *competência da competência*: prioridade do tribunal arbitral no julgamento da sua competência, e (3) efeito negativo do princípio da *competência da competência*: julgamento da excepção de preterição de tribunal arbitral –, no exame e comentário de todas elas abordar-se-ão questões que, de uma forma ou de outra, se colocam necessariamente a propósito de todas as vertentes da competência dos árbitros para decidir sobre a sua própria competência.

Em especial, as regras relativas ao regime de arguição e conhecimento da excepção de preterição de tribunal arbitral voluntário constituem um elemento transversal à maioria das questões suscitadas em torno do princípio da *competência da competência*. Por outro lado, o reconhecimento do seu efeito positivo constitui pressuposto da aceitação da vertente negativa do princípio da *competência da competência*, pelo que tais matérias estão igualmente interligadas.

ANÁLISE DE JURISPRUDÊNCIA SOBRE ARBITRAGEM

1. Efeito positivo do princípio da *competência da competência*

1.1. Em matéria de reconhecimento jurisprudencial do efeito positivo do princípio da *competência da competência*, salienta-se o acórdão da Relação de Lisboa no *"Caso Sporting"*[38], proferido na sequência de sentença do Tribunal de 1ª Instância que declarou verificada a excepção dilatória de *falta de condição de admissibilidade* da acção. Nesta acção, intentada pelo Sporting – Sociedade Desportiva de Futebol, SAD, pedia-se a condenação de um antigo jogador do clube no pagamento de uma indemnização por violação do direito de preferência da Autora na compra do referido jogador.

Depois de analisar os vários contratos firmados entre as partes ("Contrato de trabalho entre clubes e jogadores profissionais de futebol", "Contrato de Trabalho Desportivo" e "Contrato de Transferência Definitiva", onde também era signatário o Futebol Club Barcelona), o juiz de primeira instância concluiu que, por efeito do "Contrato de Trabalho Desportivo", as partes haviam submetido o litígio em causa a tribunal arbitral[39], estando por isso a sociedade autora impossibilitada de instaurar a acção junto do tribunal estadual.

A Autora recorreu da decisão, alegando, em síntese, que a causa de pedir na acção era a violação do "Contrato de Transferência Definitiva" do jogador para o Futebol Club Barcelona, no qual se atribuía a competência para dirimir os litígios dele emergentes entre as partes ao órgão jurisdicional competente da FIFA. Salientou ainda que, de acordo com os Estatutos da FIFA, esse órgão jurisdicional era a Comissão do Estatuto do Jogador que, no entanto, se havia declarado incompetente e remetido as partes para a Federação Portuguesa de Futebol (FPF). Acrescentou, por fim, que o o "Contrato de Trabalho Desportivo" havia sido revogado pelo "Contrato de Transferência Definitiva", pelo que a cláusula compromissória constante do primeiro era inexistente à data da propositura da acção judicial.

A Relação de Lisboa aderiu aos argumentos da sociedade Autora e revogou a sentença recorrida. Em primeiro lugar, considerou que a cláusula compromissória prevista no "Contrato de Trabalho Desportivo" era inexistente por ter sido revogada juntamente com esse contrato. Entendeu ainda que, tal como

---

[38] Considerou-se não estar incluída na alegada invalidade de uma cláusula contratual, com base em alegado vício de vontade, a cláusula compromissória que apenas previa que *"eventuais litígios emergentes da interpretação, aplicação e execução do presente contrato, serão dirimidos por um Tribunal Arbitral"*.

[39] Na cláusula 13ª do "Contrato de Trabalho Desportivo" previa-se que os conflitos emergentes do referido acordo seriam julgados pela Comissão Arbitral Paritária prevista no artigo 48º do Contrato Colectivo de Trabalho dos Jogadores Profissionais de Futebol (publicado no BTE nº 5, de 08.02.1991) firmado entre a Liga dos Clubes de Futebol Profissional e o Sindicato dos Jogadores Profissionais de Futebol para dirimir conflitos laborais entre os jogadores de futebol e os respectivos clubes ou sociedades desportivas.

configurada pela Autora, a causa de pedir traduzia-se na violação do direito de preferência emergente do "Contrato de Transferência Definitiva", nos termos do qual seria o órgão jurisdicional da FIFA o tribunal arbitral competente para decidir a acção em causa.

Segundo a Relação de Lisboa – e no nosso entender bem –, o tribunal arbitral tinha competência para se pronunciar sobre a sua própria competência, mesmo que para esse fim fosse necessário apreciar a convenção de arbitragem, de acordo com o art. 21º, nº 1 da LAV.

No entanto, dado que no caso vertente, o tribunal arbitral se havia declarado incompetente em virtude de o litígio respeitar a clubes e jogador afectos à mesma Federação, o tribunal competente seria o tribunal estadual, junto do qual a acção poderia ser proposta. Nesta medida, a Relação de Lisboa afastou a possibilidade de um tribunal arbitral que se declare incompetente declarar a competência de outro tribunal, como havia feito a Comissão do Estatuto do Jogador, ao remeter as partes para a FPF.

1.2. Não discordando do sentido final da decisão da Relação de Lisboa, importa chamar a atenção para um aspecto processual que parece ter passado despercebido ao Tribunal.

Dos factos descritos no acórdão não consta que a parte demandada tivesse invocado na contestação a excepção de preterição de tribunal arbitral voluntário. Do que resulta do sumário do acórdão, o juiz de primeira instância conheceu oficiosamente da excepção, que denominou de *excepção dilatória de falta de condição de admissibilidade da acção*.

Acontece que o tribunal estadual não poderia absolver o réu da instância com este fundamento, uma vez que a parte demandada não havia invocado a excepção de preterição de tribunal arbitral voluntário. Com efeito, no âmbito da acção judicial, a violação da convenção de arbitragem constitui excepção dilatória nos termos do art. 494º, alínea j), do CPC. Contudo, tal excepção, designada no artigo 495º do CPC como *preterição do tribunal arbitral voluntário*, não é de conhecimento oficioso[40].

Tal como salienta João Lopes dos Reis[41], com a revisão do CPC efectuada pelo DL nº 180/96, de 25 de Setembro, pretendeu o legislador distinguir a preterição de tribunal arbitral necessário, excepção dilatória de conhecimento

---

[40] A procedência da excepção de preterição de tribunal arbitral voluntário determina a absolvição do réu da instância, de acordo com o art. 288º, nº 1, alínea e), do CPC. Esta excepção não se confunde, assim, com a celebração de compromisso arbitral na pendência da acção judicial, pelo qual as partes acordam em que a decisão de todo ou de parte do litígio seja cometida a um ou mais árbitros, assim determinando a extinção da instância nos termos nos arts. 287º, alínea b) e 290º do CPC.

[41] Lopes dos Reis, "A Excepção cit.", p. 1119.

oficioso, da excepção de preterição de tribunal arbitral voluntário, estabelecendo relativamente a esta, e em consonância com a livre revogabilidade da convenção de arbitragem (prevista no art. 2º, nº 4 da LAV) o ónus de alegação pela parte interessada.

Daqui resulta que, caso seja proposta acção no tribunal estadual depois de iniciado o processo arbitral, não existe litispendência, na medida em que esta excepção é de conhecimento oficioso[42].

Resulta também, conforme entendeu a Relação de Lisboa no caso em exame, que a excepção dilatória de preterição de tribunal arbitral voluntário não se confunde com incompetência relativa ou absoluta do tribunal (art. 494º, alínea a) do CPC), dado estar autonomamente prevista na al. j) do art. 494º.

Por outro lado, a não invocação da convenção de arbitragem pela parte demandada numa acção judicial relativa a um litígio por ela abrangido poderá ser entendida como uma renúncia tácita das partes às faculdades resultantes da convenção de arbitragem, com respeito ao objecto da causa[43].

Assim, uma vez que a excepção dilatória de preterição de tribunal arbitral voluntário não é de conhecimento oficioso (art. 495º do CPC), o juiz de primeira instância não podia ter absolvido o réu da instância com esse fundamento. Neste sentido, veja-se, a título de exemplo, o acórdão do Tribunal da Relação de Lisboa no *"Caso Arresto"*, no qual se decidiu o seguinte:

> «*Se o juiz conheceu (oficiosamente) da excepção de preterição de tribunal arbitral voluntário cometeu nulidade prevista no nº 1-d) do art. 668º, exercendo actividade exorbitante ou excessiva*».

1.3. À parte a circunstância de o tribunal de 1ª instância ter conhecido indevidamente a excepção de preterição de tribunal arbitral voluntário, a decisão em análise tem a importância de reconhecer ao tribunal arbitral (neste caso, o órgão jurisdicional da FIFA) a faculdade de se pronunciar sobre a sua própria competência. Tal faculdade do tribunal arbitral verifica-se, segundo o acórdão, ainda que para esse efeito seja necessário aferir da existência, validade, eficácia ou aplicabilidade da convenção de arbitragem ou do contrato em que esta se insira (efeito positivo do princípio da *competência da competência*).

Segundo a Relação de Lisboa, a expressão "mesmo", constante do art. 21º, nº 1 da LAV, tem como significado conferir ao tribunal arbitral a possibilidade de aferir da sua própria competência, não apenas por via da análise da validade

---

[42] Neste sentido, Lima Pinheiro, *Arbitragem cit.*, pp. 89 e 90. Em sentido contrário, Raul Ventura, "Convenção cit.", p. 388.

[43] Cfr. Lima Pinheiro, *Arbitragem cit.*, pp. 89 e 90 e Teixeira de Sousa, *A Competência cit.*, p. 134.

ou eficácia da convenção de arbitragem, mas também pela análise dos direitos trazidos a juízo[44].

Ora, o princípio da *competência da competência* permite ao tribunal arbitral, não só continuar a apreciar a acção quando a sua competência é posta em causa, mas também determinar que a convenção de arbitragem é inexistente, inválida, ineficaz ou inaplicável e proferir decisão declinando a sua competência.

No caso concreto, o tribunal arbitral tinha-se declarado incompetente por estar em causa um conflito entre clubes e jogadores afectos à mesma Federação. Nesta circunstância, a questão que se poderia colocar era a de saber se o tribunal estadual estaria vinculado a declarar-se competente, uma vez que o tribunal designado pelas partes na convenção de arbitragem se havia declarado incompetente.

Segundo Teixeira de Sousa, a decisão do tribunal sobre a sua competência não é normalmente vinculativa para outros tribunais, produzindo apenas efeitos processuais, no âmbito do próprio processo arbitral[45]. No entanto, no caso de o tribunal arbitral se declarar incompetente, o autor defende que o tribunal estadual ficará adstrito a essa decisão, devendo declarar-se competente na hipótese de uma das partes propor a mesma acção junto dos tribunais estaduais[46].

Neste sentido, decidiu também o Supremo Tribunal de Justiça no ***"Caso Setenave"*** (que adiante se analisará com maior detalhe), no qual se pode ler o seguinte[47]:

> «*Pelo exame efectuado, o tribunal arbitral pode considerar-se competente ou incompetente. No primeiro caso "a decisão pela qual o tribunal arbitral se declara competente só pode ser apreciada pelo tribunal judicial depois de proferida a decisão sobre o fundo da causa e pelos meios especificados nos artigos 27 e 31" (nº 4 do artigo 21 da Lei 31/86). Desde que se julgue competente, portanto, o tribunal arbitral pode e deve conhecer do mérito da causa. (...) No caso de o tribunal arbitral se considerar incompetente (por exemplo, por julgar inaplicável ou caduca, ou que ficou sem efeito a convenção de arbitragem), tal questão – da incompetência do tribunal arbitral – não poderá ser reexaminada pelo tribunal judicial*».

É este também o entendimento de João Lopes dos Reis e de Lima Pinheiro[48], o qual tem desde logo a importância prática de impedir que as partes se encon-

---

[44] Neste aspecto cita-se no acórdão Paula Costa e Silva, "Anulação e Recursos da Decisão Arbitral", *in ROA*, ano 52, nº 3, p. 926.

[45] Teixeira de Sousa, *A Competência cit.*, p. 37.

[46] Teixeira de Sousa, *A Competência cit.*, p. 136.

[47] V. *infra*, p. 43.

[48] Lima Pinheiro, *Arbitragem cit.* pp. 135 e 136 e Lopes dos Reis, "A Excepção cit.", p. 1130.

ANÁLISE DE JURISPRUDÊNCIA SOBRE ARBITRAGEM

trem numa situação em que nenhum dos tribunais, arbitral e estadual, se declare competente para apreciar a acção. Voltaremos a este ponto mais adiante[49].

A decisão do tribunal arbitral que se declarou incompetente não obsta, contudo, a que a parte demandante venha a intentar acção judicial com o mesmo objecto ou mesmo nova acção arbitral[50]. Por outro lado, não obsta a que a parte demandada venha invocar outra convenção de arbitragem, como fez a Ré no caso em apreço, ao deduzir excepção de preterição de tribunal arbitral com base na violação da convenção de arbitragem prevista no "Contrato Colectivo de Trabalho".

1.4. Não cuidaremos aqui de analisar exaustivamente a jurisprudência dos tribunais superiores em matéria de competência dos árbitros para julgar a sua própria competência. Para efeitos deste estudo referiremos apenas que, de uma maneira geral, o efeito positivo do princípio da *competência da competência* é amplamente reconhecido pelos tribunais portugueses, até porque resulta expressamente da letra do art. 21º da LAV. Maiores dúvidas surgem, no entanto, relativamente aos efeitos da convenção de arbitragem na competência dos tribunais estaduais.

2. Efeito negativo do princípio da *competência da competência*: prioridade do tribunal arbitral no julgamento da sua competência

2.1. A par do reconhecimento da competência do tribunal arbitral para se pronunciar sobre a sua própria competência, o acórdão do Tribunal da Relação de Lisboa no ***"Caso Teleweb"***, proferido na acção declarativa intentada pela LNG Holdings S.A. contra a API Capital – Soc. de Risco S.A., veio confirmar igualmente a vertente negativa do princípio da *competência da competência*.

Na origem desta acção estava um acordo parassocial relativo à sociedade TELEWEB – Comunicações Interactivas, S.A., celebrado entre quatro dos seus accionistas (API Capital, LNG Holdings, Finantel SGPS S.A. e Banco de Investimento Global, S.A.), do qual constava uma cláusula compromissória[51].

---

[49] V. *infra*, p. 51.

[50] A convenção de arbitragem não caduca com a decisão do tribunal arbitral que se declare incompetente. Caso o fundamento dessa decisão não prejudique a validade e eficácia da convenção de arbitragem, ela continuará a produzir efeitos.

[51] A cláusula arbitral tinha a seguinte redacção:
"24.1. Os litígios, controvérsias ou pretensões («*claims*») deste Acordo ou com ele relacionados serão em primeiro lugar objecto de uma tentativa de resolução por acordo dos Accionistas no prazo de 30 (trinta) dias contado da data em que ocorrer a recepção pelo último Accionista de uma notificação por escrito dando conta da existência de tal litígio, controvérsia ou pretensão.
24.2. Se os Accionistas não chegarem a acordo no prazo acima mencionado, os Accionistas acordam em que a questão de que se trate seja submetida a arbitragem, nos termos dos números seguintes.

Alegando o incumprimento do acordo parassocial por parte da LNG Holdings e da Finantel, a API Capital notificou as referidas accionistas para iniciar processo arbitral, tendo para tanto definido o objecto do litígio, designado o respectivo árbitro e convidado as requeridas a, conjuntamente, designarem o árbitro que lhes cabia nomear. A requerente dirigia pedidos indemnizatórios distintos contra cada uma das requeridas e alegava diferentes actos de incumprimento por parte de cada uma delas. Quer a LNG Holdings quer a Finantel sustentaram não haver lugar à coligação passiva e designaram, cada uma e separadamente, o respectivo árbitro. A pedido da requerente, o Presidente do Tribunal da Relação de Lisboa designou o árbitro das requeridas que, em conjunto com o árbitro designado pela requerente, nomeou o terceiro árbitro, ficando assim constituído o tribunal arbitral que passou a funcionar.

Na pendência da acção arbitral, a LNG Holdings intentou junto do tribunal judicial acção declarativa contra a API Capital, com vista à declaração de ilegalidade ou de impossibilidade legal da constituição do tribunal arbitral para apreciação da pretensão indemnizatória da Ré (requerente na acção arbitral) contra a agora Autora (requerida na acção arbitral), alegando a inadmissibilidade de coligação passiva em arbitragem.

O tribunal de primeira instância julgou procedente a excepção de preterição de tribunal arbitral voluntário invocada pela Ré, tendo a Autora interposto recurso de agravo desta decisão, reiterando que, sendo o litígio que a opunha à Ré independente daquele que opunha esta à Finantel e não sendo admissível a coligação passiva na acção arbitral, os litígios deveriam ser julgados separadamente. Sustentou ainda a Autora que, uma vez que as duas requeridas não se assumiam no processo arbitral como *uma parte* (dado não partilharem os mesmos interesses e posições face ao litígio em causa), qualquer obrigação de designarem por acordo um único árbitro para constituir o tribunal arbitral com o árbitro designado pela requerente violaria o princípio da igualdade das partes previsto no art. 16º, al. a) da LAV[52]. A sociedade demandante invocava, assim, a irregularidade da composição do tribunal arbitral por violação do princípio da igualdade aquando da designação dos árbitros, questão que, no seu entendimento, nada tinha que ver com a competência do tribunal arbitral.

A Relação de Lisboa julgou procedente a excepção de preterição de tribunal arbitral voluntário e confirmou a absolvição da Ré da instância. Afirmou preliminarmente que nada obsta à admissibilidade da coligação no âmbito da

---

24.3. O tribunal arbitral será composto por três árbitros, sendo um designado pelo Accionista(s) que formule a pretensão, o outro pelo Accionista(s) que se oponha à pretensão, sendo o terceiro designado por acordo dos dois árbitros; na falta desse acordo tais árbitros serão nomeados pelo Presidente do Tribunal da Relação de Lisboa (...)"

[52] Sobre o princípio da igualdade em sede de constituição do tribunal arbitral e sobre as questões de *multi-party arbitrations*, cfr. Sampaio Caramelo, "Anotação ao Acórdão cit.", pp. 327 e ss.

arbitragem desde que as partes não tenham acordado em sentido contrário e salientou que, no caso vertente, a cláusula compromissória prevista no acordo parassocial permitia a pluralidade de partes. Após interpretar a cláusula compromissória constante do acordo parassocial, o Tribunal concluiu não estar vedado à Ré demandar conjuntamente a Autora e a Finantel, formulando, nos termos do art. 30º do CPC, pedidos diferentes contra cada uma das demandadas, com base na mesma causa de pedir.

No entanto, apesar de tecer uma série de considerações no sentido da admissibilidade da coligação em face da cláusula compromissória, o Tribunal entendeu que a questão de saber se o tribunal arbitral poderia conhecer não só de um único pedido deduzido pela demandante contra uma ou várias demandadas, mas de vários pedidos diferentes deduzidos contra diferentes signatários da convenção de arbitragem prevista no acordo parassocial, deveria ser decidida em primeira linha pelo tribunal arbitral, nos termos do art. 21º, nºs 1 e 4 da LAV.

A Relação concluiu que, de acordo com o princípio da *competência da competência*, era o tribunal arbitral que cabia a competência para se pronunciar em primeira linha acerca da admissibilidade ou inadmissibilidade da coligação, uma vez que a constituição da jurisdição arbitral, para além de comportar o efeito de impedir os tribunais judiciais de se pronunciarem sobre o fundo da causa, acarreta ainda a exclusão da apreciação pelo tribunal judicial das questões processuais prévias à decisão de mérito, nelas se incluindo a decisão sobre a competência do tribunal arbitral para decidir determinado litígio.

Assim, no entender do Tribunal, a incompetência do tribunal arbitral devia ser arguida em primeiro lugar no próprio processo arbitral, nos termos do art. 21º, nº 3 da LAV. No caso concreto, apenas a Finantel havia suscitado essa questão na acção arbitral, tendo o tribunal arbitral considerado ser competente para apreciar na mesma acção as pretensões da API Capital contra a LNG e contra a Finantel. Por conseguinte, só após o tribunal arbitral proferir decisão de mérito, poderiam as partes submeter à apreciação do tribunal judicial a admissibilidade ou inadmissibilidade da coligação passiva e bem assim, as questões da violação do princípio da igualdade na composição do tribunal arbitral, da incompetência e da irregularidade da constituição do tribunal arbitral.

2.2. Conforme se pode verificar pelo resumo desta decisão, a Relação de Lisboa admitiu de forma plena o denominado efeito negativo do princípio da *competência da competência*.

O efeito negativo do princípio da *competência da competência* – ao impedir os tribunais estaduais de se pronunciarem antecipadamente sobre matéria relativa à competência do tribunal arbitral – tem a conveniência prática de obstar a que uma das partes afaste a competência dos árbitros pela simples propositura extemporânea de uma acção judicial[53]. Além disso, atendendo a que a LAV não admite a impugnação imediata da decisão interlocutória dos árbitros acerca da sua competência, o efeito negativo da regra da *competência da competência* surge como forma de impedir manobras dilatórias do processo arbitral[54].

Em alternativa, poder-se-ia admitir que as partes no processo judicial reque-ressem a suspensão de instância até à decisão do tribunal arbitral sobre a sua própria competência, o que não é permitido à luz da lei portuguesa[55].

Concordamos, assim, com a Relação de Lisboa pelas razões já adiantadas, quando esta considerou que, por um lado, o tribunal arbitral tinha prioridade na decisão sobre as matérias trazidas a juízo e que, por outro lado, o tribunal arbitral não estaria vinculado ao entendimento do tribunal estadual acerca da admis-sibilidade da coligação nem mesmo estaria constrangido pelas considerações constantes do acórdão nessa matéria, sendo-lhe admitido adoptar interpretação diversa, designadamente no sentido da inadmissibilidade da coligação.

Contudo, em bom rigor, o efeito negativo do princípio da *competência da competência* implicaria que o tribunal estadual se tivesse abstido, por completo, de se pronunciar sobre a admissibilidade ou inadmissibilidade da coligação, uma vez que esta questão está directamente relacionada com a apreciação da competência do tribunal arbitral. Desta forma, muito embora a Relação de Lisboa saliente que o seu entendimento relativo à admissibilidade da coligação na arbitragem e ao sentido da cláusula compromissória não é vinculativo para o tribunal arbitral, aquele Tribunal excedeu, a nosso ver, o âmbito dos seus poderes de apreciação da causa.

Refira-se ainda que no caso em análise, a Autora suscitava a questão da inadmissibilidade da coligação passiva na perspectiva da irregularidade da constituição do tribunal arbitral [art. 27º, nº 1, al. b), da LAV] e da violação do princípio da igualdade na composição do tribunal arbitral, o que poderia ser qualificado como uma violação do princípio do processo equitativo previsto no art. 16º da LAV [art. 27º, nº 1, alínea c), da LAV].

Contrariamente ao alegado pela Autora, a Relação de Lisboa considerou que as problemáticas da admissibilidade da coligação e da competência do tribunal arbitral se confundiam, tendo apreciado a questão da pluralidade de partes à luz do princípio da *competência da competência*. Quanto a nós, este entendimento é acertado, na medida em que a decisão sobre a admissibilidade da coligação importa a decisão sobre se, interpretada a cláusula compromissória, deveriam ou não os pedidos formulados pela Ré na acção arbitral ser julgados separadamente.

---

[53] Lopes dos Reis, "A Excepção cit." p. 1131.
[54] Lima Pinheiro, *Arbitragem cit.*, pp. 139 e 140.
[55] *Ibidem.*

Por outro lado, entende-se inclusivamente que a competência do tribunal arbitral pressupõe a regularidade da convenção de arbitragem[56]. A competência dos árbitros está, assim, dependente não só da existência de uma convenção de arbitragem válida, eficaz e aplicável àquele litígio ou àquela categoria de litígios e da notificação de uma das partes à outra ou outras com vista à instauração de um processo arbitral, mas também da regular constituição do tribunal arbitral[57].

Desta forma, uma vez que a apreciação da admissibilidade da coligação importaria igualmente a apreciação da competência do tribunal arbitral para julgar, de forma conjunta, as pretensões indemnizatórias da Ré contra a Autora e a Finantel, o julgamento dessa admissibilidade deveria ser analisado à luz da *competência da competência* do tribunal arbitral.

Quanto aos restantes fundamentos – irregularidade da constituição do tribunal arbitral e violação do princípio da igualdade na composição do tribunal –, ainda que não influíssem na competência do tribunal arbitral, sempre se diria que apenas em sede de anulação da sentença arbitral que viesse a ser proferida poderia a Autora suscitar tais vícios perante o tribunal estadual, de acordo com o art. 27º, nº 1, alíneas b) e c) e nº 3 da LAV (uma vez que as partes haviam renunciado ao recurso).

Nestas situações, admite-se que a parte participe na constituição do tribunal arbitral sob protesto (alegando a irregularidade da sua composição), com vista a obter do tribunal arbitral decisão nessa matéria. De igual modo, admite-se que, ainda que tenha participado na constituição do tribunal arbitral, a parte venha depois a invocar a irregularidade do tribunal em sede de impugnação da sentença arbitral, sem que com isso haja abuso de direito[58].

No que respeita ao regime de arguição da incompetência do tribunal arbitral, tendo em conta que os árbitros se declararam competentes, a instância teria de prosseguir até final sem que a parte pudesse impugnar essa decisão [arts. 21º, nº 4 e 27º, nº 1, alínea b) da LAV][59].

Em suma, a Autora apenas poderia suscitar junto do tribunal estadual os vícios que invocava na acção em apreço em sede de acção de anulação da sentença final e desde que os tivesse alegado no processo de arbitragem logo que deles tivesse tido conhecimento [art. 27º, nº 1, alíneas b) e c) e nº 2 da LAV][60].

---

[56] Lima Pinheiro, *Arbitragem cit.*, p. 133.

[57] Sampaio Caramelo, "A Autonomia cit.", pp. 7 e 8.

[58] Jean-François Poudret e Sébastien Besson, *Comparative Law cit.*, p. 389, par. 461, referindo-se ao acórdão da *Cour de Cassation* francesa de 7 de Janeiro de 1992 (acórdão *Dutco*).

[59] Paula Costa e Silva, *Os Meios de Impugnação de Decisões Proferidas em Arbitragem Voluntária no Direito Interno Português, in ROA*, ano 56, nº 1, p. 183.

[60] Segundo Costa e Silva (*ibidem*, nota 8), o nº 2 do art. 27º é aplicável a todos os vícios que sejam sanáveis (onde não se inclui a não arbitrabilidade do litígio), na medida em que, sempre que se verifique

2.3. Se é certo que na decisão *supra* examinada a Relação de Lisboa reconheceu a prioridade do tribunal arbitral no julgamento da sua própria competência, já o mesmo não parece decorrer do acórdão do Supremo Tribunal de Justiça no *"Caso Setenave"*, a que já fizemos referência a propósito do efeito positivo da regra da *competência da competência*. O acórdão a que agora nos referimos foi proferido no âmbito do recurso interposto pela Setenave – Estaleiros Navais de Setúbal, SARL – do acórdão da Relação de Évora que julgou improcedente a acção declarativa de condenação movida por aquela sociedade contra a Sociedade de Empreitadas Somague, SARL. Na sentença arbitral proferida anteriormente a propósito do mesmo litígio, o tribunal havia declarado expressamente a caducidade da cláusula compromissória, *"com a consequente absolvição da Ré do pedido"*, tendo, no entanto, rectificado posteriormente a decisão, suprimindo a expressão "do pedido".

O objecto do recurso, tal como delimitado pelas conclusões das partes, prendia-se com a verificação da excepção peremptória de caso julgado, invocada pela Ré, consistindo essencialmente em saber se, atendendo ao teor da sentença do tribunal arbitral e respectiva rectificação, a Ré havia sido absolvido do pedido (por, ao decretar a caducidade da cláusula compromissória, o tribunal arbitral ter dado como verificada a caducidade do direito da Autora), ou se apenas havia sido absolvida da instância.

O Supremo entendeu, por um lado, que o despacho saneador proferido em primeira instância havia pecado por se basear no pressuposto (falso) de que, ao declarar a caducidade da cláusula compromissória, o tribunal arbitral tinha dado como verificada a caducidade do direito da Autora (o que constitui excepção peremptória) proferindo, desse modo, decisão sobre o mérito da causa. Por outro lado, considerou incorrecta a decisão do tribunal *a quo* no sentido de apreciar a caducidade do direito da Autora de accionar a Ré antes de apreciar a caducidade da própria cláusula compromissória. E concluiu que o tribunal arbitral, ao declarar a caducidade da cláusula compromissória, apenas poderia ter decidido pela absolvição da instância, razão pela qual julgou improcedente a excepção de caso julgado e deu provimento ao recurso.

2.4. Muito embora a principal questão decidenda no acórdão sumariado não se prenda directamente com o objecto deste estudo, no raciocínio que precedeu o julgamento final, o Supremo tece uma série de considerações que nos parecem relevantes nesta sede.

---

um vício durante a instância e a parte interessada, podendo fazê-lo, não o invoque, esse vício deve ter-se por sanado.

ANÁLISE DE JURISPRUDÊNCIA SOBRE ARBITRAGEM

Assim, o Tribunal começou por afirmar que a convenção de arbitragem produz, como efeitos principais, um efeito positivo e um efeito negativo, consistindo o primeiro no direito potestativo de constituição de tribunal arbitral, a que corresponde uma vinculação da outra parte, e o segundo na exclusão da competência dos tribunais estaduais para o conhecimento do litígio. De facto, se as partes podem, através da convenção de arbitragem, criar um tribunal arbitral para o julgamento de determinados litígios, como consequência natural dessa vertente positiva da convenção de arbitragem encontra-se a exclusão, temporária ou definitiva, da apreciação dos mesmos litígios pela jurisdição estadual.

Referiu ainda o Supremo que, não obstante os efeitos da convenção de arbitragem, a sua efectivação não se encontra garantida, estando designadamente dependente do seu valor jurídico. Assim, a *"primeira investigação, por parte do tribunal arbitral, respeita, na verdade, à existência, validade e eficácia da própria convenção de arbitragem"*, não podendo o tribunal arbitral julgar o pleito se a julgar nula ou ineficaz.

Pela leitura *prima facie* destas considerações preliminares, poder-se-ia depreender um reconhecimento por parte do Tribunal do efeito negativo do princípio da *competência da competência*, consubstanciado na prioridade do tribunal arbitral na apreciação da sua competência.

No entanto, continuando a leitura do acórdão, impõe-se uma conclusão diversa. Com efeito, o Tribunal referiu, em seguida, que, se uma das partes da convenção de arbitragem propuser, ainda que na pendência de acção arbitral, uma acção no tribunal estadual, a efectivação da convenção de arbitragem passará pela procedência da excepção de preterição de tribunal arbitral, a qual dependerá, por sua vez, da existência, validade, eficácia e aplicabilidade da convenção de arbitragem. Chegados a este ponto, pode-se ler o seguinte:

> «*A acção proposta poderá eventualmente respeitar a própria convenção de arbitragem, e não ao fundo do litígio, designadamente, tendo directa e exclusivamente como pedido a declaração de inexistência, de invalidade, de caducidade ou de inaplicabilidade da convenção. Como também a nulidade a caducidade ou a inaplicabilidade da convenção podem ser nessa acção invocadas, como questão preliminar, tão só, para justificar a introdução do pedido quanto ao fundo do litígio perante o tribunal judicial. Em qualquer dos casos, o réu poderá arguir a excepção de arbitragem, que se funda na competência do tribunal arbitral para conhecer da sua própria competência*».

Ora, no excerto acima transcrito, o Tribunal admitiu a instauração de acção declarativa de simples apreciação com vista à declaração de inexistência, invalidade, ineficácia ou inaplicabilidade da convenção de arbitragem antes de ser conhecida a posição do tribunal arbitral sobre essas matérias. Nesta passagem, o Tribunal abriu a porta para que uma das partes intente acção judicial destinada a impedir o prosseguimento da acção arbitral que esteja em curso, substituindo-se assim aos árbitros no julgamento da sua competência. Ao decidir desta forma, o Tribunal rejeita um dos corolários do efeito negativo do princípio da *competência da competência*, que consiste na inadmissibilidade de discussão autónoma da competência do tribunal arbitral em acção judicial intentada na pendência do processo arbitral.

No nosso entender, este acórdão é um reflexo das incertezas que o actual quadro normativo em matéria de intervenção dos tribunais estaduais no julgamento da competência dos árbitros, pela sua ambiguidade, potencializa. De todo o modo, pode concluir-se que, contrariamente ao que sucede no acórdão do Tribunal da Relação de Lisboa no *"Caso Teleweb"*, não existe nesta decisão um reconhecimento do efeito negativo do princípio da *competência da competência*.

3. Efeito negativo do princípio da *competência da competência*: julgamento da excepção de preterição de tribunal arbitral voluntário pelo tribunal estadual

3.1. O acórdão do Tribunal da Relação de Lisboa no *"Caso Trespasse"* foi proferido no âmbito do recurso de agravo do despacho saneador-sentença que, na acção declarativa de condenação e despejo que opôs as partes de um contrato de arrendamento, julgou improcedente a excepção dilatória de preterição de tribunal arbitral invocada pela demandada.

Em causa estava a validade da cláusula 9ª do contrato de arrendamento celebrado entre os Autores, enquanto senhorios, e a sociedade arrendatária, que tinha o seguinte teor: *"Para dirimir todo e qualquer litígio de interpretação ou aplicação do presente contrato, as partes desde já se obrigam a recorrer a arbitragem, nos termos da legislação em vigor, a realizar no Tribunal Arbitral da Faculdade de Direito da Universidade de Coimbra (Projuris – Centro de Estudos Processuais Civis e Jurisdição)".* A primitiva arrendatária celebrou, entretanto, contrato de trespasse do estabelecimento comercial em causa com a sociedade Ré, no qual ficou a constar o seguinte compromisso arbitral: *"Para dirimir qualquer conflito emergente do presente contrato, as partes elegem como competente o Centro de Arbitragem da Faculdade da Universidade de Coimbra, aceitando os respectivos Estatutos e Regulamentos nos seus precisos termos, com renúncia a qualquer outro".*

Alegando a falta de pagamento das rendas devidas, os Autores intentaram contra a Ré acção de condenação e despejo, pedindo a resolução do contrato de arrendamento vigente entre as partes e a condenação da Ré no despejo e entrega do local arrendado e no pagamento das rendas vencidas e vincendas até à entrega do locado.

Na primeira instância, o Tribunal julgou improcedente a excepção de preterição de tribunal arbitral voluntário invocada pela Ré por entender que a

ANÁLISE DE JURISPRUDÊNCIA SOBRE ARBITRAGEM

matéria de resolução do contrato de arrendamento com fundamento na violação do mesmo por parte do arrendatário não era arbitrável. Tendo por base o então vigente art. 63º, nº 2 do DL nº 321-B/90, de 15 de Outubro (Regime do Arrendamento Urbano, "RAU"), nos termos do qual a resolução do contrato de arrendamento tem de ser decretada pelo tribunal, considerou o tribunal que, por estar regulado por disposição legal imperativa, o direito de resolver o contrato de arrendamento constituía um direito indisponível para efeitos do art. 1º, nº da LAV. Em reforço da sua decisão, o Tribunal salientou ainda que a cláusula 9ª do contrato de arrendamento apenas se referia à interpretação e aplicação do contrato, não incluindo os litígios concernentes à sua resolução.

Foi desta decisão que a Ré veio interpor recurso para o Tribunal da Relação de Lisboa, que acabou por julgar procedente a excepção dilatória de preterição de tribunal arbitral e revogar a decisão proferida em primeira instância.

A Relação de Lisboa começou por entender que, não obstante a Ré apenas ter outorgado o contrato de trespasse, o mérito da excepção dilatória de preterição de tribunal arbitral voluntário deveria ser apreciado à luz da cláusula compromissória prevista no contrato de arrendamento, uma vez que o pedido dos Autores na acção em causa dirigia-se à resolução do contrato de arrendamento[61]. Entendeu ainda que a excepção de preterição de tribunal arbitral voluntário não se subsumia na excepção de incompetência prevista no art. 494º, alínea a) do CPC, contrariando aquilo que havia sido decidido no despacho saneador[62].

De seguida, considerando que não cabia ao tribunal judicial examinar de forma detalhada a validade e eficácia da convenção de arbitragem, o Tribunal entendeu que, no julgamento da excepção de preterição de tribunal arbitral voluntário, o tribunal judicial deve bastar-se com uma convenção de arbitragem que não seja manifestamente nula. Ora, entendendo que não estava perante uma cláusula compromissória manifestamente nula, uma vez que os litígios relativos

---

[61] A Relação entendeu que, não tendo os Autores outorgado o contrato de trespasse firmado entre a Ré e a primitiva arrendatária, e respeitando a convenção de arbitragem prevista nesse contrato apenas a eventuais litígios dele emergentes, poderia a Ré invocar contra os senhorios a violação de uma convenção de arbitragem na qual não os Autores não tivessem sido parte. Acrescentou, no entanto, que a Ré viu transferida para si, por efeito do contrato de trespasse do estabelecimento comercial celebrado com a primeira arrendatária, a posição contratual assumida por esta no contrato de arrendamento (art. 115º, nº 1 do RAU). Sobre os efeitos da convenção de arbitragem para terceiros, cfr. Ferreira de Almeida, *Convenção cit.*, pp. 93 a 95.

[62] Neste sentido, Lopes dos Reis, "A Excepção cit.", pp. 1126 e ss. No entender deste Autor, *"Para que se tratasse de uma questão de competência, seria necessário que se discutissem as parcelas de jurisdição de diferentes tribunais titulares da função jurisdicional do Estado"*. Diferentemente, na arbitragem está em causa uma renúncia das partes ao princípio do juiz natural. Defende, assim, o citado Autor, que a excepção de preterição de tribunal arbitral tem que ver unicamente com a própria jurisdição do tribunal judicial.

ao arrendamento urbano são, em princípio, arbitráveis, a Relação julgou procedente a excepção e absolveu a sociedade Ré da instância.

3.2. Na mesma linha do que foi decidido neste acórdão, no recente *"Caso do Acordo-Quadro"* a Relação de Lisboa veio afirmar que, no julgamento da excepção de preterição de tribunal arbitral voluntário, o tribunal judicial deve satisfazer-se com a prova da existência de uma convenção de arbitragem que não seja manifestamente nula.

Intentada acção de condenação no pagamento de uma determinada quantia por incumprimento do Acordo-Quadro celebrado entre as partes, a Ré veio invocar excepção dilatória de preterição de tribunal arbitral voluntário, com fundamento na violação da convenção de arbitragem prevista na cláusula 9ª do referido Acordo-Quadro.

Em sede de réplica, a Autora alegou que a convenção de arbitragem em causa tinha natureza meramente alternativa, não afastando a jurisdição dos tribunais judiciais, sendo abusiva a invocação da excepção de preterição de tribunal arbitral por parte da Ré. Invocou ainda que a Ré já havia revogado a convenção de arbitragem, tendo tal revogação sido por si aceite através da interposição da acção em tribunal judicial[63]. Acrescentou ainda que a referida convenção havia caducado[64] e sustentou a nulidade da convenção de arbitragem, por entender que o estabelecimento de um prazo de caducidade violaria o seu direito de acção, uma vez que, decorrido esse prazo, ficaria impedida de recorrer a qualquer meio judicial de efectivação dos seus direitos.

O tribunal de primeira instância proferiu despacho saneador julgando procedente a excepção de preterição de tribunal arbitral invocada e, por conseguinte, absolveu a Ré da instância. Nesta decisão, o tribunal começou por analisar a questão da revogação da convenção de arbitragem, tendo para tanto interpretado as missivas trocadas entre as partes no processo de negociação que precedeu a acção e concluído que a Ré não havia declarado qualquer intenção de revogar a convenção de arbitragem prevista na cláusula 9ª do Acordo-Quadro.

Relativamente aos restantes vícios invocados pela Autora, o Tribunal interpretou o art. 21º da LAV à luz do nº 4 do art. 12º do mesmo diploma e, à seme-

---

[63] Nos termos do art. 2º, nº 4 da LAV, a convenção de arbitragem pode ser revogada até à pronúncia da decisão arbitral, por acordo escrito das partes.

[64] O art. 4º, nº 1 da LAV prevê três causas de caducidade da convenção de arbitragem. No caso concreto, a Autora alegava que a convenção de arbitragem havia caducado por decurso do prazo de 15 dias previsto no nº 1 da cláusula 9ª do Acordo-Quadro, onde se estabelecia que: *"Em caso de incumprimento ou de desentendimento entre as partes quanto à modificação, interpretação ou à execução deste acordo, ou de qualquer questão dele emergente, qualquer das partes deverá comunicar à outra, no prazo de 15 dias e por carta registada, a sua pretensão com a respectiva fundamentação exaustiva; esta notificação valerá como citação no processo arbitral".*

lhança do *"Caso Trespasse"*, entendeu que para julgar a excepção de preterição de tribunal arbitral voluntário, o tribunal judicial deverá bastar-se com a demonstração de uma convenção de arbitragem que não seja manifestamente inválida, ineficaz ou inaplicável ao litígio em causa. Acrescentando que no caso concreto a convenção de arbitragem prevista na cláusula 9ª do Acordo-Quadro não se afigurava manifestamente nula – por o litígio em causa não estar submetido por lei especial a tribunal judicial ou a arbitragem necessária e não respeitar a direitos indisponíveis – ou ineficaz, o Tribunal considerou que as questões da validade e da caducidade da convenção de arbitragem estavam subtraídas à sua jurisdição, julgando procedente a excepção de preterição de tribunal arbitral.

A Autora interpôs recurso desta decisão, alegando omissão de pronúncia relativamente a questões que, a par da revogação da convenção de arbitragem, deveriam ter sido analisadas como questões prévias à caducidade e validade da convenção. Tais questões prendiam-se com a invocação abusiva da excepção de preterição do tribunal arbitral por parte da Ré e com a interpretação da natureza concorrencial ou exclusiva da competência do tribunal arbitral. Relativamente a esta última, entendia a Autora que o direito das partes de atribuir, por acção ou omissão, carácter facultativo à convenção de arbitragem resultaria esvaziado de conteúdo se, por força do princípio da *competência da competência*, uma das partes se visse obrigada a promover previamente acção arbitral para que o tribunal arbitral lhe reconhecesse o direito de optar pela jurisdição do tribunal estadual. Acrescentou ainda que o tribunal de primeira instância interpretou de forma incorrecta as declarações da Ré no âmbito do processo negocial que precedeu a acção e reiterou a sua posição relativamente à revogação da convenção de arbitragem.

A Relação de Lisboa rejeitou estes argumentos e negou provimento ao recurso. Tendo analisado sobretudo a questão de saber se, antes de decidir sobre a excepção dilatória de preterição de tribunal arbitral, o tribunal estadual deveria ter apreciado previamente as questões da revogação da convenção de arbitragem, da natureza concorrencial ou exclusiva da mesma e da invocação abusiva por parte da Ré da excepção de preterição de tribunal arbitral, o Tribunal aderiu no essencial ao despacho saneador recorrido, bem como àquilo que havia sido decidido no *"Caso Trespasse"*.

3.3. Isto posto, o problema essencial que se levanta nos acórdãos acima identificados – e que importa analisar na perspectiva da interpretação do princípio da *competência da competência* do tribunal arbitral pelos tribunais estaduais –, prende-se com a questão de saber qual o grau de detalhe e profundidade com que o tribunal estadual pode ou deve analisar a validade, a eficácia ou a aplicabilidade da convenção de arbitragem para decidir sobre a procedência ou improcedência da excepção de preterição de tribunal arbitral voluntário. Chegados a este ponto, importa saber se o reconhecimento da prioridade dos árbitros na apreciação da sua competência implica uma total exclusão da jurisdição estadual do controlo da existência, validade, eficácia e aplicabilidade da convenção de arbitragem ou se, diferentemente, implica apenas uma exclusão relativa, limitada aos casos em que a convenção não seja manifestamente nula[65].

Como vimos, a resposta do Tribunal da Relação de Lisboa a esta questão, tanto no *"Caso do Trespasse"*, como no *"Caso do Acordo-Quadro"*, foi no sentido de considerar que, à semelhança do que sucede no direito francês, o tribunal estadual deve bastar-se com uma convenção de arbitragem que não seja manifestamente inválida, ineficaz ou inaplicável ao litígio em causa.

A posição doutrinária nesta matéria não é unânime.

De um lado surge o entendimento perfilhado por Teixeira de Sousa[66], para quem o julgamento da excepção de preterição de tribunal arbitral voluntário exige uma análise exaustiva da convenção de arbitragem. Segundo Teixeira de Sousa, a absolvição da instância com fundamento em preterição de tribunal arbitral implica o reconhecimento por parte da jurisdição estadual da validade da convenção de arbitragem e traduz um juízo negativo do tribunal judicial sobre a sua competência. Nessa medida, a decisão do tribunal estadual que se declare incompetente para dirimir determinado conflito vinculará o tribunal arbitral a declarar-se competente para julgar o mesmo, uma vez que a incompetência do tribunal estadual acarreta necessariamente a competência exclusiva do tribunal arbitral[67]. A vinculação do tribunal arbitral à decisão do tribunal estadual sobre a sua própria competência impõe-se como uma forma de prevenção de situações em que quer o tribunal estadual, quer o tribunal arbitral se considerassem incompetentes, proferindo decisões contraditórias sobre a validade e eficácia da convenção de arbitragem. Nestes casos, a imposição da decisão proferida pelo tribunal estadual resultaria já do art. 675º do CPC, nos termos do qual, havendo duas decisões contraditórias sobre a mesma pretensão, cumprir-se-á a que passou em julgado em primeiro lugar[68].

Salienta o citado Autor que também o tribunal arbitral pode proferir decisões vinculativas para o tribunal estadual, designadamente nos casos em que, após o tribunal arbitral se declarar incompetente, é intentada acção com o mesmo objecto no tribunal estadual e a parte demandada vem arguir excepção de preterição de tribunal arbitral.

---

[65] Jean-François Poudret e Sébastien Besson, *Comparative Law cit.*, p. 416, par. 488.
[66] Teixeira de Sousa, *A Competência cit.*, pp. 134 a 136.
[67] *Ibidem.*
[68] *Ibidem.*

ANÁLISE DE JURISPRUDÊNCIA SOBRE ARBITRAGEM

Em reforço da sua tese, refere ainda que, sendo vinculativa a decisão do tribunal estadual sobre a validade do compromisso arbitral (art. 290º, nº 2 do CPC) também a absolvição da instância com fundamento em preterição de tribunal arbitral produz caso julgado para o tribunal arbitral. Ora, este entendimento implica que o tribunal estadual tem o poder de apreciar a convenção de arbitragem antes de o tribunal arbitral se pronunciar sobre o assunto.

Estatui, porém, o art. 21º, nº 4 da LAV que o tribunal estadual só pode apreciar a competência do tribunal arbitral depois deste se ter pronunciado sobre o fundo da causa, em sede de acção de anulação, de recurso da sentença arbitral, ou de oposição à execução [arts. 27º, nº 1, aliena b), 29º e 31º da LAV]. Foi este o entendimento da Relação de Lisboa no *"Caso Teleweb"* a que se fez referência anteriormente. E é este também o entendimento da maioria da doutrina[69].

Com efeito, no que respeita à questão de saber se o juiz, ao decidir sobre a procedência ou improcedência da excepção de preterição de tribunal arbitral voluntário, deve apreciar com detalhe a validade, a eficácia ou a aplicabilidade da convenção de arbitragem ou se, pelo contrário, deve satisfazer-se com uma análise superficial, entendem Luís Lima Pinheiro e João Lopes dos Reis que a excepção deverá proceder sempre que a convenção de arbitragem não seja manifestamente nula[70]. Fazendo o paralelo com o art. 12º, nº 4 da LAV, defendem aqueles Autores que uma análise detalhada da convenção de arbitragem por parte do tribunal judicial em sede de excepção de preterição de tribunal arbitral seria incompatível com a única norma[71] que permite expressamente ao tribunal judicial analisar a convenção de arbitragem antes de proferida sentença arbitral.

Nestes casos, quando falte a nomeação de um ou mais árbitros, as partes podem requerer ao presidente do Tribunal da Relação do lugar fixado para a arbitragem ou do domicílio do requerente a designação do ou dos árbitros em falta, nos termos do art. 12º, nº 1. Ora, como resulta do art. 12º, nº 4, o presidente do Tribunal da Relação pode declarar não haver lugar a designação de árbitros caso entenda que a convenção de arbitragem em causa é manifestamente nula.

Assim, não faria sentido que na única excepção à regra que reserva a primazia no conhecimento da convenção de arbitragem ao tribunal arbitral a lei impusesse

---

[69] Cfr. Lima Pinheiro, *Arbitragem cit.*, pp. 135 e 136 e Lopes dos Reis, "A Excepção cit.", pp. 1123 e ss.
[70] Lima Pinheiro, *Arbitragem cit.*, p. 135 e Lopes dos Reis, "A Excepção cit.", pp. 1123 e ss. Referem estes Autores ser esta a solução adoptada no direito francês e que terá inspirado a lei portuguesa.
[71] Nos acórdãos analisados, bem como no estudo de Lopes dos Reis, "A Excepção cit.", p. 1123, refere-se a determinação do objecto do litígio pelo tribunal judicial quando as partes não estejam de acordo nessa matéria como outro caso em que a LAV admite que o tribunal judicial aprecie a convenção de arbitragem antes de ser proferida decisão definitiva pelos árbitros. Essa possibilidade, que se encontrava prevista no nº 4 do art. 12º da LAV, deixou, no entanto, de existir com a nova redacção que foi dada ao art. 12º pelo art. 17º do DL nº 38/2003, de 8 de Março.

à jurisdição estadual apertados limites na apreciação da convenção de arbitragem – exigindo a verificação de uma convenção de arbitragem manifestamente nula para que se declare não haver lugar à designação de árbitros –, e depois deixasse em aberto a possibilidade de o tribunal judicial, no julgamento da excepção de preterição de tribunal arbitral, examinar de forma exaustiva a validade, a eficácia e a aplicabilidade da convenção de arbitragem.

Por conseguinte, a decisão judicial acerca da excepção de preterição de tribunal arbitral só vincula os árbitros quando seja manifesta a invalidade da convenção de arbitragem, pelo que, conforme salienta João Lopes dos Reis, nos demais casos o julgamento da excepção de preterição de tribunal arbitral não comporta uma decisão definitiva ou um julgamento sobre a competência do tribunal arbitral[72]. Tal julgamento implica apenas o reconhecimento de uma convenção de arbitragem que não é manifestamente nula, dele não decorrendo a incompetência do tribunal judicial[73].

Por outro lado, não existirá o risco de conflito negativo de jurisdições, uma vez que nos casos em que o tribunal arbitral se declare incompetente, tal decisão será vinculativa para o tribunal estadual[74].

Quanto ao paralelismo com o julgamento do juiz acerca da validade do compromisso arbitral (art. 290º, nº 2 do CPC[75]), este restringe-se à forma do acordo das partes, ao seu objecto e à qualidade das pessoas, impondo-se, nessa medida, ao tribunal arbitral[76].

Em alternativa a estas duas teses opostas poder-se-ia considerar que bastaria à parte demandada invocar a existência de uma convenção de arbitragem para que o tribunal estadual se visse obrigado a absolver o réu da instância e remeter o litígio para o tribunal arbitral. Parece ser esta a posição da Ré no ***"Caso do Trespasse"***. No entanto, esta interpretação não se afigura aceitável, na medida em que imporia às partes o ónus excessivo de promover a constituição de tribunal arbitral apenas para que este se declarasse incompetente (pensamos, nomeadamente, nos casos em que a convenção de arbitragem seja manifestamente nula), com todos os inconvenientes que isso acarretaria para a economia e celeridade do processo.

---

[72] Lopes dos Reis, "A Excepção cit.", pp. 1128 e ss.

[73] *Ibidem.*

[74] Assim, Lima Pinheiro, *Arbitragem cit.* pp. 135 e 136 e Lopes dos Reis, "A Excepção cit.", p. 1130. Também Teixeira de Sousa – *A Competência cit.*, p. 136 – apesar de alertar para o risco de ambos os tribunais, arbitral e judicial, se declararem incompetentes, entende que a decisão do tribunal arbitral que se declara incompetente é vinculativa para o tribunal judicial.

[75] Teixeira de Sousa, *A Competência cit.*, p. 136.

[76] Assim, Lima Pinheiro, *Arbitragem cit.* p. 136 e Lopes dos Reis, "A Excepção cit.", p. 1130.

ANÁLISE DE JURISPRUDÊNCIA SOBRE ARBITRAGEM

Por último, poder-se-á ainda equacionar a possibilidade de o autor, perante a invocação da excepção de preterição do tribunal arbitral, requerer a suspensão da instância para que o tribunal arbitral se pronuncie sobre a questão da ineficácia, inaplicabilidade e, bem assim, da invalidade da convenção de arbitragem [arts. 276º, nº 1, alínea c) e 279º do CPC]. Nestas circunstâncias, sustenta João Lopes dos Reis que a possibilidade de o árbitro se vir a considerar incompetente por se estar perante uma convenção de arbitragem aparentemente inválida, ineficaz ou inaplicável constitui motivo justificado para efeitos do art. 279º, nº 1, *in fine*, do CPC[77].

3.4. Resta agora saber quando é que se está perante uma convenção de arbitragem manifestamente nula.

No *"Caso do Trespasse"*, o Tribunal da Relação de Lisboa entendeu serem disponíveis os direitos emergentes do contrato de arrendamento, incluindo os relativos à própria cessação do contrato. Não obstante a ponderação de teses em sentido contrário, a Relação considerou que o direito do senhorio à resolução do contrato de arrendamento era arbitrável, dado que interpretou a imposição de recurso à via judicial, prevista no art. 63º, nº 1 do RAU, apenas com o sentido de impedir a resolução do contrato por simples comunicação à outra parte.

Não nos debruçaremos sobre a complexa matéria da arbitrabilidade do direito de resolução do contrato de arrendamento por parte do senhorio, dado não ser esse o propósito do presente estudo. No entanto, na perspectiva do princípio da *competência da competência*, e para efeitos da determinação da amplitude dos poderes do tribunal estadual no julgamento da excepção dilatória de preterição de tribunal arbitral voluntário, entendemos que basta que a questão da disponibilidade ou indisponibilidade do direito seja controversa para que se deva concluir que a convenção de arbitragem não é manifestamente nula. Nestas circunstâncias, caberá ao tribunal arbitral apreciar se o litígio respeita a direitos indisponíveis (art. 1º, nº 1 da LAV), declarando-se incompetente caso conclua afirmativamente. Em todo o caso, e na hipótese de o tribunal arbitral considerar que a convenção de arbitragem é válida, a parte interessada poderá sempre intentar acção de anulação da sentença arbitral, alegando não ser o litígio susceptível de resolução por via arbitral [art. 21º, nº 1, al. a) da LAV].

Se, pelo contrário, a não arbitrabilidade do litígio for manifesta, deverá o tribunal estadual julgar improcedente a excepção de preterição de tribunal arbitral, passando a conhecer do mérito da causa.

Foi o que sucedeu no *"Caso da Insolvência"*, onde a Relação de Lisboa considerou estar manifestamente vedado ao tribunal arbitral o julgamento do pedido

---

[77] Lopes dos Reis, "A Excepção cit.", p. 1132.

de declaração de insolvência deduzido pela Autora. A sociedade Autora havia instaurado no tribunal judicial processo especial de insolvência contra a sociedade Ré, que veio invocar em sua defesa excepção dilatória de preterição de tribunal arbitral, julgada procedente em primeira instância. A Relação de Lisboa veio revogar esta decisão, afirmando que a declaração de insolvência constitui matéria que escapa totalmente à arbitragem.

3.5. Problema diferente suscitou o litígio trazido à Relação de Lisboa no *"Caso do Acordo-Quadro"*. No recurso, questionava-se, por um lado, se a decisão proferida em primeira instância seria ou não nula por omissão de pronúncia, dado que o tribunal não se tinha pronunciado acerca da invalidade e da ineficácia (caducidade) da convenção de arbitragem. E discutia-se, por outro lado, se antes de decidir sobre a excepção de preterição de tribunal arbitral voluntário, o tribunal estadual poderia ou deveria ter conhecido das questões (denominadas prévias pela Autora) da natureza concorrencial ou exclusiva da competência do tribunal arbitral e da invocação abusiva da excepção de preterição de tribunal arbitral pela demandada.

Começou o Tribunal por salientar – e bem, a nosso ver – que, de entre as questões essenciais a resolver, não constitui omissão de pronúncia o não conhecimento daquelas cuja apreciação esteja prejudicada pela decisão de outra, tendo concluído que a análise da excepção de preterição de tribunal arbitral constituía questão prévia a todas as outras.

É certo que no despacho saneador recorrido o tribunal de primeira instância analisou a revogação da convenção de arbitragem como questão prévia à caducidade e validade da convenção de arbitragem. Relativamente a estas duas matérias, declarou não poder conhecer das mesmas antes de o tribunal arbitral proferir decisão sobre a sua própria competência e decidir sobre o mérito, uma vez que a convenção de arbitragem não era manifestamente nula ou ineficaz.

Acontece que também a questão da revogação da convenção de arbitragem deveria ter sido julgada à luz do efeito negativo do princípio da *competência da competência*.

Com efeito, saber se a convenção de arbitragem foi revogada pelas partes é o mesmo que saber se a convenção ainda produz efeitos, se é eficaz[78]. Por conseguinte, uma vez que o acordo revogatório faz cessar os efeitos da convenção de arbitragem da qual deriva o poder jurisdicional dos árbitros, deveria o tribunal de

---

[78] No caso vertente, o tribunal de primeira instância considerou que a circunstância de a Autora ter intentado acção judicial implicava, da sua parte, a renúncia à convenção de arbitragem. Sobre a distinção entre revogação da convenção de arbitragem e renúncia, cfr. Raul Ventura, "Convenção cit.", pp. 398 a 400. Defende-se aqui que a revogação da convenção de arbitragem distingue-se da renúncia na medida em que a primeira exige, nos termos do nº 4 do art. 2º da LAV, a forma escrita.

ANÁLISE DE JURISPRUDÊNCIA SOBRE ARBITRAGEM

primeira instância ter-se abstido de proferir decisão relativamente a esta matéria à semelhança do que acabou por fazer a Relação de Lisboa em sede de recurso. E o mesmo se dirá quanto à natureza concorrencial ou exclusiva da competência do tribunal arbitral, uma vez que também esta questão se prende com a eficácia da convenção de arbitragem. De facto, na hipótese de se concluir que as partes não quiseram excluir a jurisdição dos tribunais comuns, mas apenas atribuir ao tribunal arbitral competência alternativa e concorrente com a do tribunal judicial, o mesmo seria dizer que a eficácia da convenção de arbitragem estaria sujeita a novo acordo das partes em submeter o litígio a tribunal arbitral.

Dir-se-á que uma cláusula compromissória desta natureza será desprovida de qualquer sentido, dado a essência da convenção de arbitragem, enquanto fonte (negocial) da arbitragem voluntária, residir precisamente na manifestação da vontade das partes de cometer a resolução do litígio, em exclusivo, à decisão de árbitros[79]. Por outro lado, é sabido que as partes podem, em qualquer estado da causa, celebrar compromisso arbitral (art. 290º do CPC), sendo certo que este não depende em caso algum da existência de uma cláusula compromissória[80].

Em todo o caso, a natureza concorrencial ou exclusiva da competência do tribunal arbitral, na medida em que influi na determinação da sua competência para proferir decisão de mérito, encontrava-se igualmente abrangida pelo princípio da *competência da competência*.

Neste ponto, importa saber se a interpretação do efeito negativo do princípio da *competência da competência* à luz do nº 4 do art. 12º da LAV também valerá nos casos em que a parte invoque a inexistência, a ineficácia ou a inaplicabilidade da convenção de arbitragem que, a par com a invalidade, podem determinar a incompetência do tribunal arbitral (art. 21º, nº 1 da LAV). Na verdade, o preceito em análise apenas se refere à convenção de arbitragem *manifestamente nula*, nada estatuindo quanto à possibilidade de o presidente do Tribunal da Relação declarar não haver lugar à designação de árbitro quando a convenção de arbitragem seja manifestamente ineficaz ou inaplicável.

Na doutrina, João Lopes dos Reis parece admitir que o tribunal judicial julgue improcedente a excepção de preterição de tribunal arbitral voluntário

---

[79] José Lebre de Freitas, "Algumas Implicações da Natureza da Convenção de Arbitragem", *in Estudos em Homenagem à Professora Doutora Isabel de Magalhães Collaço*, vol. II, 2002, pp. 225 a 229 e Raul Ventura, "Convenção cit.", p. 301

[80] Raul Ventura, "Convenção cit.", p. 301. Segundo este Autor, *"pela convenção de arbitragem, as partes ficam vinculadas a fazer julgar pelo tribunal arbitral o litígio, actual ou futuro, se quanto a este quiserem recorrer a algum tribunal (...). Da convenção de arbitragem nasce um direito potestativo para cada uma das partes, cujo conteúdo consiste na faculdade de fazer constituir um tribunal arbitral para julgamento de certo litígio (...). Correlativamente, cada uma das partes fica sujeita a uma vinculação".*

quando esteja em causa uma convenção de arbitragem manifestamente ineficaz ou inaplicável[81].

Parece-nos ser este o entendimento aconselhável, na medida em que seria provavelmente demasiado oneroso obrigar a parte interessada a promover acção arbitral apenas para que o tribunal arbitral se declarasse incompetente, com base numa convenção de arbitragem que, à partida, se afigurasse, com toda a evidência, ineficaz ou inaplicável.

A título de exemplo, refira-se o acórdão da Relação do Porto no **"Caso do Cão"**, em que o Tribunal considerou estar manifestamente fora do âmbito de aplicação da convenção de arbitragem prevista no regulamento de determinado condomínio – que estabelecia que *"Qualquer litígio entre condóminos relativo ao uso e fruição das partes comuns e fracções autónomas, bem como os órgãos do condomínio, será resolvido por arbitragem (...)"* – a discussão de matérias concernentes a direitos de personalidade.

Considerou aquele Tribunal que, uma vez que não se estava a discutir a propriedade ou a utilização de determinado espaço, mas sim o direito à saúde e ao sono (entre outros), a convenção de arbitragem não era aplicável ao pleito.

3.7. Analisámos as decisões dos tribunais estaduais superiores que se pronunciaram directamente sobre a extensão e efeitos (positivo e negativo) da competência dos tribunais arbitrais para apreciar e decidir sobre a sua própria competência. No entanto, o estudo da real posição dos tribunais estaduais relativamente ao princípio da *competência da competência* exigirá igualmente a ponderação das decisões judiciais no âmbito das quais, tendo a parte demandada invocado a excepção de preterição de tribunal arbitral voluntário, o tribunal estadual se pronunciou, de uma maneira ou de outra, sobre a existência, validade, eficácia ou aplicabilidade da convenção de arbitragem, sem questionar o sentido e alcance do art. 21º da LAV.

Apesar da recente jurisprudência da Relação de Lisboa no sentido da procedência da excepção de preterição de tribunal arbitral se bastar com a existência de uma convenção de arbitragem que não seja manifestamente nula, a verdade é que não são raros os casos em que os tribunais estaduais se debruçam de forma aprofundada sobre os requisitos de validade da convenção de arbitragem, declarando a competência ou incompetência dos árbitros. Fortemente ilustrativa deste posicionamento jurisprudencial é, desde logo, a jurisprudência dos tribunais superiores acerca da arbitrabilidade de determinados litígios relativos

---

[81] Lopes dos Reis, "A Excepção cit.", p. 1129: *"Se for manifesta – isto é, óbvia, evidente – a nulidade, a ineficácia ou a inaplicabilidade da convenção de arbitragem, o juiz pode declará-lo e, consequentemente, julgar improcedente a excepção".*

ANÁLISE DE JURISPRUDÊNCIA SOBRE ARBITRAGEM

a relações de trabalho, direitos de personalidade ou resultantes de contratos de distribuição comercial e de arrendamento, que se encontra detalhadamente analisada em texto publicado nesta mesma obra, para o qual se remete[82].

As decisões aí comentadas têm em comum o facto de discutirem matérias ainda controversas na doutrina e na jurisprudência quanto ao carácter arbitrável dos direitos invocados. Ora, na maioria delas, o tribunal estadual apreciou de forma exaustiva – a nosso ver, mal – a validade da convenção de arbitragem de acordo com a regra prevista no n.º 1 do art. 1.º da LAV, não atendendo aos n.ºs 1 e 4 do art. 21.º daquele diploma[83].

Resumidamente, as decisões aí analisadas traduzem o seguinte entendimento do Tribunal da Relação de Évora no *"Caso da Urbanização"*:

> *«Afirmar, como faz o recorrente (...) que de acordo com o princípio da Kompetenz-kompetenz o tribunal judicial não se pode substituir ao tribunal arbitral na apreciação da competência deste e que só após a apreciação por parte do tribunal arbitral acerca da sua própria competência, pode o tribunal judicial dela conhecer, em recurso ou acção de anulação da decisão arbitral, é o mesmo que deitar pela janela fora, varrendo-a do Código de Processo Civil, a excepção dilatória da preterição do tribunal arbitral necessário ou violação da convenção de arbitragem (art. 494.º-j) CPC)».*

III. Conclusões

Conforme se verifica através das decisões comentadas nos capítulos anteriores, é parca a jurisprudência dos tribunais superiores acerca do princípio da *competência da competência* do tribunal arbitral, não sendo ainda possível descortinar uma posição uniforme dos tribunais estaduais relativamente à natureza e aos efeitos da regra prevista no art. 21.º da LAV.

Regra geral, é reconhecida a competência dos tribunais arbitrais para proferir decisão acerca da sua própria competência no decurso do processo arbitral, admitindo-se que para esse efeito os árbitros apreciem os pressupostos da sua competência, incluindo a existência, validade, eficácia ou aplicabilidade da convenção de arbitragem, bem como a regularidade da constituição do tribunal arbitral. É o que decorre da totalidade das decisões analisadas, salientando-se neste aspecto o acórdão da Relação de Lisboa no *"Caso Sporting"*. Esta questão não suscita, no entanto, grandes dúvidas, na medida em que a LAV é clara

---

[82] Joana Galvão Teles, "A Arbitrabilidade dos Litígios em Sede de Invocação de Excepção de Preterição do Tribunal Arbitral Voluntário".

[83] No mesmo sentido destas decisões, cfr. os seguintes acórdãos: TRP de 03.02.09, proc. n.º 0826756; *"Caso do Despejo II"*; TRP de 23.03.04, proc. n.º 0326177; *"Caso Consignação em Depósito I"*; *"Caso PT II"*; *"Caso Embargo Obra Nova"*.

ao reconhecer o efeito positivo do princípio da *competência da competência* no art. 21º, nº 1.

Diferentemente, no que respeita aos limites que a convenção arbitral pode acarretar para o poder de cognição dos tribunais estaduais, a jurisprudência consultada não é unânime.

A questão surge quando uma das partes propõe acção judicial com objecto abrangido pela convenção de arbitragem, antes do início ou na pendência da acção arbitral. Ora, é no que respeita aos efeitos negativos do princípio da *competência da competência* que as dúvidas de interpretação dos tribunais estaduais em face do art. 21º da LAV se revelam com maior evidência.

De um lado, surgem algumas decisões relativamente recentes da Relação de Lisboa, com destaque para o *"Caso Teleweb"*, onde se reconhece de forma plena o efeito negativo do princípio da *competência da competência*. No acórdão citado, o tribunal estadual declarou-se incompetente para apreciar o fundo da causa por entender que as questões relacionadas com a validade, eficácia ou aplicabilidade da convenção de arbitragem, sendo susceptíveis de determinar a sorte da competência dos árbitros, deveriam ser decididas em primeiro lugar pelo tribunal arbitral, uma vez que este tem competência para se pronunciar sobre a sua própria competência. Neste caso, reconheceu-se a prioridade dos árbitros na decisão sobre a sua competência como princípio decorrente do art. 21º, nºs 1 e 4 da LAV, remetendo-se os tribunais estaduais ao papel de controlo das sentenças arbitrais em sede de recurso, de acção de anulação da decisão ou de oposição à execução.

Nos casos em que o tribunal se debruça directamente sobre o conteúdo do princípio da *competência da competência* no nosso ordenamento jurídico, colocou-se pontualmente a questão de saber se, para decidir sobre a procedência ou improcedência da excepção de preterição de tribunal arbitral voluntário, deve o juiz analisar de forma detalhada a validade, eficácia ou aplicabilidade da convenção de arbitragem, ou se, pelo contrário, deve bastar-se com uma convenção que não seja manifestamente nula, ineficaz ou inaplicável.

Nas duas decisões da Relação de Lisboa em que se discutiu esta matéria (*"Caso do Trespasse"* e no *"Caso do Acordo-Quadro"*), o Tribunal considerou que o juiz deve analisar a excepção de preterição de tribunal arbitral à luz do art. 12º, nº 4 da LAV e, assim, satisfazer-se com a prova da existência de uma convenção de arbitragem que não seja manifestamente nula, ineficaz ou inaplicável ao caso concreto.

No entanto, a existência de um considerável número de situações em que o tribunal estadual, confrontado com a dedução de excepção de preterição de tribunal arbitral voluntário, não cuida de analisar o âmbito e os limites da sua competência e aprecia de forma detalhada a convenção de arbitragem, proferindo decisão sobre a competência do tribunal arbitral, revela não existir ainda uma posição uniforme da jurisprudência acerca do verdadeiro alcance do princípio da *competência da competência*, seus efeitos e regime.

Assim, poder-se-á concluir, com algum grau de segurança, que o efeito negativo do princípio da *competência da competência*, nas suas várias vertentes, não encontra ainda total acolhimento na jurisprudência nacional, quer porque muitas vezes é esquecido, quer porque noutros casos é expressamente afastado (vejam-se os acórdãos do Supremo Tribunal de Justiça no *"Caso Setenave"* e da Relação de Évora no *"Caso da Urbanização"*).

Finalmente, numa perspectiva global de análise da posição dos tribunais estaduais relativamente ao instituto da arbitragem, poder-se-á afirmar que o debate em torno do princípio da *competência da competência* é ilustrativo do carácter especialmente ambíguo da relação entre os tribunais estaduais e os tribunais arbitrais, uma vez que a lei não é clara na delimitação das respectivas competências.

Da nossa parte, consideramos que a definição clara, ao nível legislativo, do papel dos tribunais estaduais no controlo da convenção de arbitragem impõe-se como condição necessária à efectivação da arbitragem como método eficaz de resolução alternativa de litígios. Numa perspectiva de agilização do instituto da arbitragem, entendemos que a melhor solução passará, por um lado, pela consagração de um modelo semelhante ao vigente no Direito francês – que apenas permite aos tribunais estaduais efectuar uma análise meramente perfunctória da convenção de arbitragem em sede de apreciação da excepção de preterição de tribunal arbitral voluntário – e, por outro lado, pela inadmissibilidade de acções de simples apreciação ou de procedimentos cautelares destinados a impedir a instauração ou a continuação do processo arbitral.

A Arbitrabilidade dos Litígios em Sede de Invocação de Excepção de Preterição do Tribunal Arbitral Voluntário

por Joana Galvão Teles

I. Introdução. II. Arbitrabilidade dos Litígios. III. A Excepção de Preterição do Tribunal Arbitral Voluntário e o Efeito Negativo do Princípio da Competência da Competência dos Tribunais Arbitrais em Matéria de (In)arbitrabilidade dos Litígios. IV. Análise Jurisprudencial. V. Conclusões.

I. Introdução

O objectivo do presente texto consiste na análise da jurisprudência dos tribunais judiciais superiores portugueses no que toca à (in)arbitrabilidade dos litígios, quando invocada a excepção dilatória de violação da convenção de arbitragem ou de preterição do tribunal arbitral voluntário, prevista nos arts. 494º, al. j) e 495º do Código de Processo Civil (doravante, designado por "CPC"), a qual, uma vez julgada procedente, conduz à absolvição do réu da instância ao abrigo do art. 288.º, nº 1, al. e), do mesmo diploma.

Para tal, importa começar por uma exposição sumária do tema, delineando o regime legal aplicável, sua *ratio* e função e sublinhando as principais questões que se colocam e discutem no âmbito do mesmo para, subsequentemente, se proceder à análise detalhada das decisões e respectivas fundamentações que têm sido adoptadas nesta matéria pelos tribunais superiores portugueses.

Finalmente, a culminar a análise referida, sublinhar-se-ão as principais conclusões quanto à atitude da jurisprudência perante as matérias em questão, atendendo a diversos aspectos, tais como a aplicação prática dos limites e do critério de arbitrabilidade consagrados pela lei portuguesa; a amplitude e correcta aplicação do princípio da competência da competência do tribunal arbitral, em particular no seu efeito negativo no que se refere à arbitrabilidade dos litígios; o grau de familiaridade e abertura dos tribunais judiciais em relação à jurisdição arbitral, à arbitrabilidade dos litígios e à distinção entre esta e outras questões atinentes aos limites dos poderes dos árbitros. Por outro lado, estar-se-á em condições de, igualmente, tecer comentários e adoptar posição quanto ao critério legal de arbitrabilidade e às questões controversas que se colocam no âmbito da matéria referida, quer no plano *de jure condito*, quer no plano *de jure condendo*.

II. Arbitrabilidade dos Litígios

A) Dos critérios utilizados para aferição da arbitrabilidade de um litígio

Consistindo a convenção de arbitragem num acordo celebrado entre as partes com vista à sujeição de um litígio actual (compromisso arbitral) ou eventual (cláusula compromissória) ao julgamento por árbitros, <u>a primeira questão que se coloca é a de saber que litígios podem ser objecto de tal acordo</u>.

A arbitrabilidade é exactamente a *"qualidade"* ou a *"aptidão"* do litígio para ser submetido a tribunal arbitral, consubstanciando, de acordo com os arts. 1º, nº 1 e 3º da LAV[1], simultaneamente um requisito de validade da convenção de arbitragem, da constituição do tribunal arbitral e da validade da sentença arbitral[2][3].

A arbitrabilidade pode ser analisada quer na perspectiva do objecto e da natureza do litígio em questão – caso em que se atende à arbitrabilidade objectiva (art. 1º, nº 1, da LAV) –, quer na perspectiva da qualidade das partes, mais particularmente, da susceptibilidade do Estado ou de outros entes públicos

---

[1] Lei nº 31/86, de 29 de Agosto, com as alterações introduzidas pelo DL nº 38/2003, de 8 de Março, abreviadamente designada por "LAV".

[2] António Sampaio Caramelo, "A Disponibilidade do Direito como Critério de Arbitrabilidade do Litígio – Reflexões de *Jure Condendo*", *in ROA*, ano 66, nº 3, pp. 1233 e ss. e Raul Ventura, "Convenção de Arbitragem", *in ROA*, ano 46, nº 2, pp. 289 e ss., *maxime* p. 317.

[3] Diversos autores estrangeiros referem-se à arbitrabilidade como condição de jurisdição do tribunal arbitral e não como requisito de validade da convenção de arbitragem (Jean-François Poudret e Sébastien Besson, *Comparative Law of International Arbitration*, tradução de Stephen V. Berti e Annette Ponti, 2007, p. 293; Stavros L. Brekoulakis, "On Arbitrability: Persisting Misconceptions & New Areas of Concern", *in Arbitrability – International & Comparative Perspectives*, org. Loukas A. Mistelis e Stavros L. Brekoulakis, 2009, pp. 37 e ss., defendendo este último autor que a análise da arbitrabilidade deve preceder a análise da validade da convenção arbitral).

A ARBITRABILIDADE DOS LITÍGIOS EM SEDE ...

autónomos serem parte em litígios sujeitos à arbitragem – estando em causa, neste caso, a arbitrabilidade subjectiva (art. 1º, nº 4, da LAV). A presente análise cinge-se à arbitrabilidade objectiva.

Como questões prévias, por relacionadas com a *supra* referida, surgem outras como as de saber *se todos os litígios são arbitráveis ou se deve existir algum limite à arbitrabilidade dos mesmos e, em caso de resposta afirmativa a esta última questão, qual deve ser o limite e com que extensão.*

Relativamente à primeira questão, parece ser unânime na doutrina e nas legislações sobre arbitragem, quer portuguesas[4], quer estrangeiras[5], a necessidade de delimitação dos litígios arbitráveis e a consequente exclusão de determinadas áreas ou direitos do âmbito da arbitragem – como por exemplo, crimes, estado ou capacidade das pessoas, alguns litígios atinentes aos direitos da personalidade ou à insolvência. Tal entendimento atende, ***principalmente, a razões de ordem político-legislativa*** que, devido à natureza dos interesses prosseguidos (de ordem pública) – por afectarem direitos fundamentais ou princípios estruturantes da ordem jurídica portuguesa – e à maior eficiência e aptidão dos tribunais judiciais para decidir sobre estas matérias, impõem ou aconselham que determinados litígios apenas possam ser resolvidos pelos tribunais judiciais. O juízo realizado relativamente à melhor forma de prossecução dos interesses de ordem pública referidos pode variar de ordem jurídica para ordem jurídica, de época para época. No entanto, o entendimento referido atende igualmente, ainda que somente de forma indirecta, ***à própria natureza contratual da arbitragem, quanto à sua fonte, e às inerentes limitações daí decorrentes,*** pois estas acabam por influenciar directamente a determinação da forma mais adequada de prossecução dos interesses políticos e legislativos referidos, nalguns casos, conduzindo à conclusão de que aquele meio de resolução alternativa de litígios não permite eficiente-

---

[4] Carlos Ferreira de Almeida, "Convenção de Arbitragem: Conteúdo e Efeitos", *in I Congresso do Centro de Arbitragem da Câmara de Comércio e Indústria Portuguesa*, 2008, pp. 81 a 95, *maxime* p. 85; João Morais Leitão e Dário Moura Vicente, "Portugal", *in International Handbook on Commercial Arbitration*, nº 45, p. 9; Luís de Lima Pinheiro, *Arbitragem Transnacional – A Determinação do Estatuto da Arbitragem*, 2005, pp. 103 a 119; Raul Ventura, "Convenção cit.", pp. 317 e ss. e Sampaio Caramelo, "A Disponibilidade cit.", pp. 1233, entre outros.

[5] Christoph Liebscher, "Insolvency and Arbitrability", *in Arbitrability – International & Comparative Perspectives*, org. Loukas A. Mistelis e Stavros L. Brekoulakis, 2009, pp. 165 a 178; Jean-François Poudret e Sébastien Besson, *Comparative Law cit.* , pp. 281 e ss. e Stavros Brekoulakis, "On Arbitrability cit.", pp. 37 e ss., entre outros.

mente a salvaguarda e a garantia dos mesmos (como, por exemplo, acontece no caso do processo de insolvência)[6,7].

Quanto às questões seguintes, não tem sido unânime nem isenta de dificuldades a escolha de um critério único – suficientemente preciso e abrangente – de arbitrabilidade, verificando-se a adopção de técnicas diversas nas diferentes ordens jurídicas, desde a enunciação de um princípio geral de arbitrabilidade dos litígios, acompanhado da identificação de áreas que constituem excepção àquele (como sucede, por exemplo, na Índia, no Direito Federal dos Estados Unidos e no Direito Inglês), até à eleição de um critério geral de arbitrabilidade – seja ele o da disponibilidade, o da patrimonialidade ou o da transigibilidade do direito – acompanhado de listas de matérias inarbitráveis (como é mais típico nos países europeus e da América Latina)[8].

Em Portugal, o art. 1º, nº 1, da LAV determina que *"Desde que por lei especial não esteja submetido exclusivamente a tribunal judicial ou a arbitragem necessária, qualquer litígio que não respeite a direitos indisponíveis pode ser cometido pelas partes, mediante convenção de arbitragem, à decisão de árbitros"*. Daqui retira-se a consagração, por um lado, de um critério geral para aferir a arbitrabilidade do litígio – a disponibilidade do direito (demonstrar-se-á em que termos e com que extensão) – e, por outro lado, de excepções ou de matérias excluídas por lei especial. Esta última lei referida tem de ser especial, já que a lei geral sobre a jurisdição dos tribunais estaduais se encontra, por seu turno, derrogada pela lei que autoriza a arbitragem[9].

Atendendo brevemente aos diversos critérios de arbitrabilidade adoptados historicamente e a nível do direito comparado, refira-se, antes de mais, **o critério da (ligação do litígio com a) ordem pública**, o qual foi consagrado na lei, na doutrina e na jurisprudência francesa e belga durante quase um século

---

[6] Quanto à racionalidade subjacente à inarbitrabilidade, *vide* Stavros Brekoulakis, "On Arbitrability cit.", pp. 21 e ss.. Analisar-se-á melhor esta questão *infra*, principalmente na análise de acórdãos relativos à insolvência e aos direitos de personalidade.

[7] Há que salientar, desde já, a distinção entre, por um lado, a influência da natureza contratual da arbitragem, na sua fonte, na delimitação dos litígios arbitráveis (ligada a razões práticas na prossecução dos interesses visados com o processo, como se verifica, por exemplo, no processo de insolvência em que se impõe a participação de todos os credores e a vigência do princípio de igual tratamento dos mesmos, dificilmente conseguidos em arbitragem) e, por outro lado, a influência da natureza contratual e privada da arbitragem nos limites dos poderes dos árbitros (ligada a limitações na eficácia das decisões arbitrais perante terceiros e nos poderes de jurisdição dos árbitros para executar as suas próprias decisões e para proferir decisões que impliquem o exercício de *ius imperii*), a qual irá surgir e tornar-se mais clara na análise jurisprudencial.

[8] Raul Ventura, "Convenção cit.", pp. 320 e 321 e Sampaio Caramelo, "A Disponibilidade cit.", pp. 1235 e ss.; cfr. ainda o *"Caso Indemnização de Clientela"*.

[9] Raul Ventura, "Convenção cit.", p. 318.

e meio[10]. Inicialmente, entendia-se que qualquer litígio que apresentasse uma ligação à ordem pública, sendo regulado por normas imperativas, ficaria automaticamente vedado ao julgamento por árbitros. Numa fase posterior, a doutrina e jurisprudência francesas (com o acórdão *Tissot*, de 1950, da *Cour de Cassation*) evoluíram na interpretação do critério referido, distinguindo consoante a matéria em questão no litígio apresentasse, ela própria, natureza de ordem pública (como nos casos do estado civil de pessoas e da falência), caso em que estaria automaticamente vedada a arbitragem, ou somente implicasse a aplicação de normas imperativas prosseguidoras de interesses de ordem pública, caso em que o árbitro poderia julgar o litígio, mas não poderia violar as normas imperativas aplicáveis, o que sempre seria controlado a final. A partir da crítica desta jurisprudência, a doutrina francesa e belga foi evoluindo na distinção entre, por um lado, o problema da determinação dos litígios arbitráveis (arbitrabilidade) e, por outro, a questão dos limites aos poderes dos árbitros no julgamento dos litígios, entendendo que os árbitros estão obviamente vinculados a aplicar as normas imperativas que regulem o litígio, sob pena de invalidade da decisão arbitral que ficaria sujeita ao controlo posterior pela jurisdição estadual.

Vários autores[11] têm, desde então, sublinhado a distinção entre as duas funções da ordem pública referidas, por conduzirem a cenários completamente distintos: *a de limite à arbitrabilidade*, surgindo como requisito de validade da convenção de arbitragem e como condição de jurisdição do tribunal arbitral, e *a de limite à validade da decisão arbitral*, funcionando como reserva de ordem pública no final do processo (cujo controlo pode variar de país para país). Da análise da evolução da aplicação do critério referido, é esta última distinção entre arbitrabilidade e aplicação de normas imperativas que importa reter, pois, tal como esta, há diversas questões que se situam nas fronteiras próximas da arbitrabilidade, as quais importa ir definindo.

Outro critério utilizado em algumas legislações – no Direito Alemão e no Direito Suíço, para a arbitragem internacional – para determinar a arbitrabilidade dos litígios tem sido o da **patrimonialidade**, o qual surge, muitas vezes, combinado com o da disponibilidade. Este critério encontra-se, aliás, proposto no novo projecto de LAV Portuguesa[12].

De acordo com o critério referido, são arbitráveis todos os litígios em que esteja em causa um direito que tenha subjacente um interesse susceptível de

---

[10] Sampaio Caramelo, "A Disponibilidade cit.", p. 1236.

[11] Jean-François Poudret e Sébastien Besson, *Comparative Law cit.*, p. 293 e Raul Ventura, "Convenção cit.", p. 325.

[12] Proposta de nova LAV da Associação Portuguesa de Arbitragem e respectiva Exposição de Motivos, ambas publicadas em http://arbitragem.pt/noticias/proposta-de-lav-13052010.pdf.

ANÁLISE DE JURISPRUDÊNCIA SOBRE ARBITRAGEM

avaliação pecuniária. Além disso, no Direito Alemão e segundo o novo projecto de LAV (influenciado por aquele), nos casos de direitos não patrimoniais, podem ainda ser objecto de arbitragem os direitos disponíveis, combinando-se assim o critério da patrimonialidade com o da disponibilidade dos direitos.

Ora, o critério referido apresenta *vantagens* em algumas áreas do Direito em que a questão da arbitrabilidade, aferida de acordo com o critério da disponibilidade, tem sido mais discutida, como por exemplo em matéria de cessação do contrato de agência e de distribuição comercial ou no âmbito dos direitos previstos no art. 809º do Código Civil[13] (áreas em que deixaria de subsistir qualquer dúvida quanto à arbitrabilidade dos direitos em causa, defendida pela maior parte da doutrina[14], por tal resultar de forma mais óbvia do critério da patrimonialidade). Igualmente, poder-se-ia dizer que seria mais consentâneo com a natureza (bastante discutida na doutrina) dos direitos em matéria de sociedades comerciais, por estarem em causa direitos colectivos ou de natureza associativa.

No entanto, o critério mencionado não resolve todos os problemas, porque há direitos patrimoniais dos quais os respectivos titulares não podem dispor livremente devido à natureza dos interesses subjacentes (por exemplo, certos actos de disposição dos menores que requerem autorização do tribunal judicial, certas matérias relativas aos contratos de trabalho) pelo que, pelas mesmas razões que os levam a ser indisponíveis, também não devem ser susceptíveis de serem apreciados por tribunal arbitral. Tal critério sempre teria de ser conjugado, quer com outro critério geral (como o da disponibilidade), quer com leis especiais que viessem excluir a arbitrabilidade de litígios que, apesar de respeitarem a direitos patrimoniais, não se coadunassem com este meio de resolução de litígios. Consequentemente, mantendo-se a necessidade de recorrer ao critério da disponibilidade, ainda que como complemento do critério da patrimonialidade, sempre subsistiriam as dúvidas invocadas por alguns autores quanto à aplicação daquele critério na parte em que o mesmo seja aplicável.

Finalmente, de acordo com **o critério da disponibilidade**, actualmente consagrado na lei portuguesa e em diversas ordens jurídicas (Espanha, Itália, Holanda, Grécia, entre outras), são arbitráveis os litígios relativos a direitos disponíveis, ou seja, a relações jurídicas que estejam na livre disposição das partes. Propõe alguma doutrina[15] que, para concretização do critério referido, se recorra, na prática, ao sub-critério ou índice da transigibilidade, ou seja, à

---

[13] O qual será, de ora em diante, abreviadamente designado por "CC".

[14] Sampaio Caramelo, "A Disponibilidade cit.", pp. 1241 e 1246 e ss. e Stefan Kröll, "The «Arbitrability» of Disputes Arising from Commercial Representation", *in Arbitrability – International & Comparative Perspectives*, org. Loukas A. Mistelis e Stavros L. Brekoulakis, pp. 317 a 350.

[15] Ferreira de Almeida, "Convenção cit." p. 86.

inquirição sobre se o litígio poderá ou não ser negociado e resolvido por acordo das partes, já que, de acordo com o Direito Português, a disponibilidade é também requisito do contrato de transacção (art. 1249º do CC).

Todavia, o critério da disponibilidade do direito, de natureza substantiva, tem sido criticado[16] por não ser de aplicação segura e fácil e por suscitar dúvidas. Dentro da disponibilidade dos direitos, encontram-se situações distintas, já que há direitos de que o titular pode dispor e aos quais pode renunciar, não só após se constituírem na sua esfera jurídica, mas também antecipadamente – aquilo a que a doutrina chama *"disponibilidade absoluta"* ou *"disponibilidade forte"* – e, diferentemente, há direitos de que o titular somente pode dispor após a radicação dos mesmos na sua esfera jurídica – aquilo que a doutrina designa por *"disponibilidade relativa"* ou *"disponibilidade fraca"*[17]. Ora, entende alguma doutrina[18] que o critério da disponibilidade não é adequado já que, se se exigir a disponibilidade absoluta ou forte do direito, restringe-se demasiado o âmbito das matérias arbitráveis, excluindo áreas do direito em que faz todo o sentido as partes poderem recorrer à arbitragem (como por exemplo, em matéria de direitos decorrentes da cessação de um contrato de agência) e, ao invés, no caso de se exigir apenas a disponibilidade relativa ou fraca, permite-se a arbitrabilidade num amplo leque de matérias, incluindo algumas onde tal resultado seria inaceitável de acordo com os princípios e valores regentes da nossa ordem jurídica (dando como exemplo matérias relativas ao estado civil das pessoas).

Enunciadas as desvantagens apontadas ao critério da disponibilidade do direito, refira-se, igualmente, que o mesmo apresenta, desde logo, uma vantagem inerente à natureza contratual, na sua fonte, da arbitragem, a qual assenta no seguinte: se se entendeu *supra* que as razões subjacentes à inarbitrabilidade se prendem, antes de mais, com razões de ordem política, legislativa e de ordem pública do Estado e que as razões relativas à natureza contratual da arbitragem somente relevam em função da prossecução de interesses de ordem pública, então o critério subjacente aos limites da arbitrabilidade parece ser comum ao que está por detrás da caracterização dos direitos como disponíveis ou indisponíveis, transaccionáveis ou não transaccionáveis, o que, lógica e racionalmente, faz todo o sentido. Voltaremos ao tema adiante, tanto na análise da jurisprudência, como em sede de conclusões do presente texto.

---

[16] Sampaio Caramelo, "A Disponibilidade cit.", pp. 1243 e ss., *maxime* 1245.

[17] João de Castro Mendes, *Direito Processual Civil*, vol. I, 1986, p. 210; Paula Costa e Silva, "Anulação e Recursos da Decisão Arbitral", *in ROA*, ano 52, nº 3, pp. 893 e ss., *maxime* p. 922, nota de rodapé 77 e Sampaio Caramelo, "A Disponibilidade cit.", pp. 1244 e 1245.

[18] Sampaio Caramelo, "A Disponibilidade cit.", pp. 1244 e 1245.

B) Das áreas do direito onde a aplicabilidade dos critérios de arbitrabilidade tem sido mais discutida

Antes de passar à análise jurisprudencial, será útil fazer uma breve incursão pelas áreas do direito onde a (in)arbitrabilidade dos litígios tem sido mais discutida e questionada em Portugal, introduzindo as principais controvérsias e problemáticas. Apesar de serem diversas as áreas onde se discute a arbitrabilidade dos litígios e onde tem havido evolução da doutrina nacional e estrangeira – tais como o direito da concorrência, a propriedade intelectual, o direito público, entre outras – focar-se-ão, porém, apenas aquelas que foram objecto de acórdãos analisados neste texto.

Começando pela área da **insolvência**, tem-se entendido que esta se encontra exclusivamente atribuída ao tribunal judicial, sendo, assim, inarbitrável nos termos do art. 1º, nº 1, 1ª parte, da LAV (juntamente com outras matérias como, por exemplo, o crime). Apesar de ser um processo especialmente atribuído à jurisdição do Estado, têm surgido vozes a questionar se será assim em relação a todos os incidentes que o compõem ou se, pelo contrário, poderão destacar-se incidentes em que se poderá recorrer à arbitragem. É o que se analisará adiante.

As maiores dúvidas e controvérsias surgem em torno do critério da disponibilidade previsto no art. 1º, nº 1, 2ª parte, da LAV e principalmente em áreas onde se denota a necessidade de protecção de um contraente débil, ou seja, de uma parte com poder negocial sensivelmente mais fraco do que a outra.

Referimo-nos, antes de mais, aos **contratos de agência e de distribuição comercial** (aos quais se entende aplicável analogicamente, sempre que a identidade de razões de regime se verifique, o regime da agência) em que, normalmente, o agente ou distribuidor não tem oportunidade de negociar as cláusulas pré-definidas pelo principal num contrato-quadro, no intuito de celebrar vários contratos iguais àquele, com vários agentes, em diversos países. Nestes casos, a Directiva Comunitária do Conselho (86/653/CEE), de 18 de Dezembro de 1986 (de ora em diante, designada por "Directiva"), estabelece um regime imperativo de tratamento mais favorável do agente, determinando que *"as partes não podem, antes da cessação do contrato, derrogar o disposto nos arts. 17º e 18º em prejuízo do agente comercial"* (art. 19.º), o que é seguido nos vários ordenamentos jurídicos, nomeadamente em Portugal (arts. 28º e ss. e 38º do DL nº 178/86, de 3 de Julho, com as alterações introduzidas pelo DL nº 118/93, de 13 de Abril – Lei do Contrato de Agência – que veio transpor a Directiva e, portanto, deve ser interpretado em consonância com a mesma).

Contudo, o facto de a matéria referida ser regulada por normas imperativas e incluir direitos relativamente indisponíveis (no sentido *supra* explicado) não evita que a doutrina nacional e estrangeira considere que a mesma deveria ser arbitrável, visto que não há razões ponderosas de ordem pública que impliquem a sua inarbitrabilidade, tendo os árbitros capacidade de aplicar normas imperativas, nomeadamente o princípio do tratamento mais favorável, bem como de se certificar que não é violado nenhum direito indisponível.

Na verdade, o problema tem sido colocado e resolvido sob diversas perspectivas, desde a consagração da inarbitrabilidade do direito (mais limitativa da arbitragem) até à livre arbitrabilidade do mesmo, mas com salvaguarda do controlo, somente a final, pelos tribunais judiciais da aplicação das normas imperativas e da violação ou não do direito do agente (quer em sede de anulação da decisão arbitral, quer em sede de revisão de sentença arbitral)[19]. Adiante demonstrar-se-á se e como esta última abordagem referida será possível de acordo com a ordem jurídica portuguesa e como tem a jurisprudência julgado esta matéria.

Tal desequilíbrio contratual é ainda mais acentuado em matéria de **contratos individuais de trabalho**, no âmbito dos quais, ná maior parte dos casos, o trabalhador apresenta uma grande dependência económica e institucional do empregador, já que, por um lado, o trabalho que presta é o meio de subsistência do primeiro e da sua família e, por outro lado, o trabalhador encontra-se sujeito à hierarquia e ao poder de direcção da pessoa para quem trabalha. Daí que questões idênticas às referidas para os contratos de distribuição comercial se coloquem no âmbito dos contratos individuais de trabalho, tradicionalmente entendidos como excluídos do âmbito da jurisdição arbitral (o mesmo sucedendo noutros países como França e Itália). Analisar-se-á, adiante, de que forma a jurisprudência tem tratado esta questão.

Com base em ideias semelhantes às que subjazem às preocupações manifestadas nas áreas de cessação de contratos de distribuição comercial e de certos direitos em matéria laboral (que, como se demonstrará não se justificam em matéria de arrendamento), alguma doutrina[20] e jurisprudência[21] tem suscitado dúvidas quanto à arbitrabilidade de certos litígios no que toca à cessação por resolução, caducidade ou denúncia do **contrato de arrendamento**, apesar de considerarem a matéria de arrendamento, em regra, arbitrável. Explicitar-se-ão *infra* os termos em que a discussão surgiu e foi evoluindo quer na doutrina, quer na jurisprudência, adoptando-se posição quanto à mesma.

No plano do **Direito das Sociedades**, tem sido igualmente entendido que os litígios entre sócios ou entre sócios e a sociedade são arbitráveis, não sendo obstáculo a falta de norma legal expressa[22], nem se encontrando razões para

---

[19] Cfr., quanto às diferentes abordagens da questão da (in)arbitrabilidade dos contratos de distribuição comercial, Stefan Kröll, "The «Arbitrability» cit.", pp. 318 e ss.

[20] Miguel Teixeira De Sousa, *A acção de despejo*, 1995, pp. 29 e 30.

[21] Cfr. *"Caso Despejo II."*

[22] Raul Ventura, "Convenção cit.", pp. 340 e 341.

entendimento contrário. Obviamente têm de se verificar os requisitos gerais exigidos e a relação jurídica, objecto do litígio, tem de se inserir no âmbito da convenção de arbitragem existente[23].

Não obstante existirem críticas à aplicabilidade do critério da disponibilidade neste domínio, a verdade é que, como se depreenderá da análise subsequente, embora não seja uma questão de fácil resolução, na maior parte dos casos, não são questões de arbitrabilidade dos litígios as que se colocam – a qual é, geralmente, admitida no Direito das Sociedades –, mas obstáculos atinentes quer ao âmbito (e à própria redacção) da convenção de arbitragem, quer aos limites aos poderes dos árbitros e à eficácia perante terceiros da decisão arbitral, decorrentes da natureza privada e contratual da arbitragem.

Questão diferente da arbitrabilidade dos litígios (a qual, aliás, já se referiu em diversos momentos do presente texto) é, exactamente, a dos limites dos poderes do tribunal arbitral, decorrentes da natureza – apesar de jurisdicional – privada e contratual da arbitragem. Apesar de vigorar o princípio da equiparação dos tribunais arbitrais aos tribunais judiciais e os poderes dos árbitros se moldarem nos dos juízes (arts. 202º, nº 2, e 209º, nº 2, da Constituição da República Portuguesa), a verdade é que os tribunais arbitrais não têm competência para executar as suas próprias decisões (art. 30º da LAV), logo, por maioria de razão, também não têm competência para execução das decisões judiciais, nem para exercer o chamado *ius imperii*, o uso da força física ou policial para a materialização e execução das decisões, como é exigido por determinadas providências cautelares. Ora, a análise subsequente incidirá igualmente em acórdãos relativos a **acções executivas** e a **providências cautelares**, não tanto por estar em causa directamente a arbitrabilidade dos litígios no sentido *supra* identificado, mas por se tratar de matéria que se encontra na fronteira daquela, no intuito de aferir como tem sido tratada pela jurisprudência portuguesa, nomeadamente se tem sido adequadamente traçada a fronteira referida.

III. Excepção de preterição do tribunal arbitral voluntário: efeito negativo do princípio da competência da competência do tribunal Arbitral em matéria de (in)arbitrabilidade dos litígios

Pela sua relevância, distinguem-se diversos momentos em que a arbitrabilidade de um litígio pode ser apreciada: em momento anterior à decisão arbitral, quer pelo tribunal arbitral que tem competência para apreciar da existência, validade, eficácia e aplicabilidade da convenção de arbitragem (art. 21.º da LAV), quer pelo tribunal judicial em sede de invocação de excepção de preterição do

---

[23] Raul Ventura, "Convenção cit.", p. 341.

tribunal arbitral voluntário – ainda que, como se demonstrará, com limites – e em momento posterior à decisão do tribunal arbitral, quer em sede de acção de anulação da decisão arbitral e/ou recurso [arts. 27º, nº 1, al. a) e 29º da LAV], quer em sede de indeferimento liminar e/ou oposição à execução [arts. 812º-A, nº 3, al. c) e 815º do CPC), quer ainda em sede de reconhecimento de sentença arbitral (nos termos da Convenção de Nova Iorque e do CPC).

O momento que ora releva situa-se antes da decisão arbitral, quando uma das partes recorre ao tribunal judicial para tutela de um direito abrangido por convenção de arbitragem, e a outra parte invoca a excepção dilatória de preterição do tribunal arbitral [arts. 494º, al. j) e 495º do CPC].

Nesta sede, impõe-se, assim, fazer uma brevíssima referência ao princípio da competência da competência do tribunal arbitral, consagrado no art. 21º da LAV, e sublinhar o efeito negativo do mesmo, nomeadamente quanto aos poderes do tribunal judicial em matéria de apreciação da arbitrabilidade do litígio.

De acordo com o princípio referido, *"o tribunal arbitral pode pronunciar-se sobre a sua própria competência, mesmo que para esse fim seja necessário apreciar a existência, a validade ou a eficácia da convenção de arbitragem ou do contrato em que ela se insira, ou a aplicabilidade da referida convenção"* (art. 21º, nº 1, da LAV), consagrando a lei a autonomia da convenção de arbitragem em relação ao contrato principal no número seguinte deste preceito. Ora, daqui retira-se a atribuição de competência ao tribunal arbitral para julgar a sua própria competência, para o que será necessário pronunciar-se sobre a validade da convenção de arbitragem e, consequentemente, sobre a arbitrabilidade do litígio. Mas o princípio não se esgota aqui. A par deste efeito positivo do princípio da competência da competência, e no intuito de salvaguarda do mesmo, tem-se entendido que se encontra consagrado na lei, igualmente, o efeito negativo de impor aos tribunais judiciais o dever de se absterem de apreciar as matérias referidas, em qualquer causa que lhe seja apresentada, *antes que* o árbitro se pronuncie sobre as mesmas (arts. 21º, nº 1 e 12º, nº 4 da LAV). Na verdade, se a competência para apreciar a competência do tribunal arbitral fosse concorrencial e se os tribunais judiciais pudessem pronunciar-se sobre a mesma sempre que a questão lhes fosse colocada em primeiro lugar ou seja, mesmo antes dos árbitros, em muitos desses casos – naqueles em que os tribunais judiciais se considerassem competentes e julgassem a causa – os tribunais arbitrais não teriam sequer oportunidade de aplicar a faculdade que lhes é atribuída por aquele princípio.

Posto isto, resta referir que, alguma doutrina reconhece uma excepção ao efeito negativo do princípio da competência da competência do tribunal arbitral, a qual tem sido retirada do elemento racional subjacente ao art. 12º, nº 4, da LAV, e que engloba os casos em que seja manifesta a invalidade, a ineficácia ou a inaplicabilidade da convenção de arbitragem. Nesses casos, entende-se que, por uma questão de economia processual, deve permitir-se que o tribunal judicial julgue logo a questão[24].

Com efeito, e como se verá, impõe-se discutir e analisar qual a atitude e amplitude de julgamento que os tribunais judiciais devem ter perante a invocação da excepção de preterição do tribunal arbitral e a subsequente contestação com fundamento na inarbitrabilidade do litígio, de modo a respeitar e a não retirar efeito útil ao princípio da competência da competência do tribunal arbitral.

IV. Análise da jurisprudência dos tribunais superiores portugueses em matéria de (in)arbitrabilidade do litígio quando invocada em sede da excepção de preterição do tribunal arbitral

Insolvência

No *"Caso Insolvência"*, o Tribunal da Relação de Lisboa foi chamado a pronunciar-se sobre a arbitrabilidade do litígio no âmbito de um processo especial de insolvência instaurado por uma sociedade contra outra, alegando a primeira ser credora da segunda e que esta se encontrava impossibilitada de pagar, requerendo, consequentemente, a declaração de insolvência da Ré.

Em oposição, veio a requerida arguir a ilegitimidade da requerente e excepcionar a preterição do tribunal arbitral voluntário.

Após produção de prova, em sede de saneamento, o tribunal julgou improcedente a excepção de ilegitimidade, mas considerou procedente a excepção de violação da convenção de arbitragem, absolvendo a requerida da instância.

Inconformada com tal decisão, veio a autora e recorrente interpor o recurso de agravo ora em análise, o qual se resumiu à questão de saber se se verificavam ou não os pressupostos que determinaram a procedência da excepção de violação da convenção de arbitragem.

O Tribunal *a quo* havia entendido que tais pressupostos estavam verificados já que, para afirmar a qualidade de credora – requisito substantivo para o requerimento de insolvência – teria de decidir sobre a existência de um crédito da requerente sobre a requerida decorrente do (in)cumprimento do contrato em questão, no âmbito do qual se incluía uma convenção de arbitragem que remetia os litígios sobre a execução do contrato para o tribunal arbitral. Afirmara, ainda, que a apreciação daquela matéria, sendo determinante para a

---

[24] João Luís Lopes dos Reis, "A Excepção da Preterição do Tribunal Arbitral (Voluntário)", *in ROA*, ano 58, nº 3, pp. 1115 a 1132, *maxime* pp. 1123 e 1129.

legitimidade substantiva da requerente ou falta desta, precedia logicamente a apreciação dos pressupostos de insolvência atinentes à situação financeira ou solvabilidade da requerida. Assim, considerando válida a convenção de arbitragem, havia julgado procedente a excepção dilatória de violação da convenção de arbitragem.

O Tribunal *ad quem* começa por concordar com o raciocínio e a fundamentação utilizados pelo tribunal de primeira instância, ao entender que a legitimidade exigida no art. 20º do Código de Insolvência e Recuperação de Empresas[25] é de direito substantivo e não processual; que o pedido de declaração de insolvência tem de ser deduzido por quem tem a qualidade de credor; que, no caso concreto, a qualidade de credora da requerente depende da apreciação do (in)cumprimento do contrato celebrado e que tal apreciação se encontra, por convenção de arbitragem, validamente atribuída à jurisdição arbitral. Contudo, conclui que *"tais pressupostos não podem fundamentar a excepção de preterição de tribunal arbitral, quando o que se pede é a declaração de insolvência, que escapa totalmente à convencionada arbitragem"*, visto que, por um lado, o pedido de insolvência não constitui matéria arbitrável nos termos do art. 1º, nº 1, da LAV (parecendo inclui-lo – de modo correcto – na 1ª parte do preceito) e, por outro lado, a matéria sobre a qual incide a convenção de arbitragem – execução do contrato – não constitui objecto da presente acção.

O Tribunal *ad quem* alerta – e muito bem! – que é em face da causa de pedir e do pedido que se atribui competência ao tribunal e que, tratando-se de pedido de insolvência, o que se impõe verificar é se os pressupostos para o mesmo se encontram preenchidos. O objecto do processo, neste caso, consiste em verificar se a requerente tem a qualidade de credora (requisito), e não em averiguar se cumpriu ou não o contrato donde emerge esse direito. Tratando-se de duas questões distintas, quanto muito poderia o tribunal de primeira instância ter entendido que não se encontra verificado e provado um dos requisitos exigidos para a declaração de insolvência, julgando improcedente o pedido.

Consequentemente o Tribunal *ad quem* concedeu provimento ao recurso, julgando improcedente a excepção dilatória de preterição do tribunal arbitral.

Ora, conforme *supra* introduzido, a insolvência tem sido excluída da arbitragem por se entender cometida por lei especial exclusivamente aos tribunais judiciais, nos termos do art. 1º, nº 1, 1ª parte, da LAV.

---

[25] DL nº 53/2004, de 18 de Março, com as alterações entretanto introduzidas, de ora em diante abreviadamente designado por "CIRE".

ANÁLISE DE JURISPRUDÊNCIA SOBRE ARBITRAGEM

Segundo a doutrina que se tem debruçado sobre o tema da arbitrabilidade da insolvência[26], importa analisar as razões subjacentes à inarbitrabilidade desta matéria – regra consagrada na maioria das ordens jurídicas –, as quais têm que ver com a natureza e os fins prosseguidos pelo processo de insolvência, os quais, além de serem de interesse geral e público, são inconciliáveis, em muitos aspectos, com a natureza contratual da arbitragem. Não obstante existirem autores que entendem que a não arbitrabilidade deste tipo de litígios está ligada apenas à impossibilidade de conciliação prática dos fins do processo de insolvência com a natureza contratual da arbitragem e a eficácia relativa da convenção arbitral[27], julgamos que a referida impossibilidade de conciliação prática advém, em certa medida, do facto de os fins prosseguidos pelo processo de insolvência apresentarem um cariz público e de interesse geral, encontrando-se, por isso, os dois motivos referidos intrinsecamente ligados. Senão vejamos.

De acordo com o art. 1º do CIRE, *"o processo de insolvência é um processo de execução universal que tem como finalidade a liquidação do património de um devedor insolvente e a repartição do produto obtido pelos credores, ou a satisfação destes pela forma prevista num plano de insolvência, que nomeadamente se baseie na recuperação da empresa compreendida na massa insolvente"*, destacando-se dentre os fins referidos, interesses que têm um carácter público ou de interesse geral, como a ideia de execução universal, a garantia de igualdade entre todos os credores e o intuito de assegurar a recuperação da empresa em insolvência, os quais, apresentando relevância económica e social acentuada (como, aliás, se tem visto nos tempos mais recentes), faz sentido que estejam subtraídos à disponibilidade das partes. Note-se que, pelo menos na época em que vivemos, os interesses de carácter público e geral referidos têm sido caros e sensíveis ao Estado, que entende que os mesmos devem ficar reservados à sua esfera de decisão.

Reflexo concreto da natureza de interesse geral e público dos fins prosseguidos na insolvência é, exactamente, o facto de o processo de insolvência apresentar um carácter colectivo, implicando o chamamento de todos os credores, de todas as relações contratuais existentes, de todos os bens do devedor, no intuito de se decidir o melhor destino a dar à empresa insolvente e, em caso de se optar pela liquidação do património, de se repartir a massa insolvente de acordo com as regras legais aplicáveis e com a ordem de garantias dos créditos, respeitando a igualdade entre os credores. Acresce que, para se poder decidir

---

[26] Christoph Liebscher, "Insolvency cit.", pp. 165 a 178; Ferreira de Almeida, "Convenção cit.", p. 85; Morais Leitão e Moura Vicente, "Portugal cit.", p. 9; Sampaio Caramelo, "A Disponibilidade cit.", pp. 1263 e 1264 e Stavros Brekoulakis, "On Arbitrability cit.", pp. 19 a 45, *maxime* pp. 32 a 37.

[27] Christoph Liebscher, "Insolvency cit.", pp. 165 a 178 e Stavros Brekoulakis, "On Arbitrability cit.", pp. 19 a 45, *maxime* pp. 32 a 37.

pela recuperação da empresa (interesse público que vai, claramente, além da protecção do mero interesse do credor em questão), importa ter o acordo e a flexibilidade de todos os credores, eventualmente com a possibilidade de aceitação pelos últimos de condições de cumprimento diferentes das estabelecidas pelo contrato inicial.

Por outro lado, atendendo à natureza contratual e relativa da convenção de arbitragem, é muito difícil – praticamente impossível – conciliá-la com a necessidade de chamar a totalidade dos credores a reclamar os seus créditos no processo de insolvência, sendo mais eficaz e eficiente, por razões práticas, que tal massificação num único processo se faça na jurisdição estadual.

Debruçando-nos sobre o Direito Português e o art. 1º, nº 1, da LAV, a atribuição de jurisdição exclusiva aos tribunais judiciais retira-se da análise do próprio processo de insolvência, desde as referências constantes ao "juiz", aos próprios efeitos da sentença de declaração de insolvência, até aos vários incidentes que o podem compor, como o incidente de qualificação da insolvência de cariz sancionatório, o qual pode, inclusive, implicar a aplicação de sanções a membros dos órgãos sociais (*vide* artigos 7º, nº 3, 9º, 11º, 13º, 17º, 36º, 52º, 58º, 81º e ss., 85º e ss., 90º e ss., 185º e ss., entre outros, do CIRE).

Donde se retira que andou bem o Tribunal de recurso ao considerar a matéria inarbitrável e ao colocar o problema como de procedência ou improcedência do pedido por verificação ou falta dos pressupostos necessários, esclarecendo a confusão feita pelo tribunal *a quo* entre a existência de uma convenção de arbitragem para a resolução de litígios decorrentes da interpretação e execução do contrato celebrado entre as partes – somente aplicável quando for esse o objecto do processo – e a inexistência de violação de convenção de arbitragem relativamente ao objecto do processo de insolvência, por aquela não ser aplicável a este.

No entanto, importa realçar outro aspecto que se acaba por retirar do acórdão e que terá, inclusivamente, contribuído para a "confusão" cometida na primeira instância.

De facto, há incidentes do processo de insolvência que se podem considerar incluídos na autonomia das partes, não só por não imperar neles a prossecução de qualquer interesse geral e público, como também por poderem ser resolvidos entre o devedor e os diversos credores, conjunta ou separadamente, mediante recurso à arbitragem, sem prejudicar o andamento normal do processo de insolvência, como por exemplo, a reclamação e o reconhecimento dos créditos.

No caso concreto, o crédito reclamado pela credora teria de ser, primeiramente, discutido e reconhecido mediante arbitragem para, depois, aquela poder requerer a insolvência do devedor na qualidade de credora do mesmo ou

ANÁLISE DE JURISPRUDÊNCIA SOBRE ARBITRAGEM

para o seu crédito ser graduado em eventual processo de insolvência que viesse a ser instaurado por outros credores.

Finalmente, resta referir que, tratando-se de um caso de manifesta inaplicabilidade da convenção de arbitragem, andou bem o Tribunal *ad quem* ao julgar a questão nesse sentido, sendo um daqueles casos em que não tinha lógica constituir o tribunal arbitral para que o mesmo considerasse que a matéria era inarbitrável (por economia processual), deixando incólume o princípio da competência da competência do tribunal arbitral (argumento retirado do art. 12º, nº 4, da LAV)[28].

Contratos de distribuição comercial

No *"Caso Indemnização de Clientela"*, o Tribunal da Relação de Guimarães decidiu o recurso de agravo do despacho saneador que, por sua vez, havia julgado procedente a excepção de preterição do tribunal arbitral invocada pela ré na contestação, nos termos do art. 494º, al. j), do CPC. Na petição inicial, por seu turno, o autor tinha pedido a condenação da ré no pagamento de indemnização por violação do prazo de pré-aviso de denúncia de contrato de distribuição comercial e, ainda, o pagamento de indemnização de clientela.

Ficou provada a existência de uma cláusula compromissória no contrato celebrado pelas partes, com o seguinte teor: *"quaisquer litígios decorrentes da interpretação ou execução do presente contrato serão dirimidos definitivamente perante três árbitros, de harmonia com o Regulamento do Tribunal Arbitral da Câmara de Comércio Internacional de Lisboa"* estabelecendo-se, ainda, no nº 3 da mesma cláusula que *"os árbitros julgarão segundo a equidade"*.

Em sede de recurso, o Tribunal *ad quem* começa por colocar bem o problema e analisar o critério de arbitrabilidade consagrado no art. 1º, nº 1, da LAV – disponibilidade do direito, recorrendo inclusivamente ao índice da transigibilidade (art. 1249º do CC) – considerando que, caso a convenção de arbitragem tenha por objecto litígios respeitantes a direitos indisponíveis, será nula (art. 3º da LAV). Debruçando-se sobre o conceito de direitos indisponíveis e invocando doutrina e jurisprudência nacional e estrangeira sobre o tema, o tribunal conclui – a nosso ver, bem – que, de acordo com a Directiva e a Lei do Contrato de Agência, embora não possa haver acordo prévio sobre a indemnização de clientela ou contrário ao que a lei atribui ao agente – por estarem em causa normas imperativas que protegem o agente, como contraente mais débil, tal não implica que não possa haver renúncia ao direito referido, desde que posterior ao incumprimento contratual. O Tribunal distingue, ainda, seguindo o entendimento de Raul Ventura, a convenção de arbitragem da sentença arbi-

---

[28] Lopes dos Reis, "A Excepção cit.", p. 1129.

74

tral, entendendo que só haverá incompetência quando a ordem pública afecte a própria convenção e considerando que os árbitros podem aplicar normas imperativas.

Contudo, após desenvolvimento do tema da (in)disponibilidade do direito, o Tribunal acaba por entender que, na medida em que as partes cometeram ao tribunal arbitral poderes para julgar segundo a equidade, tal consubstancia uma violação da ordem pública que afecta a própria convenção de arbitragem. Considera que, em consequência do referido, a invocada convenção arbitral, na medida em que afecta direitos indisponíveis, é nula, devendo improceder a excepção de preterição do tribunal arbitral e ser revogada a decisão *a quo*.

Antes de mais, dediquem-se umas palavras somente para sublinhar o facto de a cláusula arbitral em questão conter imprecisões e erros, realçados por António Sampaio Caramelo na obra citada anteriormente[29], tais como o acordo de que os litígios *"serão (...) dirimidos perante três árbitros"*, em vez de "por três árbitros" ou a remissão para *"o Regulamento do Tribunal Arbitral da Câmara de Comércio Internacional de Lisboa"*, quando a Câmara de Comércio Internacional ("CCI") é sediada em Paris (o que existe em Lisboa é o Centro de Arbitragem Comercial da Câmara de Comércio e Indústria Portuguesa, de ora em diante "CAC"). Estes aspectos podem suscitar dúvidas de interpretação quanto à sede e regulamento aplicáveis ao tribunal arbitral, sendo ainda desaconselhável a referência a um tribunal arbitral como se tivesse carácter permanente, quando não é o que sucede na realidade.

Centrando-nos no acórdão em análise, de acordo com o *supra* explicitado quanto às possíveis interpretações do art. 1º, nº 1, da LAV no que toca ao critério da disponibilidade – como exigindo uma disponibilidade absoluta ou forte ou, diferentemente, uma disponibilidade relativa ou fraca – a solução do presente caso podia variar, consoante a posição adoptada. Isto é, a excepção dilatória invocada deveria proceder no caso de apenas se exigir a disponibilidade relativa, já que os direitos em questão tornam-se renunciáveis após se constituírem na esfera jurídica do seu titular, e deveria improceder caso se exija a disponibilidade absoluta do direito.

Contudo, apesar de inicialmente o Tribunal colocar bem o problema, verifica-se em vários momentos uma confusão entre, por um lado, a natureza imperativa das normas que regulam os direitos do agente decorrentes da cessação do contrato e, por outro lado, a arbitrabilidade do litígio e (in)disponibilidade do direito, a qual não devia existir como tivemos oportunidade de demonstrar[30]. Se é certo que a indisponibilidade relativa do direito e a imperatividade das normas

---

[29] Sampaio Caramelo, "A Disponibilidade cit.", pp. 1246 e 1247.
[30] Cfr. *supra*, p. 63.

em análise se fundamentam na mesma necessidade de protecção da parte contratual mais fraca, também é certo que, no caso de se considerar a matéria arbitrável – por força da interpretação do artigo 1º, nº 1, da LAV no sentido de apenas se exigir uma disponibilidade relativa ou fraca – não há qualquer impedimento a que os árbitros apliquem as normas imperativas que regulam o direito em causa.

Assim sendo, depreende-se do exposto que, embora o Tribunal tenha problematizado correctamente a questão da arbitrabilidade do litígio e, inclusivamente, tenha detectado a invalidade da cláusula arbitral na parte em que estipulava o julgamento pela equidade de uma matéria que está, imperativamente, regulada por lei, acabou por fundamentar o acórdão em termos que não nos parecem correctos. De facto, o Tribunal da Relação acabou por considerar que a equidade contendia com a ordem pública, afectando a própria convenção arbitral (e não apenas a sentença arbitral), declarando a convenção arbitral nula por violar direitos indisponíveis, nos termos dos arts. 1º, nº 1, e 3º da LAV.

Ora, daqui resulta claramente a confusão entre arbitrabilidade do litígio e direito aplicável pelos árbitros, sendo que este último não deveria interferir com a questão da arbitrabilidade, já que caso se considerasse que os direitos em questão eram arbitráveis (se se optasse pela interpretação que considera suficiente a disponibilidade relativa) os árbitros podiam e deviam apreciar a validade da convenção arbitral, podendo, inclusive, considerar nula a parte da cláusula que permite o julgamento segundo a equidade e reduzi-la nos termos gerais (art. 292º do CC). Note-se, aliás, que, de acordo com o princípio da competência da competência do tribunal arbitral, deveria ser este último a apreciar a validade da convenção de arbitragem (art. 21º, nº 1, da LAV).

Deste modo, o sentido da decisão deveria apenas ter dependido do conceito de (in)disponibilidade – absoluta ou relativa – que se considerasse ser o adoptado pela lei, julgando improcedente, no primeiro caso, ou procedente, no segundo caso, a excepção de preterição do tribunal arbitral.

Julgamos que sofrem do mesmo vício ou confusão a fundamentação de outros dois acórdãos, proferidos no *"Caso Nova Deli"* e no *"Caso das Sementes de Milho"*.

Atentemos aos factos subjacentes a cada um dos arestos referidos.

No *"Caso Nova Deli"*, o recurso para o Supremo Tribunal de Justiça veio interposto do acórdão da Relação que manteve a decisão da primeira instância no sentido da procedência da excepção de preterição do tribunal arbitral, em virtude de o contrato em questão conter uma cláusula compromissória que atribuía poder a árbitros para julgar segundo o Regulamento da CCI.

Na petição inicial veio uma sociedade portuguesa ("o agente") pedir a condenação de uma sociedade indiana ("o principal") no pagamento de USD 25.677 correspondentes a comissões em dívida, indemnização por denúncia do contrato sem respeito pelo prazo de pré-aviso e indemnização de clientela.

Considerando válida a cláusula compromissória existente no contrato à l uz dos arts. 1º, nº 1 e 3º da LAV – ou seja, sem sequer questionar a arbitrabilidade do litígio – o Tribunal *ad quem* entende que o objecto do recurso assenta em saber se o art. 38º da Lei do Contrato de Agência ("LCA") determina a competência exclusiva dos tribunais portugueses para conhecer dos efeitos da cessação do contrato em questão, excluindo assim a validade e/ou eficácia da convenção arbitral.

Após considerar que o art. 38º é uma *"norma de conflitos sobre o regime substantivo aplicável ao contrato de agência"* com *"efectiva repercussão na determinação do tribunal internacionalmente competente"* – reclamando, assim, a competência internacional exclusiva dos tribunais portugueses –, o Supremo conclui que o problema não era de competência do tribunal judicial português em confronto com outros tribunais estrangeiros, mas sim de existência de *"convenção arbitral válida que, antes de mais, afasta a via judicial"*. Deste modo, considerando válida a convenção arbitral e afirmando que nada permitia supor que, *"embora a tal possa não estar vinculada, a CCI de Paris venha a aplicar lei diferente da portuguesa, tanto mais que, como referido, para elas apontam Convenções Internacionais de carácter universal"*, o Tribunal julgou improcedente o recurso.

Ora, dos factos relatados, depreende-se que, mais uma vez, não se colocou correctamente a questão[31]. Na verdade, a questão da arbitrabilidade do litígio nem sequer foi suscitada, dando-se por adquirida a validade da convenção de arbitragem, o que poderia ter sido discutido nos termos *supra* referidos, ou seja, dependendo da interpretação que fosse adoptada quanto ao critério de disponibilidade – absoluta ou relativa – exigido no art. 1º, nº 1, da LAV (note-se que, se se entendesse que a disponibilidade tinha de ser absoluta, a presente causa não seria arbitrável).

Por outro lado, a questão que acaba por ser debatida e analisada pelo Tribunal centra-se na necessária aplicação do art. 38º da LCA, o qual consubstancia uma norma de conflitos que determina o direito aplicável, notando-se, mais uma vez, a confusão entre, por um lado, a (in)arbitrabilidade e a consequente (in)validade da convenção arbitral e, por outro lado, a (in)aplicabilidade pelos árbitros das normas imperativas que regulam a questão, o que é um problema de determinação do direito material aplicável, que não se deve confundir com a arbitrabilidade ou inarbitrabilidade do litígio.

Não é pertinente a discussão da salvaguarda constante do art. 38º da LCA nesta sede, nem se concorda com a interpretação que o Tribunal fez da mesma. Esta norma tem sido, aliás, alvo de controvérsia no que respeita à sua natu-

---

[31] Não nos pronunciaremos sobre os aspectos que tenham que ver com arbitragem internacional (lei aplicável à arbitrabilidade, entre outros), dado que a presente análise somente visa a arbitragem interna.

reza e âmbito, nomeadamente quanto à questão de saber se se trata de uma norma apenas de direito substantivo ou também de direito adjectivo. Isto é, tem sido discutido se o art. 38º é uma norma que consagra o direito substantivo aplicável à causa, interferindo indirectamente na determinação da jurisdição internacional competente, ao exigir a prova adicional de que a lei aplicável no país onde será julgada é tão ou mais favorável ao agente que a lei Portuguesa, sob pena de se perder o efeito pretendido pela mesma[32], ou se, pelo contrário, o teor da norma apresenta apenas carácter substantivo, não interferindo com o direito adjectivo, isto é, não impondo a competência jurisdicional exclusiva dos tribunais portugueses. Note-se que foi proferido Acórdão Uniformizador de Jurisprudência pelo Supremo Tribunal de Justiça nesta matéria, o qual se pronunciou no último sentido referido[33].

Acresce que, mesmo que se entendesse que o art. 38º da LCA atribuía jurisdição exclusiva aos tribunais portugueses, tal não implicava a impossibilidade de haver uma convenção arbitral, já que a arbitragem internacional encontra-se prevista pela Convenção de Nova Iorque de 1958, a qual sempre estaria incluída na ressalva da 1ª parte dos arts 65º e 65º-A do CPC., tendo andado bem nessa parte o Tribunal.

No entanto, fundamental era ter sido feita a distinção entre, por um lado, arbitrabilidade e validade da convenção de arbitragem e, por outro lado, direito aplicável, incluindo as normas imperativas que concedem um tratamento mais favorável ao agente, as quais têm de ser respeitadas tanto no tribunal judicial, como no tribunal arbitral, mas não impedem, por si, a arbitrabilidade do litígio.

Por sua vez, no *"Caso das Sementes de Milho"*, o Tribunal da Relação do Porto foi chamado a pronunciar-se sobre recurso de agravo do despacho saneador, na parte em que este havia julgado improcedente a excepção de preterição do tribunal arbitral voluntário, e de apelação da sentença final, a qual havia considerado a acção parcialmente procedente, por provada.

Na presente acção, intentada por uma sociedade portuguesa ("concessionária") contra uma sociedade espanhola ("concedente"), a Autora pedia a) a declaração de nulidade da resolução do contrato de concessão comercial celebrado entre as partes, por falta de fundamento válido e ilícita e b) a condenação da ré a pagar à autora indemnização pelos prejuízos causados com o incumprimento do contrato e pelos danos que causou ao seu bom nome e à sua imagem comercial, indemnização de clientela e, ainda, juros legais respectivos. Na réplica, como defesa perante a invocação da excepção de preterição do tribu-

---

[32] António Pinto Monteiro, *Contrato de Agência*, 6ª ed., 2007, pp. 154 e ss.
[33] Acórdão Uniformizador de Jurisprudência do STJ de 28.2.2008, proc. nº 07B1321, *in* www.dgsi.pt.

nal arbitral, a autora alegou o art. 38º da LCA e, ainda, insuficiência de meios económicos para recorrer à arbitragem.

Resultou provado que as partes tinham acordado na seguinte cláusula arbitral: *"11.1 Este acordo deverá ser regulado pelas leis de França. 11.2 Na hipótese de ocorrência de um litígio entre as partes não regulado nos termos deste acordo, ambas as partes acordam em ser reguladas pelas regras do F.I.S. para o comércio internacional de sementes de cereais com regras específicas quanto ao milho. Qualquer arbitragem desenrolar-se-á de acordo com o Procedimento de Arbitragem do F.I.S. para o Tratado Internacional da Semente em França"*.

Ora, deixando fora do âmbito da nossa análise o argumento da insuficiência económica (que daria lugar a considerações autónomas), centremo-nos no julgamento pelo Tribunal da excepção invocada. Qualificando a cláusula 11ª do contrato, simultaneamente, como uma cláusula compromissória e uma cláusula de determinação do direito aplicável, entendendo que, nesta última parte, a cláusula é inválida por violar os arts. 41º, nº 2, do CC. e 38º da LCA, o Tribunal conclui pela improcedência da excepção de preterição do tribunal arbitral do seguinte modo: *"Assim, sendo a causa de pedir integrada por factos ocorridos em Portugal – indemnização por perdas e danos, por prejuízos sofridos e de clientela – é inválida a cláusula compromissória em apreço, não só por nenhum interesse sério justificar a aplicação da lei francesa (como se referiu nenhuma conexão tem com ela), mas também porque ela envolveria inconveniente grave para a recorrida, que teria que recorrer aos tribunais arbitrais franceses"*.

Dos factos relatados, depreende-se que, também no presente caso de arbitragem internacional[34], o Tribunal acabou por decidir pela nulidade da convenção de arbitragem com base em argumentos relacionados com o direito material aplicável, o que não se afigura correcto, com a consequência negativa de se ter julgado improcedente a excepção de preterição do tribunal arbitral voluntário (independentemente de a acção poder eventualmente proceder com base no fundamento da insuficiência económica).

Invocando as normas imperativas dos arts. 41º, nº 2 do CC e 38º da LCA, normas de conflitos que regulam o direito material aplicável à causa[35], a Relação acabou por considerar que a cláusula arbitral era nula por violar essas normas de carácter imperativo e de ordem pública, sem sequer se pronunciar sobre a arbitrabilidade do direito em questão. De forma semelhante ao que havia sido decidido no acórdão anterior, independentemente do direito material aplicável – o francês ou o português – não se concorda com a colocação da

---

[34] Não nos pronunciaremos sobre os aspectos que tenham que ver com arbitragem internacional (lei aplicável à arbitrabilidade, entre outros), dado que a presente análise somente visa a arbitragem interna.
[35] Cfr., quanto à interpretação do art. 38º da LCA, *supra*, pp. 77 e 78.

ANÁLISE DE JURISPRUDÊNCIA SOBRE ARBITRAGEM

questão nestes termos, já que, mesmo que a convenção de arbitragem fosse nula na parte que estipulava a aplicação da lei francesa à causa, sempre o tribunal arbitral – que é quem tem competência para julgar a sua própria competência, incluindo a arbitrabilidade do litígio, que é um requisito de validade da convenção de arbitragem (art. 21º, nº 1, da LAV) – podia e devia declarar a nulidade referida e reduzir essa parte da cláusula, nos termos do art. 292º do CC. Assim, não poderia proceder o argumento de que *"o tribunal arbitral nunca poderia afastar a aplicação das regras jurídicas que as partes escolheram, no caso a lei francesa, a qual, como se viu, nenhuma conexão tem o contrato em apreço"*, já que, se a cláusula fosse parcialmente nula, obviamente que o tribunal teria o poder e o dever de declarar a nulidade dessa parte da cláusula (art. 21º da LAV).

Finalmente, faça-se apenas uma breve referência à arbitrabilidade do litígio, a qual, se tivesse sido apreciada, podia conduzir ao mesmo resultado que se verificou, no caso de se entender que a lei exige a disponibilidade absoluta do direito em causa. Todavia, de acordo com o princípio da competência da competência do tribunal arbitral, não sendo manifesta a nulidade da cláusula arbitral, deveria caber ao tribunal arbitral (e não ao tribunal judicial) o julgamento sobre a validade da mesma, mesmo que este acabasse por entender que o litígio não era arbitrável (arts. 21º e 12º, nº 4, da LAV).

Contratos individuais de trabalho, incluindo os de praticante desportivo

Em matéria de contratos individuais de trabalho, importa salientar a existência de dois acórdãos que vieram contrariar a posição tradicionalmente adoptada na doutrina portuguesa (assim como noutros países, conforme *supra* referido), à análise dos quais se procede de seguida.

Atente-se aos factos, à decisão e fundamentação de cada um deles.

No âmbito do ***"Caso Ovarense"***, julgado pelo Tribunal da Relação do Porto, o autor havia proposto acção judicial ordinária no Tribunal de Trabalho de Valongo contra a Associação Desportiva Ovarense, pedindo a condenação da ré no pagamento de 2.142.860$00, correspondentes a retribuições salariais, acrescidas dos respectivos juros de mora. Na contestação, a ré veio deduzir excepção dilatória de *"incompetência do tribunal"* – dado as partes terem acordado na cláusula 11ª do contrato de trabalho que *"[p]ara dirimir os conflitos entre si emergentes, as partes acordam em submeter a respectiva resolução à comissão arbitral constituída nos termos do artigo 48.º do contrato colectivo de trabalho para os profissionais de Futebol"*[36] – a qual foi julgada procedente no despacho saneador, tendo a ré sido absolvida da instância.

---

[36] Note-se que, em 1999, entrou em vigor uma nova Convenção Colectiva de Trabalho, celebrada entre a Liga Profissional de Futebol Profissional e o Sindicato dos Jogadores Profissionais de Futebol,

O presente recurso veio, então, interposto do despacho saneador, tendo o autor alegado i) a natureza meramente facultativa da Comissão Arbitral prevista no art. 48º do Contrato Colectivo de Trabalho, ii) que o contrato celebrado era um contrato de adesão, destinando-se exclusivamente ao respectivo registo junto da Federação Portuguesa de Futebol, não tendo tido intenção de se vincular àquela cláusula, iii) a impossibilidade de afastamento da competência dos tribunais de trabalho por estarem em causa direitos indisponíveis e, finalmente, iv) que do contrato de trabalho em apreço não resultava a exclusão da competência dos tribunais de trabalho, nem sequer a necessidade de prévia sujeição do conflito à Comissão Arbitral como condição de procedimento judicial.

Tendo resultado provado que as partes celebraram contrato de trabalho a termo no qual inseriram cláusula compromissória válida, debruçando-se sobre as questões suscitadas, a Relação decidiu que i) a partir do momento em que houve acordo das partes em submeter o litígio à decisão por árbitros, o recurso à arbitragem – ainda que voluntária – tornou-se obrigatório para as mesmas; ii) não se estava perante um contrato de adesão e, muito menos, tal contrato havia visado apenas o registo na Federação e iii) afastou o argumento do recorrente invocado em iv), afirmando a existência de uma cláusula compromissória válida, cujo fim era exactamente o de subtrair aos tribunais judiciais determinados litígios. Finalmente, quanto à (in)arbitrabilidade dos direitos em questão – direito a retribuições acrescidas de juros de mora – o Tribunal entendeu, por um lado, que a norma da lei de organização judiciária que atribui aos tribunais de trabalho competência para julgar as questões emergentes de relações subordinadas de trabalho – art. 64º, al. b), da Lei nº 38/87, de 23 de Dezembro[37] – não constitui *"lei especial"* no sentido do art. 1º da LAV e, por outro lado, que estando em discussão créditos laborais, mesmo aqueles que seriam indisponíveis na vigência do contrato, deixam de o ser após a cessação do mesmo, já que desaparece aquele particular estado de sujeição em que o trabalhador se encontrava perante o empregador e, consequentemente, a *ratio* da imperatividade das normas que regulam alguns direitos laborais. Deste modo, o tribunal *ad quem* decidiu negar provimento ao agravo.

No *"Caso Beira-Mar"*, o Tribunal da Relação de Évora debruçou-se sobre recurso interposto do despacho saneador que julgou procedente a excepção de preterição do tribunal arbitral voluntário e absolveu a ré da instância.

que passou a regular a matéria referida nos arts, 54º e 55º, bem como no Anexo II da mesma relativo à Comissão Arbitral Paritária.

[37] A versão actual foi aprovada pela Lei nº 3/99, de 13 de Janeiro, tendo as últimas alterações sido introduzidas pelo DL nº 303/2007, de 24 de Agosto, vigorando um regime experimental aprovado pela Lei nº 52/2008, de 8 de Agosto.

ANÁLISE DE JURISPRUDÊNCIA SOBRE ARBITRAGEM

Em primeira instância, o autor havia proposto acção judicial ordinária no Tribunal de Trabalho contra "Sport Clube Beira-Mar", pedindo a condenação da ré no pagamento da quantia de 6.105.669$00, acrescida dos respectivos juros de mora. Tendo resultado provada a celebração de contrato de trabalho a termo entre as partes, bem como a estipulação de cláusula compromissória, o Tribunal *ad quem* identificou como questão a decidir a aferição da validade da convenção de arbitragem

Após introduzir o tema da arbitragem e da composição e características dos tribunais arbitrais, o Tribunal procedeu à análise do art. 1º da LAV para aferir da arbitrabilidade do litígio. Nesse sentido, opôs-se ao argumento do recorrente no sentido de que a al. b) do artigo 66º da LOFTJ (na redacção que lhe foi dada pela Lei nº 38/87, de 23 de Dezembro) estabelecia uma competência exclusiva dos tribunais de trabalho para apreciar e decidir os conflitos laborais emergentes de um contrato de trabalho, afastando a arbitragem voluntária, entendendo que se tratava de uma matéria que caia na livre disponibilidade das partes, à qual aquela norma não se opunha (simplesmente, em caso de existência de convenção arbitral válida, a norma não se aplicava). Além disso, quanto à natureza do direito em questão, a Relação defendeu que, tratando-se de uma relação laboral já finda, havia cessado o princípio da indisponibilidade dos direitos laborais do trabalhador para que apontava o art. 97º da LCT, concluindo pela arbitrabilidade do direito e pela validade da cláusula compromissória.

Tendo em conta o acima referido relativamente às divergências existentes quanto à arbitrabilidade de determinadas áreas do Direito, dada a natureza imperativa e o intuito protector do contraente mais débil que algumas das normas em questão revestem, bem como a posição tradicional da doutrina nacional (e até estrangeira) no sentido da inarbitrabilidade dos litígios decorrentes dos contratos individuais de trabalho[38], importa analisar e compreender o decidido por ambos os acórdãos, no sentido da procedência da excepção de preterição do tribunal arbitral voluntário.

Antes de mais, atente-se no regime legal aplicável e traçado em ambos os acórdãos como modo de enquadramento. Nos termos da LAV, permite-se o recurso à arbitragem voluntária, prevendo o seu art. 38º a competência do Governo para definir, *"mediante decreto-lei, o regime da outorga de competência a determinadas entidades para realizarem arbitragens voluntárias institucionalizadas, com especificação, em cada caso, do carácter especializado ou geral de tais arbitragens, bem como as regras de reapreciação e eventual revogação das autorizações concedidas, quando tal se justifique".*

---

[38] Actualmente, o Código de Trabalho estabelece expressamente a arbitrabilidade de questões relativas às convenções colectivas de trabalho (art. 564º) e a conflitos colectivos de trabalho (art. 590º).

O regime previsto no preceito referido foi definido através do DL nº 425/86, de 27 de Dezembro, nos termos do qual ficará a constar de portaria do Ministro da Justiça a lista das entidades autorizadas a realizar arbitragens institucionalizadas (art. 4º). Assim, pela Portaria nº 1105/95, de 9 de Setembro, foram aditadas à lista de entidades autorizadas a realizar arbitragens voluntárias institucionalizadas contida na Portaria nº 639/95, de 22 de Junho, a Liga Portuguesa de Futebol Profissional e o Sindicato dos Jogadores Profissionais de Futebol, *"autorizados pelo Despacho ministerial nº 132/95, de 24 de Agosto, a criar um centro de arbitragem, (...) de carácter especializado e com âmbito nacional"*, com o objectivo de resolver *"litígios decorrentes dos contratos individuais de trabalho desportivos celebrados entre os clubes desportivos e os respectivos jogadores profissionais de futebol"*.

Ora, já nessa altura o art. 5º da Lei dos Instrumentos de Regulamentação Colectiva (DL nº 519-C1/79, de 29 de Dezembro) previa que as convenções colectivas de trabalho, sendo um modo de regulamentação colectiva de trabalho (fonte de direito), podiam regular *"os processos de resolução dos litígios emergentes de contratos individuais de trabalho celebrados entre entidades empregadoras e trabalhadores, instituindo mecanismos de conciliação, mediação e arbitragem"*, preceito que consta, actualmente e em termos idênticos, do art. 492º, nº 2, al. f) do Código de Trabalho[39]. Por sua vez, tanto a Convenção Colectiva de Trabalho ("CCT") vigente no momento em que se verificaram os litígios objecto dos presentes acórdãos (art. 48º), como a que veio a ser aprovada em 1999, ainda hoje vigente (arts. 54.º e 55.º), prevêem a existência de uma Comissão Arbitral para a resolução de litígios emergentes dos contratos de trabalho desportivos. Assim, tendo os tribunais arbitrais consagração constitucional e legal (não só na LAV, como também em instrumentos de regulamentação colectiva do trabalho) e estando, no caso concreto, cumpridos os requisitos de arbitragem institucionalizada na área em questão, pode concluir-se que a Comissão Arbitral Paritária é um tribunal arbitral voluntário (depende de convenção de arbitragem acordada pelas partes) institucionalizado, que age nos termos da LAV, dos regulamentos da Comissão e daqueles que forem aprovados pelas partes (art. 4º do Anexo II da CCT de 1999).

Quanto aos vários fundamentos invocados no primeiro acórdão [em i) e ii)], andou bem o Tribunal *ad quem* ao afastá-los, já que, tendo em conta o regime legal acabado de referir, a partir do momento em que as partes inseriram uma convenção de arbitragem – válida e eficaz – no contrato de trabalho a termo, ainda que se trate de tribunal arbitral voluntário, ambas partes ficam vinculadas a recorrer ao mesmo para resolução dos litígios previstos na cláusula compromissória, tornando-se obrigatório neste sentido. Acresce que, embora não

---

[39] Aprovado pela Lei nº 7/2009, de 12 de Fevereiro.

ANÁLISE DE JURISPRUDÊNCIA SOBRE ARBITRAGEM

disponhamos de muitos factos concretos, parece ter andado bem o Tribunal *ad quem* ao afastar, igualmente, que se estivesse perante um contrato de adesão, já que o último implicaria a pré-disposição unilateral das cláusulas do contrato pelo empregador, sem que o trabalhador tivesse qualquer margem de negociação, o que não parece ter sucedido no caso concreto e não sucede na generalidade dos contratos individuais de trabalho desportivos, em que é negociado o início e termo e a retribuição, entre outros aspectos

No que respeita à questão fundamental colocada em ambos os acórdãos – saber se seria válida, por arbitrável, uma convenção de arbitragem que abrangia a apreciação de créditos laborais no âmbito de um contrato de trabalho de praticante desportivo – há que dizer o seguinte.

Para aferir da arbitrabilidade do litígio devem ser analisados os requisitos previstos no art. 1º, nº 1, da LAV, ou seja, deve ser apreciado se existe lei especial que submeta o litígio exclusivamente a tribunal judicial ou a arbitragem necessária e se estão em causa direitos disponíveis, tal como fizeram os Tribunais nos casos concretos.

Quanto ao primeiro requisito, decidiram bem os Tribunais ao defender que a Lei de Organização e Funcionamento dos Tribunais Judiciais (LOFTJ), independentemente da versão que esteja em vigor, é uma lei geral de distribuição de competência relativamente aos litígios que caem na competência dos tribunais judiciais, determinando a distribuição dos mesmos pelos vários tribunais, varas e juízos e distinguindo competências genéricas de competências especializadas, mas não constitui *lei especial* no sentido de cometer os litígios emergentes das relações de trabalho aos tribunais de trabalho (art. 1º, nº 1 da LAV). Nos casos em que exista uma convenção de arbitragem válida, a LOFTJ simplesmente não se aplica. Caso não se entendesse assim, então muitas das matérias que se entendem claramente arbitráveis não o poderiam ser porque estão contempladas na lei geral que organiza e distribui as várias competências dentro da jurisdição estadual.

No que respeita ao segundo requisito, os Tribunais adoptaram uma acepção fraca ou relativa de disponibilidade do direito, entendendo que, embora seja unânime que os créditos laborais, como o direito às retribuições salariais, são irrenunciáveis e indisponíveis durante a vigência do contrato de trabalho – dada a necessidade de proteger o trabalhador que tem um menor poder negocial e se encontra dependente económica e institucionalmente do empregador[40] – também é pacífico que se tornam renunciáveis e disponíveis após a cessação do contrato de trabalho, radicando-se na esfera do seu titular e desaparecendo o estado de sujeição e as condicionantes que limitavam o seu poder

---

[40] *Vide* acs. STJ de 4.4.1986, *in BMJ* nº 356, pp. 183 a 196 e de 27.5.1992 *in BMJ* nº 417, pp. 545 a 553.

na relação contratual, as quais justificavam aquela indisponibilidade. Como tem sido referido, para aqueles que entendem que a disponibilidade exigida no art. 1º, nº 1, da LAV deve ser a relativa, esta decisão será acertada e favorável à arbitragem; para os que entendem que a lei exige a disponibilidade absoluta ou forte, a decisão será incorrecta[41].

Ora, pode adiantar-se que se concorda com a decisão dos dois casos referidos, já que o conceito de disponibilidade relativa coaduna-se bem com a possibilidade de um direito, antes indisponível, mas agora disponível, tornar-se arbitrável e poder ser apreciado pelo tribunal arbitral, se, para isso, o seu titular tiver celebrado uma convenção de arbitragem[42]. Note-se que, ao celebrar uma convenção de arbitragem, a não ser que haja algum vício que afecte a sua validade, o titular do direito, ainda indisponível, não está a renunciar ao direito, somente está a escolher a jurisdição arbitral para decidir quaisquer litígios relativos ao mesmo[43].

Tal decisão justifica-se, de forma ainda mais forte, quando a necessidade de protecção do contraente débil deixa de fazer sentido por os trabalhadores terem um elevado poder negocial, como são os casos dos quadros dirigentes, dos que exercem cargos de complexidade técnica, dos artistas e dos praticantes desportivos (é sobre esta última situação que versam os acórdãos analisados). Na verdade, os futebolistas têm poder negocial, em certos casos, muito elevado, sendo, na maior parte das vezes, assistidos por empresários, com acesso a conhecimento e assistência jurídicos. Acresce que, atendendo à curta duração das carreiras futebolísticas (e de outros praticantes desportivos) e ao ritmo acelerado das competições, torna-se essencial que a aplicação das sanções e a apreciação dos litígios se efectue em tempo útil. Neste contexto, a prontidão e celeridade de uma decisão, quer seja de conciliação, quer seja sancionatória, são fundamentais à estabilidade e evolução das carreiras dos desportistas, encontrando-se, assim, boas e fortes razões e probabilidades de os litígios emergentes nesta área serem melhor resolvidos por tribunais arbitrais[44]. Ver-se-á na análise ao próximo acórdão, como, aliás, houve uma evolução legislativa em matéria de contratos de trabalho desportivo.

---

[41] Note-se que estas decisões foram proferidas antes da aprovação da Lei nº 28/1998, de 26 de Junho, que previu a arbitragem para este tipo de litígios.

[42] Em sentido diferente, cfr. Lima Pinheiro, *Arbitragem cit.*, p. 109.

[43] Voltaremos ao tema em sede de conclusões da presente análise, dado que o presente raciocínio é aplicável em vários casos.

[44] *Vide* relativamente à (in)aplicabilidade do princípio do tratamento mais favorável em matéria de contratos de trabalho dos praticantes desportivos e quanto à arbitragem em matéria desportiva, Albino Mendes Baptista, *Direito Laboral Desportivo – Estudos*, vol. I, 2003, pp. 49 e ss. e 89 e ss.

ANÁLISE DE JURISPRUDÊNCIA SOBRE ARBITRAGEM

No *"Caso Impugnação Despedimento"*, o Tribunal da Relação do Porto debruçou-se sobre uma situação em que o autor havia intentado contra a ré acção judicial no Tribunal de Trabalho de Vila Real, pedindo que fosse declarada a ilicitude do seu despedimento e, consequentemente, que a ré fosse condenada no pagamento de créditos laborais vencidos, de indemnização e dos respectivos juros de mora. Na contestação, a ré veio arguir a excepção de preterição de tribunal arbitral voluntário, tendo o juiz *a quo*, no despacho saneador, declarado o tribunal de trabalho competente para julgar a questão.

Inconformada com o despacho saneador no que à apreciação da excepção invocada respeita, a ré recorreu do mesmo para o Tribunal da Relação, invocando a cláusula compromissória que atribuía jurisdição à comissão arbitral constituída nos termos do art. 48º do CCT[45], entretanto substituído pelos arts. 54º e 55º da CCT, para os profissionais de futebol.

Não obstante considerar que era possível o recurso à arbitragem voluntária na área do direito laboral, que a lei permitia o julgamento de questões emergentes das relações de trabalho, implicitamente, e de direito desportivo, expressamente, por comissões arbitrais e que a Lei de Organização e Funcionamento dos Tribunais Judiciais era uma lei geral de definição de competência, o tribunal entendeu que, em matéria de controlo do despedimento, havia lei especial (arts. 12º, nº 2, 25º, nº 2 e 32º, nº 2 da Lei de Cessação do Contrato de Trabalho[46] e art. 8º, nº 2 do DL nº 400/91, de 16 de Janeiro) que determinava a competência exclusiva dos tribunais judiciais e afastava a possibilidade de arbitragem, cabendo essa situação no âmbito da 1ª parte do art. 1º, nº 1, da LAV. Consequentemente, veio negar provimento ao recurso, considerando competente o tribunal de trabalho *a quo*.

Além do que se referiu quanto ao regime legal aplicável à matéria em questão, impõe-se uma referência à Lei nº 28/98, de 26 de Junho (com as alterações introduzidas pela Lei nº 114/99, de 3 de Agosto), que estabelece o regime jurídico do contrato de trabalho do praticante desportivo e do contrato de trabalho de formação desportiva e revogou o DL nº 305/95, de 18 de Novembro. Note-se que este último diploma já estabelecia um regime especial para os contratos de trabalho de praticante desportivo, embora não contivesse qualquer referência à arbitragem, pelo que não o referimos na análise dos acórdãos anteriores. Já a lei actual contém, no art. 30º, nº 1, a seguinte regra: *"[p]ara a solução de quaisquer conflitos de natureza laboral emergentes da celebração de contrato de trabalho desportivo poderão as associações representativas*

---

[45] Note-se que o contrato de trabalho datava de 1 de Março de 1998 e a nova CCT somente entrou em vigor em 1999.

[46] DL nº 64-A/89, de 27 de Fevereiro.

86

das entidades empregadoras e de praticantes desportivos, por meio de convenção colectiva, estabelecer o recurso à arbitragem, nos termos da Lei nº 31/86, de 29 de Agosto, através da atribuição, para tal efeito, de competência exclusiva ou prévia a comissões arbitrais paritárias, institucionalizadas, nos termos do disposto do Decreto-Lei nº 425/86, de 27 de Dezembro" (sublinhado nosso). Daí o Tribunal *ad quem* se referir à possibilidade expressa de arbitragem neste domínio.

Por sua vez, com a CCT de 1999, os arts. 54º e 55º em articulação com o Anexo II, determinam, mais detalhadamente, o regime da Comissão Arbitral, estabelecendo, com relevância para a análise do caso concreto, o seguinte:

"Artigo 54.º
Conflitos entre as partes
Em caso de conflito decorrente do contrato de trabalho desportivo será o mesmo submetido à apreciação da Comissão Arbitral Paritária, constituída nos termos previstos no artigo seguinte, a qual decidirá, segundo o direito aplicável e o presente CCT, e de acordo com o regulamento previsto no anexo II, que faz parte integrante deste CCT, não havendo lugar a recurso judicial das suas decisões".

"Artigo 55.º
Comissão Arbitral
Durante a vigência deste CCT, é constituída uma Comissão Arbitral Paritária, que será composta por seis membros, sendo três nomeados pela LPFP, três pelo SJPF, cujo funcionamento está previsto no anexo II do presente CCT, tendo fundamentalmente as seguintes atribuições:
a) Dirimir os litígios de natureza laboral existentes entre os jogadores de futebol e os clubes ou sociedades desportivas;
b) (...)".

"Anexo II
Comissão Arbitral Paritária

Secção I
Constituição e competência
(...)

Artigo 3.º
Compete à Comissão Arbitral Paritária:
(...)
c) Dirimir litígios resultantes de contratos de trabalho desportivo que não estejam excluídos por lei no âmbito da arbitragem voluntária.
d) (...)".

ANÁLISE DE JURISPRUDÊNCIA SOBRE ARBITRAGEM

Para completar o regime jurídico aplicável, com relevância para a análise da decisão do caso concreto, resta ainda salientar que os arts. 12º, nº 2, 25º, nº 2 e 32º, nº 2 da LCCT e o art. 8º, nº 2, do DL nº 400/91, de 16 de Janeiro (que regulava o despedimento por inadaptação) – vigentes naquele momento – estabeleciam a necessidade de ser intentada acção no tribunal pelo trabalhador para se apreciar a ilicitude do despedimento, a qual tinha de ser decretada pelo tribunal, o que, actualmente, surge de modo ainda mais explícito nos arts. 387º e 388º do Código de Trabalho, que referem expressamente que *"a regularidade e licitude do despedimento só pode ser apreciada por tribunal judicial"* e que *"a ilicitude do despedimento colectivo só pode ser declarada por tribunal judicial"*.

Atento o regime jurídico exposto, já se compreende o raciocínio seguido pelo Tribunal *ad quem* que, embora considerando que os litígios em matéria de contratos individuais de trabalho e, especificamente em matéria de contratos individuais de trabalho desportivo, são arbitráveis (adoptando um conceito de disponibilidade relativa na interpretação do art. 1º, nº 1, da LAV), entendeu que, no caso da apreciação da licitude do despedimento, a lei impunha o recurso exclusivo aos tribunais judiciais (o que, se não era muito claro nas normas da LCCT, tornou-se mais claro nas normas do Código de Trabalho), excluindo a arbitrabilidade do litígio em questão por força da aplicação da primeira parte do artigo 1º, nº 1, da LAV[47].

Poderia pensar-se que, por ser uma lei especial em relação ao Código do Trabalho e por conter normas especiais relativas à cessação do contrato, sem implicar o recurso ao tribunal judicial – incluindo, pelo contrário, uma norma que prevê o recurso a arbitragem para quaisquer litígios emergentes dos contratos de trabalho desportivo (art. 30º), este regime deveria prevalecer também em matéria de impugnação de despedimento. No entanto a verdade é que a CCT aplicável contém uma norma no anexo II (relativo à constituição e competência da Comissão Arbitral Paritária) que estabelece a competência da última, ressalvando especificamente os litígios que estejam excluídos por lei da arbitragem. Ora, para que esta ressalva tenha sentido útil, tem de significar que, mesmo estando prevista a arbitragem em termos amplos, sem qualquer restrição, é necessário atender ao requisito da arbitrabilidade também neste domínio.

Se deveria ser ou não essa a intenção do legislador não se discute nesta sede, somente se referindo que, *de jure condendo*, poderia fazer sentido que o litígio em causa pudesse ser dirimido pelo tribunal arbitral pelas razões *supra* expostas quanto à natureza do regime do contrato de trabalho desportivo. Contudo, a interpretação do tribunal *ad quem* parece ir de encontro ao resultado da inter-

---

[47] Tal é o entendimento de Mendes Baptista, *Direito Laboral cit.*, p. 93.

pretação literal, racional e sistemática das normas constantes da LCCT e do Código do Trabalho.

De qualquer modo, saliente-se que, tratando-se de questão que poderia ser discutível, já que o regime anterior não referia sequer a necessidade de apreciação por tribunal judicial, implicando apenas o recurso a tribunal, poder-se-ia colocar a questão de saber se se tratava de manifesta nulidade da convenção de arbitragem que pudesse ser conhecida pelo tribunal judicial (art. 12º, nº 4, da LAV) ou se, pelo contrário, deveria ser o tribunal arbitral a pronunciar-se sobre a questão (art. 21º, nº 1, da LAV), sendo esta a forma de sair incólume o princípio da competência da competência do tribunal arbitral.

Contratos de arrendamento

No que respeita à matéria referida, há que destacar o *"Caso Despejo"*, apreciado pelo Tribunal da Relação de Lisboa, no âmbito do qual o autor havia intentado acção declarativa com processo sumário, pedindo a resolução do contrato de arrendamento com fundamento no incumprimento previsto nas als. a) e b) do art. 64º do Regime de Arrendamento Urbano (DL nº 321-B/90, de 15 de Outubro – doravante abreviadamente designado por "RAU" –, com as alterações introduzidas pelo DL nº 278/93, de 10 de Agosto e pelo DL nº 257/95, de 30 de Setembro) e o consequente despejo do locado. Na contestação, veio o réu invocar a excepção de preterição do tribunal arbitral voluntário, com base na cláusula 20ª do contrato celebrado entre as partes, que estabelecia que *"todas as questões emergentes do presente contrato, relativas à sua interpretação ou aplicação, serão julgadas em Lisboa, em Tribunal «ad hoc», segundo a equidade, nos termos da legislação portuguesa aplicável"*, tendo a excepção sido julgada procedente no despacho saneador e o réu absolvido da instância.

Em sede de recurso, o Tribunal *ad quem* nem sequer se pronunciou ou discutiu a questão da (in)arbitrabilidade do litígio, limitando-se a analisar a inclusão do mesmo na cláusula compromissória, considerando que se insere plenamente, pelo que manteve o despacho que havia julgado procedente a excepção de preterição do tribunal arbitral voluntário nos termos dos arts. 494º, al. j) e 495º do CPC e absolveu o réu da instância.

Ora, independentemente da posição que se adopte relativamente à arbitrabilidade do litígio relativo à cessação do contrato de arrendamento – que, como se demonstrará – não é matéria indiscutível e pacífica, bem como do facto de o princípio da competência da competência do tribunal arbitral implicar, no âmbito da matéria em análise, a remissão do processo para o tribunal arbitral – o que, provavelmente, conduziria a um resultado semelhante ao alcançado no presente acórdão – da leitura do último, bastante sintético, se depreende que o sentido do mesmo não parece ter resultado de uma análise dos fundamentos referidos.

Posteriormente, no âmbito do **"Caso Despejo II"**, o Tribunal da Relação de Lisboa veio adoptar posição diferente. A sociedade autora havia intentado acção de despejo, sob a forma ordinária, contra duas sociedades rés, alegando a celebração de contrato-promessa de arrendamento (que, na verdade, o tribunal *a quo* veio a considerar tratar-se de contrato de arrendamento com falta de forma, por isso, nulo), bem como a falta de pagamento das rendas e pedindo a resolução do contrato e a condenação das rés na entrega do locado e no pagamento das rendas vencidas e vincendas. Embora a ré tenha contestado, por impugnação e por excepção, a acção foi julgada parcialmente procedente no despacho saneador, tendo o contrato sido declarado nulo.

Ambas as partes recorreram da decisão. Todavia, só releva nesta sede o fundamento de recurso da ré: a improcedência da excepção de preterição do tribunal arbitral. Alegou a última que o contrato de arrendamento englobava direitos disponíveis pelo que, não se encontrando tal matéria submetida por legislação especial à jurisdição exclusiva do tribunal judicial, devia ser atendida a cláusula 9ª do contrato-promessa de arrendamento (que foi considerado contrato de arrendamento nulo por falta de forma), a qual permitia *"submeter todos os diferendos decorrentes desse negócio à apreciação exclusiva do Tribunal Arbitral do Centro de Arbitragem Comercial da Câmara de Comércio e Indústria Portuguesa, o qual decidiria sem recurso"*.

Ora, o Tribunal *ad quem* negou provimento ao recurso da ré, entendendo que, além dos direitos sobre o estado das pessoas – indubitavelmente indisponíveis – há outros em relação aos quais as partes apenas podem afastar algumas normas reguladoras, mas não todas, designadamente as imperativas, como é o caso de determinados direitos emergentes das relações laborais (por exemplo, o direito a férias, o direito a retribuição, entre outros) e, ainda, do direito à resolução do contrato de arrendamento fundado na falta de pagamento das rendas, o qual somente pode ser exercido mediante recurso ao tribunal judicial nos termos dos arts. 62º, nº 2, e 64º, nº 1, al. a), do RAU.

A questão da arbitrabilidade dos litígios relativos à cessação do contrato de arrendamento por resolução e denúncia tem sido discutida na doutrina e na jurisprudência (como se depreende dos acórdãos ora em análise), havendo posições divergentes.

De um lado, encontramos autores como António Marques dos Santos[48] que, no âmbito do RAU, colocou as questões de saber i) se seria possível recorrer à arbitragem voluntária, dado que o art. 51º daquele diploma legal determinava a imperatividade das normas reguladoras da resolução, caducidade e

---

[48] António Marques dos Santos, "Arrendamento Urbano e Arbitragem Voluntária", *in Estudos em Homenagem ao Professor Doutor Inocêncio Galvão Telles*, vol. III, 2002, pp. 573 a 589.

denúncia do arrendamento, afastando a autonomia das partes nessa matéria, ii) se estariam em causa direitos indisponíveis que, por isso, afastam a arbitrabilidade nos termos do art. 1º, nº 1, da LAV ou iii) se, noutra perspectiva, os litígios referentes a tais direitos seriam inarbitráveis por se encontrarem exclusivamente submetidos a tribunal judicial, o que também impediria o recurso à arbitragem nos termos do último preceito referido. A tais questões, o autor acaba por responder que a imperatividade e a natureza de ordem pública de determinadas normas do regime do arrendamento não afastam nem o princípio geral da arbitrabilidade dos litígios emergentes nessa matéria, nem mesmo impedem, por si só, o recurso à arbitragem, já que não implicam a indisponibilidade dos direitos em questão, em particular, dos direitos de cessação do contrato de arrendamento por resolução, caducidade ou denúncia, os quais podem ser objecto de confissão, desistência ou transacção em qualquer acção de despejo (arts. 293º do CPC, 1248º, nº 1 do CC e, ainda, 50º, 1ª parte e 62º, nº 1, do RAU). Acrescenta, porém, que já o que dispõem os arts. 63º, nº 2, 70º e 55º, nº 1, do RAU, impede o recurso à arbitragem em matéria de cessação do contrato, dado que os preceitos referidos contêm referências à *"via judicial"*, ao *"tribunal"* e à *"acção judicial"*, as quais estão a submeter exclusivamente aos tribunais judiciais a matéria em questão. No mesmo sentido vão os entendimentos de outros autores como Miguel Teixeira de Sousa[49], Manuel Januário Gomes[50] e Luís de Lima Pinheiro[51].

De outro lado, Pinto Furtado[52] começa por defender que os arrendamentos vinculísticos compõem unicamente tipos contratuais e não um ramo especial do Direito, não devendo considerar-se submetidos a um princípio geral de melhor tratamento do arrendatário, já que, diferentemente do Direito do Trabalho, em que os trabalhadores se encontram afectos a uma dupla dependência – económica e institucional –, o arrendatário não apresenta tal subordinação perante o senhorio, sucedendo, hoje em dia, não poucas vezes, o inverso (o arrendatário tem maior poder económico e um poder negocial considerável em relação ao senhorio). Seguidamente, e com relevância para a nossa análise, o autor citado distingue os conceitos de norma imperativa e de ordem pública, afirmando que, no nosso Direito positivo, em parte alguma se declarava que as normas do RAU eram de ordem pública (o mesmo sucedendo agora com as normas do Novo Regime do Arrendamento Urbano[53]), somente se declarando

---

[49] Teixeira de Sousa, *A Acção cit.*, 1995, pp. 29 a 30 e 48 a 49.

[50] M. Januário da Costa Gomes, *Arrendamentos para Habitação*, 1996, pp. 230 e 278.

[51] Lima Pinheiro, *Arbitragem cit.*, pp. 110 e 111.

[52] Jorge Henrique da Cruz Pinto Furtado, *Manual do Arrendamento Urbano*, 3ª ed., 2001, pp. 1046 a 1057 e 4ª ed., vol. I, 2007, pp. 266 a 279.

[53] Aprovado pela Lei n º 6/2006, de 27 de Fevereiro, doravante "NRAU".

que eram imperativas, injuntivas ou cogentes por razões de carácter temporário, decorrentes da necessidade de fazer face a uma *situação anómala do mercado* e para impedir que as partes renunciassem no início do contrato aos direitos em questão (disponibilidade relativa). Sublinha, como exemplo, a alteração efectuada nessa parte pelo NRAU (art. 1080º do CC). Finalmente, debruçando-se sobre os requisitos de arbitrabilidade exigidos no art. 1º, nº 1, da LAV, exclui, desde logo, a discussão quanto à existência de lei que submeta os litígios a arbitragem necessária, bem como quanto à disponibilidade dos direitos, afirmando a verificação de ambos e que se trata de questão pacífica na doutrina (fazendo uma breve referência a entendimento contrário de Teixeira de Sousa e afastando-o). Centrando-se no argumento de que os arts. 63º, nº 2, 70º e 55º, nº 1, do RAU atribuíam exclusivamente jurisdição aos tribunais judiciais para resolução deste tipo de litígios, rebate-o, defendendo que as normas em questão somente pretendem impor o recurso a tribunal, não se contentando com a mera comunicação da cessação do contrato de arrendamento, mas, em caso algum, reclamam a exclusividade dos tribunais judiciais para apreciar esses litígios, acrescentando que *"só um preconceito de estatismo jurisdicional ou a falta de confiança no tribunal arbitral poderá levar, porventura, a hesitar quanto a esta solução"*[54]. Pelo contrário, considera que os tribunais arbitrais não só não oferecem menores garantias que os judiciais, como são mais rápidos e eficazes.

Voltando ao caso concreto do acórdão, o Tribunal pendeu para a inarbitrabilidade do litígio relativo à resolução do contrato de arrendamento, mas com base no fundamento errado, denotando-se alguma imprecisão na fundamentação. Concretizando: independentemente da posição que o tribunal adopte quanto à (in)arbitrabilidade do litígio, parece que é elemento comum às posições doutrinárias referidas que os direitos em questão são disponíveis e que as normas imperativas que os regulam não afastam, por si, a disponibilidade dos mesmos, podendo haver transacção quanto a eles. Ao invés, o Tribunal entendeu que os direitos em questão eram indisponíveis por serem regulados por normas imperativas, comparando-os com determinados direitos laborais. Com efeito, a discussão da (in)arbitrabilidade deveria ter-se centrado apenas na questão de saber se o art. 63º, nº 2, do RAU impõe o recurso ao tribunal judicial e exclui a possibilidade de arbitragem, o que, apesar de ter sido mencionado, acabou por ter sido utilizado noutro sentido que, conforme se explicou, não deveria ter sido acolhido.

Pela nossa parte, propendemos para a tese de Pinto Furtado, já que estão em causa direitos disponíveis, pelo menos após a radicação na esfera jurídica do seu titular, em relação aos quais se pode confessar, desistir ou transigir em

---

[54] *Ibidem.*

acção judicial[55], não se vendo obstáculo de maior a que os tribunais arbitrais se pronunciem quanto à fase declarativa da acção de despejo – relativa ao incumprimento e à resolução do contrato e consequente obrigação de devolução do local arrendado –, sendo, quanto muito, necessário o recurso aos tribunais judiciais para execução da decisão arbitral, dada a falta de *ius imperii* e de poderes de execução de decisões dos tribunais arbitrais (note-se que este é apenas um limite ao poder dos árbitros, que decorre da natureza privada da arbitragem, não à arbitrabilidade do litígio). Contudo, pretende-se salientar que, no âmbito do RAU (aplicável no caso em análise) a questão era mais discutível e esta posição mais frágil, devido às referências à *"via judicial"*. Julgamos, porém, que, de acordo com os arts. 1084º, nº 2 e 1103º, nº 1, do CC (aprovados pelo NRAU) – os quais estipulam que a resolução e a denúncia do contrato de arrendamento devem ser decretadas e feitas *"nos termos da lei de processo"* – a posição para que se propende torna-se mais defensável, já que na lei de processo pode e deve (não havendo indicação expressa em sentido contrário) incluir-se quer o CPC, quer a LAV.

Finalmente, resta referir que, tal como se abordará na análise do acórdão seguinte, tratando-se de questão controversa na doutrina e na jurisprudência portuguesas, a mesma não encerra de manifesta nulidade a convenção de arbitragem, pelo que deveria ser o tribunal arbitral a pronunciar-se prioritariamente, sobre ela, em respeito pelo princípio da competência da competência (arts. 21º, nº 1, e 12º, nº 4, da LAV).

Por sua vez, no *"Caso Trespasse"*, o mesmo Tribunal da Relação de Lisboa veio decidir uma questão semelhante no sentido inverso ao do acórdão acabado de analisar. Este acórdão surgiu no âmbito de recurso interposto pela sociedade ré do despacho saneador que, na acção de despejo intentada contra si pelo autor e mulher, julgou improcedente a excepção dilatória de preterição do tribunal arbitral por si invocada.

No despacho saneador, o juiz *a quo* havia considerado que não só o direito de resolução do contrato de arrendamento com fundamento na falta de pagamento das rendas era indisponível por estar sujeito, por norma imperativa (art. 63º, nº 2 da LAV) a decretação pelo tribunal, como também que a resolução do contrato não estava inserida na previsão da cláusula compromissória, que somente se referia à interpretação e aplicação das cláusulas do contrato.

A ré e recorrente veio invocar, essencialmente, dois argumentos: um relativo à cláusula compromissória aplicável ao caso concreto – existindo dois contratos, um de arrendamento comercial e outro de trespasse, a ré preten-

---

[55] Esta é também opinião de Armindo Ribeiro Mendes e Sofia Ribeiro Mendes, "Crónica de Jurisprudência", *in Revista Internacional de Arbitragem e Conciliação*, ano I, p. 169, nota 14.

dia, erradamente, que se aplicasse a convenção arbitral constante do segundo à relação jurídica em causa no primeiro e nos autos –; o segundo argumento relativo à amplitude de poderes que o tribunal judicial dispõe perante a invocação da cláusula compromissória e da excepção de preterição do tribunal arbitral – defendendo que o tribunal judicial deveria ter absolvido imediatamente a ré da instância, sob pena de violação do princípio da competência da competência do tribunal arbitral.

Quanto ao primeiro argumento, decidiu o Tribunal *ad quem* em desfavor da ré, alegando que, tendo esta ocupado a posição contratual no contrato de arrendamento comercial em consequência do trespasse, passou a estar sujeita à cláusula compromissória inserida no contrato de arrendamento, mesmo que inicialmente não tenha sido ela a subscrevê-la.

Quanto ao segundo argumento, colocando a questão de saber se, para decidir sobre a procedência ou improcedência da excepção de preterição do tribunal arbitral, o tribunal judicial deve apreciar livremente a validade e eficácia da convenção de arbitragem – tese de Teixeira de Sousa – ou se, pelo contrário, deve satisfazer-se com a prova da existência de uma convenção de arbitragem que não seja manifestamente nula, o Tribunal *ad quem* considerou que a segunda hipótese se coadunava melhor com a lei portuguesa (art. 12º, nº 4, da LAV). Partindo deste princípio, e dado que o argumento invocado para excluir a arbitragem foi o da indisponibilidade do direito de resolução do contrato de arrendamento, o tribunal julgou procedente o recurso da ré por considerar que, no caso dos autos, não se estava perante uma cláusula manifestamente nula: não obstante existirem interpretações diferentes, considerou o Tribunal *ad quem* que a necessidade de intervenção do tribunal para a resolução ou denúncia do contrato de arrendamento é respeitada pelo recurso ao tribunal arbitral, considerando a matéria de arrendamento arbitrável e que, em todo o caso, deveria ser o tribunal arbitral a pronunciar-se sobre a questão.

Antes de mais, é de criticar o segundo argumento utilizado no despacho saneador para julgar improcedente a excepção de preterição do tribunal arbitral, já que é comummente aceite que a resolução do contrato, com os efeitos jurídicos que dela decorrem, é matéria de execução ou aplicação do contrato, devendo, em regra, considerar-se inserida numa cláusula compromissória que se lhes refira, a não ser que o contrário resulte, expressa ou tacitamente, do contrato.

Quanto à decisão e fundamentação do Tribunal *ad quem*, avance-se que andou bem no julgamento de ambas as questões alegadas pela recorrente, merecendo especial atenção a análise da segunda – aplicação do princípio da competência da competência do tribunal arbitral ao caso concreto – por ser relevante para o nosso tema.

Com efeito, a questão de saber com que amplitude deve o tribunal judicial apreciar a validade da convenção de arbitragem, neste caso na vertente da arbitrabilidade do litígio, é controversa na doutrina.

De um lado, temos o entendimento de Miguel Teixeira de Sousa[56] no sentido de que o tribunal judicial tem o poder de apreciar o preenchimento dos requisitos de validade – incluindo a questão da arbitrabilidade –, de eficácia e a aplicabilidade da convenção de arbitragem, para poder decidir da procedência ou improcedência da excepção, vinculando o tribunal arbitral com a sua decisão.

Do outro lado, há vários autores[57] que defendem que o tribunal judicial só tem competência para apreciar a manifesta nulidade, ineficácia ou inaplicabilidade da convenção arbitral, devendo, nos restantes casos, remeter a decisão para os árbitros, pois só assim se respeita o princípio da competência da competência do tribunal arbitral (art. 21º e 12º, nº 4, da LAV). Nesse caso, se o tribunal arbitral se declarar incompetente, a acção pode voltar a ser intentada no tribunal judicial; se, ao invés, se declarar competente, deve julgar a causa e a sentença arbitral só poderá ser impugnada a final.

Sendo a arbitrabilidade um requisito de validade da convenção arbitral (art. 1º, nº 1, da LAV), o problema põe-se, igualmente, relativamente à mesma. Note-se que andou muito bem o Tribunal ao distinguir as duas excepções dilatórias – a incompetência [al. a) do art. 494º do CPC] e a violação da convenção de arbitragem ou preterição de tribunal arbitral voluntário [al. j) do art. 494º do CPC][58].

O Tribunal *ad quem* entendeu sufragar a segunda posição referida, baseando-se, essencialmente, na posição de João Lopes dos Reis[59] que, muito claramente, explica o efeito negativo do princípio da competência da competência do tribunal arbitral acima explicitado[60], demonstrando que, se este não for salvaguardado, aquele princípio perde utilidade sempre que a acção for intentada no tribunal judicial e este entender que é competente. O autor entende, também, que tal interpretação é a que melhor se coaduna com o art. 12º, nº 4, da LAV, o qual regula um caso de intervenção do tribunal judicial no decurso do processo arbitral, atribuindo-lhe poderes muito limitados. Nos termos do pre-

---

[56] Miguel Teixeira de Sousa, "A Competência Declarativa dos Tribunais Comuns", 1994, pp. 134 a 136.

[57] Lima Pinheiro, *Arbitragem cit.*, pp. 135 e 136 e Lopes dos Reis, "A Excepção cit.", pp. 1115 e ss.

[58] Lopes dos Reis – "A Excepção cit.", pp. 1118 e 1119 e 1126 a 1128 – explica a razão de ser da utilização de duas terminologias diferentes nos arts. 494º e 495º, referindo que são sinónimos, bem como distingue o problema de competência do tribunal da (in)arbitrabilidade, a qual constitui uma questão prévia, de jurisdição.

[59] Lopes dos Reis, "A Excepção cit.", p.1122.

[60] Cfr. *supra*, pp. 69 e 70.

ceito referido, o presidente do Tribunal da Relação apenas pode declarar não haver lugar à designação de árbitros nos casos em que a convenção de arbitragem seja manifestamente nula. Claro que o conceito de "nulidade manifesta" é indeterminado e exige concretização pela doutrina e pela jurisprudência, mas não pode, obviamente, incluir os casos duvidosos, que colocam questões de solução controversa na doutrina.

Ora, atento o disposto *supra* relativamente às divergências existentes na doutrina quanto à arbitrabilidade dos litígios relativos aos direitos de resolução e denúncia do contrato de arrendamento, inclinando-se, inclusive, para a posição adoptada por Pinto Furtado, o Tribunal *ad quem* entendeu que deveria ser o tribunal arbitral a apreciar a sua própria competência, por verificar a existência de convenção de arbitragem que não é manifestamente nula, em atenção ao disposto nos arts. 1º, nº 1, 12º, nº 4 e 21º, nº 1, da LAV.

Daí que seja de aplaudir a decisão contida no presente acórdão, bem como a sua fundamentação não só pela colocação do problema correctamente – em sede de arbitrabilidade do litígio, em particular, da verificação do requisito previsto na 1ª parte do art. 1º, nº 1, da LAV – como também pelo julgamento em respeito pelo princípio da competência da competência do tribunal arbitral, nos seus efeitos positivo e, sobretudo, negativo.

Ainda em sede de contrato de arrendamento, foram proferidos dois acórdãos pelo Tribunal da Relação do Porto – **"Casos Consignação em Depósito I e II"** – sobre a possibilidade de submeter a acção especial de consignação em depósito a tribunais arbitrais, tendo ambos decidido no mesmo sentido.

No **"Caso Consignação em Depósito I"**, a autora veio intentar contra os réus acção com processo especial de consignação em depósito relativamente às rendas de um contrato de arrendamento, tendo os réus invocado a excepção de preterição do tribunal arbitral voluntário com base na cláusula 10ª do contrato, que dispunha o seguinte: *"1. [q]ualquer litígio ou diferendo entre as partes outorgantes relativo à interpretação ou execução do presente contrato que não seja amigavelmente resolvido, será decidido por arbitragem. 2. [a]rbitragem será realizada por um tribunal constituído nos termos da presente cláusula e, supletivamente, de acordo com o disposto na Lei nº 31/86, de 26 de Agosto"*. O tribunal considerou procedente a excepção, absolvendo os réus da instância.

Inconformada com a decisão, a autora recorreu da mesma, tendo vindo o Tribunal *ad quem* a considerar que, atendendo aos preceitos que regulam este tipo de procedimento, resulta claro que este é daqueles casos em que o Estado não abdicou ou admitiu ceder o seu poder jurisdicional e que, por isso, se encontra excluído da competência dos tribunais arbitrais. Acrescenta, ainda, que *"a determinação da Caixa Geral de Depósitos, entidade bancária sob a tutela do Estado, como entidade depositante e, a referência expressa a um «depósito judicial» são factos demonstrativos de que o processo especial de consignação em depósito é da esfera de competência exclusiva do tribunal judicial e, por isso cai fora do alcance do Tribunal Arbitral"*, revogando a sentença que havia julgado procedente a excepção de preterição do tribunal arbitral.

No *"Caso Consignação em Depósito II"*, a sociedade autora veio propor no Tribunal Judicial da Comarca de Estarreja acção especial de consignação em depósito do valor das rendas em atraso e correspondente indemnização, decorrentes de contrato de arrendamento celebrado com os réus. Estes invocaram, na contestação, a excepção de preterição de tribunal arbitral voluntário com base na cláusula compromissória estabelecida no contrato, que dispunha que *"Qualquer litígio ou diferendo entre as partes outorgantes relativo à interpretação ou execução do presente contrato que não seja amigavelmente resolvido será decidido por arbitragem"*.

No despacho saneador, a excepção foi julgada procedente, tendo os réus sido absolvidos da instância. A sociedade autora recorreu do despacho saneador, invocando que o objecto do processo em questão não se incluía na cláusula compromissória, tratando-se simplesmente do recurso ao único meio legal para obstar ao incumprimento quando o locador não aceita receber as rendas.

O Tribunal *ad quem* considerou não haver dúvidas quanto à inclusão do objecto do processo – cumprimento do contrato – na cláusula compromissória, mas acabou por decidir favoravelmente à recorrente, com base em argumentos de outra índole. Entendeu que, em face das normais legais que regulam o processo de consignação em depósito, resulta claro que este é daqueles casos em que o Estado não abdicou ou admitiu ceder o seu poder jurisdicional, e que, por isso, se encontra excluído da competência dos tribunais arbitrais. Acrescenta, ainda, na linha do acórdão anterior, que a determinação da Caixa Geral de Depósitos, entidade bancária sob a tutela do Estado, como entidade depositante e a referência expressa a um *«depósito judicial»* são factos demonstrativos de que o processo especial de consignação em depósito é da esfera de competência exclusiva do tribunal judicial e que, por isso, cai fora do alcance do Tribunal Arbitral, concedendo assim provimento ao recurso.

A consignação em depósito é uma forma de extinção da obrigação pelo devedor em que este requer ao tribunal que seja depositada a quantia ou coisa devida, sendo possível nos casos previstos no art. 841º do CC, ou seja, *quando, sem culpa sua, não puder efectuar a prestação ou não puder fazê-lo com segurança, por qualquer motivo relativo à pessoa do credor* (não tem de ser por motivo imputável ao credor, basta que este esteja impossibilitado de a receber por, por exemplo, estar doente ou, entretanto, ter passado a sofrer de anomalia psíquica, entre outros exemplos) e *quando o credor estiver em mora* (art. 813º e ss. do CC). Note-se que, além desses casos, especificamente no âmbito do contrato de arrendamento, *"o arrendatário pode proceder ao depósito da renda quando ocorram os pressupostos da consignação em depósito, quando lhe seja permitido fazer cessar a mora e ainda quando esteja pendente a acção de despejo"* (art. 17º do NRAU, que substituiu o anterior art. 22º do RAU), não necessitando de dirigir requerimento prévio ao tribunal (art. 18º do NRAU, que substituiu o anterior artigo 19º do RAU).

O processo especial de consignação em depósito encontra-se previsto e regulado nos termos dos arts. 1024º e ss. do CPC. Da análise das normas que o regulam, retira-se que os litígios existentes, quer relativamente ao depósito (art. 1027º do CPC), quer relativamente ao objecto da prestação (art. 1029º do CPC), são sempre entre devedor e credor no âmbito da relação contratual, respeitando, em particular, ao cumprimento da mesma, razão pela qual o Tribunal *ad quem* não teve dúvidas em considerar o litígio incluído no âmbito da cláusula compromissória quando a questão lhe foi colocada pela recorrente (no segundo caso).

Depois, atendendo ao art. 1º, nº 1, da LAV, não estão em causa direitos indisponíveis, mas antes um meio facultativo de extinção da obrigação, ou seja, o direito ou faculdade do devedor de, voluntariamente, se livrar da obrigação.

Assim, não estando sujeito a arbitragem necessária, o litígio somente poderá ser inarbitrável se houver lei especial que o submeta exclusivamente aos tribunais judiciais (art. 1º, nº 1, 1ª parte), tendo sido por este caminho que o Tribunal *ad quem* seguiu nos dois casos em análise. Fê-lo com fundamento na interpretação essencialmente literal das regras que regulam o processo especial de consignação em depósito, nomeadamente as que se referem ao *tribunal* competente, ao *"depósito judicial"* e à Caixa Geral de Depósitos (por ser uma entidade bancária sob a tutela do Estado), defendendo que daí decorre a intenção do Estado em manter o poder jurisdicional nesta matéria. Ora, a considerar-se o litígio inarbitrável será pela via adoptada pelo Tribunal, já que a expressão *"depósito judicial"* aponta no sentido da intervenção do tribunal judicial, embora a questão seja discutível e duvidosa.

Poder-se-ia pensar que se estaria perante um caso em que a arbitragem não seria adequada devido aos limites dos poderes dos árbitros, mas, no caso da consignação das rendas, o depósito é feito voluntariamente pelo devedor na instituição bancária (mesmo se for na Caixa Geral de Depósitos, como estabelecia o art. 23º do RAU), não requerendo poder coercivo do tribunal, restando a este último apreciar a existência e os limites do crédito em questão. Por esta via, poderá defender-se que o litígio é arbitrável, mas como se disse, não julgamos que a questão esteja clara na lei.

Finalmente, resta ponderar se, ao abrigo do princípio da competência da competência do tribunal arbitral (art. 21º, nº 1, da LAV), o Tribunal não deveria ter remetido a questão para o tribunal arbitral, já que a mesma é discutível – prova disso é o voto de vencido no caso do segundo acórdão, segundo o qual a excepção de preterição do tribunal arbitral voluntário deveria proceder – e só desse modo se respeitaria o efeito negativo daquele princípio, ao que se responde afirmativamente.

Direito das Sociedades

Nesta sede, comecemos por focar, brevemente, dois acórdãos proferidos pelo Tribunal da Relação de Lisboa em momento anterior à entrada em vigor da LAV, somente para se avaliar a evolução da jurisprudência.

O primeiro é o *"Caso Inquérito Judicial I"* no âmbito do qual o autor, como sócio de uma sociedade, havia requerido inquérito judicial da escrituração desta, nos termos do art. 1479º do CPC, tendo a requerida, por sua vez, invocado excepção de preterição do tribunal (art. 494º, nº 1, al. h) do CPC, na altura).

Uma vez julgada procedente, no despacho saneador, a excepção invocada, o requerente interpôs o recurso em análise, alegando que o inquérito judicial não deveria ser submetido a tribunal arbitral nos termos da cláusula 10ª do pacto social. Ora, a cláusula 10ª do contrato de sociedade estabelecia o seguinte: *"[t] odas as questões emergentes deste contrato, suscitadas entre os sócios ou entre qualquer sócio e a sociedade, serão resolvidas por um tribunal arbitral, a funcionar na comarca de Lisboa, que será constituído por três árbitros, sendo dois nomeados pelas partes, e o terceiro por acordo dos dois primeiros, na falta de qualquer será o que for indicado pelo Venerando Juiz- -Presidente do Tribunal da Relação de Lisboa".*

O Tribunal *ad quem* centrou o julgamento do recurso em duas questões, uma relativa à interpretação da cláusula compromissória inserida no pacto social, tendo considerado que o litígio em causa se incluía na mesma, dada a amplitude da cláusula (mais ampla que as vulgares cláusulas compromissórias que se referem apenas à *"interpretação e execução do contrato"*), a outra relativa à natureza e finalidade do processo de inquérito, considerando que se trata do exercício de um direito do sócio a examinar a escrituração e documentos concernentes às operações sociais, enformando um verdadeiro litígio entre sócio e sociedade, para o qual o tribunal arbitral se mostra igualmente qualificado. Consequentemente, considerou procedente a excepção dilatória de preterição do tribunal arbitral, tendo negado provimento ao recurso.

O presente acórdão foi proferido em momento anterior à LAV, no qual a arbitragem voluntária era regulada pelo CPC (na versão de 1961) de forma muito similar à que constava da versão inicial deste diploma. Em traços muito gerais, refira-se que já existia a distinção entre cláusula compromissória e compromisso arbitral e o critério de arbitrabilidade era o da disponibilidade do direito. Nos termos do art. 1562º do CPC, não era válido o compromisso sobre *"relações jurídicas subtraídas ao domínio da vontade das partes"*[61].

Por outro lado, o art. 119º, nº 3 do Código Comercial, estabelecia que qualquer sócio tinha o direito *"a examinar a escrituração e os documentos concernentes às operações sociais"* (este preceito foi, entretanto, revogado pelo Código das Sociedades Comerciais). No entanto, o que estava em causa era a apreciação de um processo especial de inquérito nos termos dos arts. 1479º e ss. do CPC.

Não iremos apreciar a questão da arbitrabilidade do inquérito judicial nesta sede, já que o faremos *infra* em anotação a acórdão proferido no âmbito da LAV e da legislação actualmente vigente[62]. Refira-se, apenas, que o Tribunal considerou, correctamente, que o litígio – que ocorreu entre o sócio e a sociedade – se inseria na cláusula compromissória, sendo este passo logicamente necessário à resolução do problema.

Além disso, o Tribunal acabou por se pronunciar sobre a arbitrabilidade do litígio, quando se referiu à natureza e finalidade do processo, mesmo sem lhe atribuir essa designação. Sendo a matéria da arbitrabilidade do inquérito judicial discutível (e sobre ela nos pronunciaremos adiante), independentemente da solução adoptada pelo Tribunal, impõe-se sublinhar a nossa discordância quanto ao argumento final no sentido de que os árbitros designados na cláusula compromissória se assemelham aos três peritos que podiam intervir nos inquéritos, nos termos dos arts 1480º, nº 1, e 576º, nº 1, do CPC, e que, por isso, os árbitros podiam muito bem exercer as funções dos peritos. Ora, impõe-se distinguir o papel dos árbitros, os quais têm verdadeiros poderes jurisdicionais para proferir uma decisão vinculativa para as partes, do papel dos peritos, os quais servem como meros auxiliares do tribunal (judicial ou arbitral) no julgamento da causa, trazendo ao processo a sua percepção e valoração sobre certos factos, assente nos conhecimentos técnicos e especializados que possuem na área em questão e que os juízes e árbitros podem não possuir. No caso dos árbitros, mesmo que estes possuam, igualmente, conhecimentos técnicos e especializados sobre o problema em discussão nos autos (razão pela qual, muitas vezes, são escolhidos para exercer aquela função), podem as partes ou o tribunal requerer, igualmente, uma perícia a terceiro para servir como meio de prova, já que os papéis de ambos sempre são distintos e dirigem-se a finalidades distintas[63].

---

[61] Armindo Ribeiro Mendes, "Balanço dos Vinte Anos de Vigência da Lei de Arbitragem Voluntária : sua Importância no Desenvolvimento da Arbitragem e Necessidade de Alterações", *in I Congresso do Centro de Arbitragem da Câmara de Comércio e Indústria Portuguesa*, 2008, pp. 15 a 17.

[62] Vide *infra*, pp. 103 e ss.

[63] Quanto à distinção entre o papel dos árbitros e dos peritos *vide* Dário Moura Vicente, *Da Arbitragem Comercial Internacional – Direito Aplicável ao Mérito da Causa*, 1990, p. 36.

No *"Caso Anulação Deliberações Sociais"*, os autores haviam proposto acção de anulação de deliberações sociais contra a sociedade de que eram sócios, a qual, em contestação, veio invocar, entre outras, a excepção de preterição de tribunal arbitral, tendo sido absolvida da instância com esse fundamento no despacho saneador. O contrato de sociedade continha cláusula compromissória que dispunha que *"[n]as questões emergentes deste contrato recorrer-se-á primeiro à arbitragem e só quando aquelas não possam por esta ser resolvidas se escolhe o foro da comarca de Lisboa para a sua resolução"*.

O Tribunal de recurso começou por analisar a validade da cláusula compromissória, incluindo na mesma o litígio em questão, o qual se verificava entre os sócios e entre estes e a sociedade relativamente a questões discutidas e alvo de deliberação na assembleia geral, portanto relativas à sociedade. Em seguida, enunciando o DL nº 243/84, de 17 de Julho, cujo art. 1º, nº 1, revestia teor idêntico ao que consta hoje da LAV, a Relação reforçou a sua decisão, afirmando que na acção de anulação de deliberações sociais não estão em causa direito indisponíveis, pelo que é admissível a arbitragem, confirmando o despacho recorrido e negando provimento ao recurso.

Relativamente a este acórdão, cumpre-nos sublinhar que, mais uma vez, a previsão da cláusula compromissória, apesar de ser geral e não especificar que litígios nela se incluem, é bastante ampla, incluindo todos os litígios decorrentes do contrato de sociedade, logo, todos os litígios entre sócios ou entre sócios e a sociedade, como sucede no caso de acção de anulação de deliberação social, tendo decidido bem o Tribunal.

Quanto à arbitrabilidade do litígio, embora o Tribunal a tenha admitido sem muitas considerações, cumpre-nos ponderar o seguinte: a acção de anulação de deliberações sociais é uma acção constitutiva [art. 4º, nº 2, al. c) do CPC], sendo proposta contra a sociedade (art. 60º, nº 1, do CSC).

Por sua vez, o art. 61º do CSC regula a eficácia de caso julgado, estabelecendo que *"a sentença que (...) anular uma deliberação é eficaz contra e a favor de todos os sócios e órgãos da sociedade, mesmo que não tenham sido parte ou não tenham intervindo na acção"*, acrescentando no nº 2 que *"(...) a anulação não prejudica os direitos adquiridos de boa fé por terceiros, com fundamento em actos praticados em execução da deliberação; o conhecimento (...) da anulabilidade exclui a boa-fé"*.

Ora, identificados alguns aspectos do regime de anulação de deliberações sociais, encontramo-nos aptos a concluir que, não estando em causa direitos indisponíveis dos sócios, os quais podem negociar, exercer ou renunciar ao direito de impugnar as deliberações sociais (*vide* arts. 17º e 59º, nºs 2 e 3, do CSC), os litígios em questão podem ser arbitráveis, já que também não há lei especial que os submeta exclusivamente a tribunal judicial. As dificuldades que emergem em matéria de arbitrabilidade deste tipo de litígios têm girado em torno da imposição legal da oponibilidade da decisão arbitral à sociedade e a todos os sócios e da necessidade de garantir a intervenção de determinados terceiros, se os mesmos assim o pretenderem, na arbitragem. No entanto, essas dificuldades decorrem, sobretudo, da natureza contratual da arbitragem quanto à sua fonte e, por isso, não devem fundamentar a inarbitrabilidade destas matérias, já que, de acordo com o critério geral de arbitrabilidade e com a natureza dos interesses prosseguidos, não parece haver nada que impeça a arbitrabilidade das mesmas. Importa sublinhar mais uma vez que as questões da determinação dos litígios arbitráveis (arbitrabilidade) e da oponibilidade e eficácia da decisão arbitral são distintas. Acresce que os efeitos referidos no art. 61º do CSC verificam-se tanto em relação a uma sentença judicial, como a uma decisão arbitral. Na verdade, conforme referido anteriormente, a aplicação de normas imperativas que regulem certas matérias, bem como a protecção dos direitos de terceiros de boa fé constituem um dever e um limite comuns tanto nas sentenças judiciais como nas arbitrais.

Um dos requisitos necessários para que possa haver arbitragem e para que as decisões arbitrais sejam eficazes perante todos os sócios e órgãos da sociedade é o da inclusão do litígio em questão no âmbito da cláusula compromissória a que os sócios e a sociedade ficam vinculados. Para melhor compreensão da matéria, veja-se uma decisão do Supremo Tribunal Alemão no sentido da arbitrabilidade das acções de anulação de deliberações sociais, desde que verificados determinados pressupostos, a saber: i) necessidade de a cláusula compromissória estar incluída nos estatutos da sociedade com o consentimento de todos os sócios ou fora dos estatutos, mas com consentimento de todos os sócios e da sociedade; ii) possibilidade de intervenção de todos os sócios e membros dos órgãos sociais no processo arbitral; iii) possibilidade de intervenção de todos os sócios e membros dos órgãos sociais na selecção dos árbitros ou no método de selecção utilizado e iv) julgamento da validade das deliberações sociais, quanto aos mesmos factos e às mesmas questões de direito, pelo mesmo tribunal arbitral[64].

Assim, como princípio geral, não se encontra obstáculo à arbitrabilidade dos litígios em questão, desde que as convenções de arbitragem preencham determinados requisitos e estejam redigidas de modo a garantir o direito à intervenção de todos os interessados[65].

---

[64] Ac. de 3.9.2009, cuja tradução inglesa se encontra publicada *in Revista de Arbitragem e Mediação*, ano 7, nº 24, pp. 311 e ss.

[65] Cfr. posição diferente, seguindo a posição intermédia adoptada pela jurisprudência italiana, em Raul Ventura, "Convenção cit.", pp. 342 e 343.

Já no âmbito da LAV, o *"Caso Inquérito Judicial II"* permitiu ao Tribunal da Relação do Porto pronunciar-se, novamente, sobre a arbitrabilidade do processo de inquérito judicial, mas num sentido diferente do anteriormente decidido.

Atentemos aos factos concretos e à decisão tomada. O autor havia intentado contra a sociedade anónima ré, de que era sócio não administrador, processo especial de inquérito judicial no Tribunal de Vila Nova de Gaia, alegando que a administração da requerida se recusava a prestar dados ou apenas lhos fornecia de forma bastante incompleta, assim o impedindo de sindicar a actividade e negócios da sociedade. A ré veio deduzir oposição, invocando a excepção de preterição do tribunal arbitral, com fundamento na cláusula compromissória inserida no pacto social, que dispunha que *"qualquer litígio que venha a ocorrer entre os accionistas e a sociedade ou entre os próprios accionistas será sujeito a tribunal arbitral, a constituir nos termos da Lei nº 31/86, de 29 de Agosto"*. O juiz *a quo* julgou a excepção dilatória procedente, absolvendo a ré da instância.

Inconformado com a decisão, recorreu o autor da mesma, invocando a natureza de processo de jurisdição voluntária do processo de inquérito e a falta de poderes do tribunal arbitral – de autoridade, de decretamento de medidas cautelares e de julgamento segundo a equidade – para julgar o processo em questão.

Ora, o tribunal *ad quem* começa por analisar se o direito em questão – direito à informação – e o pedido de inquérito judicial se pode configurar como um litígio arbitrável para efeitos da previsão do art. 1º da LAV, ao que responde, em tese geral, afirmativamente. Em seguida, coloca a questão de saber se pode um tribunal arbitral ser julgado competente para analisar, instruir e julgar um processo de inquérito judicial a uma sociedade, concluindo que tal somente será possível se lhe tiver sido concedido o poder de julgar segundo a equidade, já que tal poder é exigido no âmbito deste tipo de processo. No caso concreto, o tribunal decide que, não tendo as partes atribuído ao tribunal arbitral o poder de julgar segundo a equidade, fica afastada a possibilidade de recurso à arbitragem no âmbito de processo especial de inquérito à sociedade.

Antes de mais, refira-se que o processo de inquérito judicial é susceptível de aplicação em situações distintas, com fundamentos diferentes e até com processos diferentes (arts. 1479º, nº 3, do CPC e 67º, nº 2 e ss. do CSC) para os quais convém chamar a atenção. Com efeito, pode ser requerido inquérito à sociedade i) quando faltar a apresentação das contas sociais pelos órgãos competentes, nos termos do art. 67º, nº 1, do CSC, caso em que o processo segue um regime especial previsto nos nºs 2 e ss. desse mesmo preceito; ii) quando se delibere a reforma ou a elaboração de novas contas e *"os membros da administração, nos oito dias seguintes à deliberação que mande elaborar novas contas ou reformar as*

ANÁLISE DE JURISPRUDÊNCIA SOBRE ARBITRAGEM

apresentadas" requeiram *"inquérito judicial em que se decida sobre a reforma das contas apresentadas, a não ser que a reforma deliberada incida sobre juízos para os quais a lei não imponha critérios"* (art. 68º, nº 2, do CSC); iii) como meio de reacção à violação do dever de informação, previsto nos arts. 181º, nº 6, do CSC para as sociedades em nome colectivo, 216º para as sociedades por quotas e 292º para as socie-dades anónimas; iv) com o intuito de reduzir as remunerações dos gerentes (art. 255º, nº 2, do CSC) e, finalmente, v) em caso de abuso de informação (art. 449º do CSC)[66].

No caso concreto, estava em causa a situação referida em iii), ou seja, o recurso ao processo de inquérito judicial com fundamento na violação do direito à informação de um sócio de uma sociedade anónima (art. 292º do CSC). O direito à informação dos sócios [art. 21º, nº 1, al. c) do CSC] tem vindo a evoluir no tempo, deixando de se limitar aos esclarecimentos solicitados e obtidos em assembleia geral, à divulgação de determinados documentos ou ao processo de inquérito judicial, aplicado em termos muito restritos, para passar a incluir diversos tipos de informações e por formas diversas (consulta de vários elementos, nomeadamente a escrituração social, inspecção de bens, obtenção de informações por escrito, entre outros)[67]. Paulo Olavo Cunha enquadra, inclusive, no importantíssimo direito à informação *"aquela «permissão normativa específica» que os autores designam como direito de controlo da acção dos administradores e dos gerentes e que se retira designadamente do disposto nos artigos 292.º, 216.º, 450.º, e das disposições do Código de Processo Civil correspondentes à manifestação deste direito"*[68].

Centrando-nos, assim, na questão da arbitrabilidade do inquérito judicial, julgamos que a mesma é muito discutível, propendendo, porém, para a resposta afirmativa. Senão vejamos.

Identificado e caracterizado o direito em questão nos autos a que se refere o acórdão em análise, não nos parece que o mesmo seja indisponível, já que o seu titular é livre de o exercer ou não, de renunciar ao mesmo, podendo até celebrar acordos parassociais a este respeito (art. 17º do CSC). Por outro lado, o facto de certas matérias serem reguladas por normas imperativas – por traduzirem interesses gerais da sociedade – não é, igualmente, impeditivo da arbitragem, conforme se tem sublinhado a propósito de vários casos, podendo esses interesses ser, igualmente, protegidos pelos árbitros. Finalmente, a lei também não é clara no sentido de excluir este tipo de litígios do âmbito da arbitragem – embora para isso pareçam apontar alguns indícios literais e históricos, como a

---

[66] Cfr. João Labareda, "Notícia sobre os Processos Destinados ao Exercício de Direitos Sociais", *in Direito e Justiça*, ano 13, tomo I, pp. 64 e ss.

[67] Paulo Olavo Cunha, *Direito das Sociedades Comerciais*, 2007, pp. 289 e 290.

[68] Olavo Cunha, *Direito das Sociedades cit.*, pp. 290 e 291.

própria designação do processo (inquérito "*judicial*"), a intenção legislativa e a prática – não se verificando, no presente caso, de forma evidente, nenhuma das formas elencadas por Raul Ventura de se afectar litígios exclusivamente à jurisdição estadual, já que a lei não o diz directa e positivamente, não proíbe para estes litígios a arbitragem e não parece actuar sobre os requisitos da arbitragem voluntária no caso concreto, por exemplo, tornando os direitos indisponíveis ou impedindo a transacção[69].

Por sua vez, o argumento do Tribunal no sentido de que o processo de inquérito somente poderia ser submetido a arbitragem se as partes tivessem conferido aos árbitros o poder de julgar segundo a equidade, dado o mesmo ter a natureza de processo de jurisdição voluntária, também não pode proceder de modo algum[70] por inquinar de um vício de raciocínio (ocorrido noutros acórdãos analisados). Na verdade, tal poder dos árbitros não era essencial já que, mesmo decidindo segundo o direito constituído, os árbitros poderiam gozar do poder de julgar de acordo com a equidade, em termos idênticos ao que sucede com os juízes. Mais uma vez, o Tribunal pretende resolver a questão da arbitrabilidade por meio do direito aplicável à causa, o que não se afigura correcto. Aliás, mesmo que se considerasse que não tinha sido atribuído aos árbitros o poder de julgarem segundo a equidade, as partes ainda podiam suprir essa situação até à aceitação do primeiro árbitro; não o fazendo, a falta de poderes de julgamento de acordo com a equidade deveria ser apreciada prioritariamente pelos árbitros, por força do princípio da competência da competência do tribunal arbitral (arts. 21º e 12º, nº 4, da LAV).

A questão que se coloca deve ser, antes, a de saber se os poderes atribuídos aos juízes no processo de inquérito judicial podem também ser atribuídos aos árbitros, independentemente da questão de saber se as partes atribuíram ou não aos árbitros o poder de julgar segundo a equidade (já decorrente dos arts. 1409º a 1411º e 1479º a 1483º do CPC).

Atendendo às normas que regulam este tipo de processo – nomeadamente as aplicáveis no presente caso, os arts. 292º do CSC e 1479º e ss. do CPC – verifica-se que há determinadas providências – como as previstas nos arts. 292º, nºs 2, 4 e 5 do CSC, 1481º e 1482º, nº 2, *in fine*, do CPC – que, muito dificilmente, o tribunal arbitral poderia adoptar por implicarem decisões com eficácia sobre terceiros que, no presente caso, não se encontram vinculados pela cláusula arbitral (como os administradores da sociedade que não são parte na convenção arbitral, não podendo, consequentemente, ser destituídos pelo tribunal arbitral que se constitua ao abrigo da cláusula em questão). Ora, os limi-

---

[69] Raul Ventura, "Convenção cit.", p. 318.
[70] No mesmo sentido, Armindo Ribeiro Mendes e Sofia Ribeiro Mendes, "Crónica cit.", pp. 165 e 166.

tes referidos não se relacionam com a (in)arbitrabilidade do litígio, mas antes com os limites dos poderes dos árbitros, em função da natureza contratual da arbitragem, os quais podem ser contornados com cláusulas arbitrais que abranjam os titulares dos órgãos sociais.

Embora nos pronunciemos adiante especificamente sobre as providências cautelares, refira-se que, se se pretende afastar qualquer dúvida quanto à possibilidade de o tribunal arbitral poder decretar providências ou medidas cautelares, basta incluir uma previsão expressa na convenção de arbitragem nesse sentido, prevendo-se, igualmente, a possibilidade de competência concorrencial dos tribunais judiciais para aquelas providências que exijam uso da força física.

Uma última nota para salientar que, quanto à investigação por perito(s) nomeado(s) pelo tribunal sobre os concretos pontos que lhe(s) forem indicados, embora a questão seja discutível[71], em abstracto não parece haver impedimento a que a mesma se faça no âmbito de uma arbitragem (na qual é perfeitamente admissível a prova pericial), com os limites inerentes aos poderes dos árbitros – não estão munidos de *ius imperii* – devendo prever-se a possibilidade de, mediante autorização do tribunal arbitral e caso não haja a colaboração de terceiro(s), as partes requererem ao tribunal judicial as medidas necessárias para a produção de prova perante este (o que parece ser permitido nos termos do art. 18º, nº 2, da LAV).

Daí que, sendo admissível, em abstracto, arbitragem sobre este tipo de litígios, a questão passe por tentar compreender se, em concreto, os limites inerentes ao poder dos árbitros, que não gozam de *ius imperii*, são determinantes para a lei afastar expressamente a arbitragem quanto aos mesmos e, assim, torná-los inarbitráveis por força do art. 1º, nº 1, 1ª parte.

Quanto à decisão tomada no acórdão em análise, embora o sentido da mesma tenha sido correcto – já que, no caso concreto, o processo de inquérito, atentas as providências susceptíveis de serem requeridas pelas partes (art. 1482º, nº 2, *in fine* do CPC) e adoptadas oficiosamente pelo Tribunal (art. 292º do CSC), extravasava os limites dos poderes dos árbitros atribuídos pela convenção de arbitragem (litígios *"entre os accionistas e a sociedade ou entre os próprios accionistas"*) – a fundamentação utilizada já não o foi.

Além disso, tratando-se de questão discutível e controversa, o Tribunal *ad quem* deveria ter remetido a questão para o tribunal arbitral para que este decidisse sobre a sua própria competência, somente assim se respeitando o efeito negativo do princípio da competência da competência do tribunal arbitral.

---

[71] Opinião diferente têm Armindo Ribeiro Mendes e Sofia Ribeiro Mendes, "Crónica cit.", pp. 165 e 166.

No seguimento do exposto até ao momento em matéria de Direito das Sociedades, analise-se um outro acórdão do Tribunal da Relação do Porto, proferido no *"Caso Nomeação Órgãos Sociais"*.

Mediante processo de jurisdição voluntária de nomeação judicial de titulares de órgãos sociais intentado no Tribunal de Comércio de Vila Nova de Gaia, o autor veio requerer, nos termos do artigo 418º do CSC, a nomeação de mais um membro efectivo e de mais um membro suplente para o órgão de fiscalização da sociedade requerida, invocando quer a sua qualidade de accionista detentor de 25,58% do capital da mesma, quer o seu voto contra a proposta de eleição dos órgãos sociais para o mandato de 2005 a 2008 na assembleia anual que se havia realizado em 4.4.2005. A sociedade requerida apresentou contestação com fundamento na excepção dilatória de preterição do tribunal arbitral, invocando cláusula compromissória inserida no pacto social que estipulava que *"qualquer litígio que venha a ocorrer entre os accionistas e a sociedade, ou entre os accionistas, será sujeito a um tribunal arbitral, a constituir nos termos da Lei nº 31/86, de 29 de Agosto"*.

Após resposta do autor pugnando pela improcedência da excepção referida, foi proferida decisão que, considerando o litígio relativo a direitos disponíveis e incluído no âmbito da cláusula compromissória inserida no pacto social, julgou procedente a excepção invocada e absolveu a ré da instância. Da referida decisão recorreu de agravo o autor, dando lugar ao acórdão ora em análise.

Tendo em conta as alegações e contra-alegações das partes, o tribunal *ad quem* identifica como questões a decidir as de saber se i) existe um litígio entre as partes e ii) em caso de resposta afirmativa, se o mesmo deve ser decidido por tribunal arbitral, apreciando aí a verificação dos requisitos de arbitrabilidade, ou seja a inexistência de lei especial que atribua exclusivamente jurisdição aos tribunais judiciais e a disponibilidade do direito.

Quanto à primeira questão, após invocar o art. 1º, nº 1, da LAV no sentido de demonstrar a necessidade de se verificar um litígio entre as partes para que se proceda à constituição do tribunal arbitral, o tribunal conclui estar em causa um direito potestativo de exercício judicial, o que não exclui a existência de um litígio – constituído pelo conflito de interesses (elemento material) e pela pretensão (elemento formal) – sublinhando, entre outras posições doutrinárias, que *"a falta do elemento «resistência» não é decisiva (entendendo-se litígio não no sentido carneluttiano do termo)"*[72].

No que respeita à segunda questão, que ora releva, procedendo à análise dos requisitos exigidos no art. 1º, nº 1, da LAV, o Tribunal começa por afirmar que o facto de o art. 418º do CSC ter por epígrafe *"nomeação judicial"* e determinar

---

[72] Citando Castro Mendes, *Direito Processual cit.*, p. 63.

que *"pode o tribunal nomear"* não implica que o mesmo constitua "lei especial" que submete o litígio em questão à jurisdição exclusiva do tribunal judicial, somente querendo significar que a pretensão do accionista minoritário deverá ser exercida judicialmente e não extrajudicialmente.

Seguidamente, quanto à disponibilidade do direito em questão, começa por considerar justificado tal critério de arbitrabilidade *"porquanto é nas relações que dependem da vontade das partes, e só nestas, que se deve admitir o exercício de uma actividade jurisdicional por particulares"*, continuando com a afirmação de que *"A sujeição a arbitragem de relações indisponíveis permitiria facilmente às partes tornear a indisponibilidade legal através da designação de árbitros que actuassem de acordo com a sua vontade"*[73] – o que deixa transparecer uma atitude de desconfiança sobre o poder dos árbitros para fazer valer direitos indisponíveis[74][75] que não se justifica. O Tribunal afirma, em seguida, o princípio geral, igualmente defendido pela doutrina, de que os litígios entre a sociedade e os sócios ou entre sócios são, por regra, arbitráveis, não se impondo uma previsão expressa, bastando que não exista uma exclusão legal, embora se exija a verificação dos requisitos gerais da convenção de arbitragem e que esteja em causa a relação prevista na mesma, decorrente do contrato de sociedade[76].

Consequentemente, o Tribunal da Relação julga improcedente o recurso, considerando procedente a excepção de preterição do tribunal arbitral.

Ao contrário do que sucede no âmbito do processo contencioso, aos processos especiais de jurisdição voluntária não subjaz um conflito de interesses, mas antes o exercício do interesse de determinada pessoa (como, por exemplo, autorização judicial, curadoria provisória dos bens do ausente, entre outros), desempenhando o tribunal, não uma função jurisdicional, mas antes uma função administrativa, semelhante à dos notários e conservadores, entendendo-se, porém, por razões legislativas, que a mesma deverá ser exercida por um juiz (com poderes, por isso, diferentes e mais amplos que aqueles que lhe são atribuídos no exercício da função jurisdicional). No entanto, como salienta Lebre de Freitas[77], alguns processos classificados pelo CPC como de jurisdição voluntária são, rigorosamente, processos de jurisdição contenciosa – entre eles, os processos, como o presente, que visam o exercício de direitos sociais – e vice-versa: há processos classificados como de jurisdição contenciosa que, na verdade, são indiscutivelmente processos de jurisdição voluntária, como o

---

[73] Lima Pinheiro, *Arbitragem cit.*, p. 105.

[74] O que é criticado por Sampaio Caramelo, "A Disponibilidade cit.", p. 1250.

[75] O que não é necessariamente assim; *vide*, por exemplo, Ferreira de Almeida, "Convenção cit.", p. 85.

[76] Raul Ventura, "Convenção cit.", pp. 340 e 341.

[77] José Lebre de Freitas, *Introdução ao Processo Civil*, 1996, p. 50, nota 20.

processo de interdição e de inabilitação. Também Raul Ventura entende que, apesar de um litígio, em regra, implicar posições divergentes das partes sobre um aspecto da relação jurídica em questão, pode assim não acontecer quando, por exemplo, uma parte pretenda exercer um direito para o exercício do qual a lei imponha ou permita o recurso ao tribunal. Nesse caso, existirá um litígio, independentemente da posição que a parte contrária adopte[78]. Assim sendo, apesar da sua classificação no CPC, o presente processo especial tem na base um conflito de interesses, podendo incluir-se no conceito de litígio nos termos e para os efeitos do art. 1º, nº 1, da LAV, tendo, neste ponto, decidido bem o Tribunal.

Por seu turno, no que toca à arbitrabilidade do litígio, independentemente de se estar perante um direito disponível (direito potestativo de nomear judicialmente titulares dos órgãos sociais de uma sociedade), coloca-se a questão de saber se o art. 418º do CSC, ao referir-se à nomeação judicial, não estará a submeter o processo em causa exclusivamente aos tribunais judiciais. A questão é discutível, podendo ser invocados argumentos nos dois sentidos com base na interpretação literal, racional, sistemática e histórica do referido art. 418º e, ainda, no facto de a natureza dos poderes exigidos para o presente processo não impedir, por si, a intervenção do tribunal arbitral.

Na análise do acórdão anterior, concluiu-se que, perante a cláusula compromissória existente – idêntica à do presente caso –, existia, desde logo, um obstáculo à resolução do litígio por via arbitral, dado que algumas das providências que poderiam ter de ser adoptadas pelos árbitros seriam dirigidas contra terceiros (por exemplo, administradores) que não se encontravam vinculados pela convenção de arbitragem. Não se vê como poderia o tribunal arbitral destituir um administrador (arts. 292º, nº 2, do CSC ou 1482º, nº 2, *in fine* do CPC) se o mesmo não fosse parte da convenção de arbitragem que atribuía poderes aos árbitros.

No presente caso, dado o teor da cláusula compromissória e o fim do processo ora em causa – a nomeação de membro do conselho fiscal (arts. 418º do CSC e 1484º do CPC) –, poder-se-á colocar a questão de saber se, mesmo entendendo que aqueles arts. não pretendem atribuir jurisdição exclusiva ao tribunal judicial para resolução do litígio aí previsto, não se verifica o mesmo obstáculo detectado no caso anterior pelo facto de se pretender nomear para o conselho fiscal alguém que se encontra excluído da convenção de arbitragem.

Ora, embora o Tribunal nem sequer tenha colocado a questão e a resposta conduza ao mesmo resultado alcançado na decisão, julgamos pertinente responder à mesma. Na verdade, no caso da nomeação judicial de titulares de

---

[78] Raul Ventura, "Convenção cit.", p. 293.

órgãos sociais, o conflito ocorre entre o sócio requerente e a sociedade requerida ou os outros sócios que votaram a favor da nomeação contra a qual o primeiro se insurge, encontrando-se todos vinculados à convenção de arbitragem. Por sua vez, o terceiro nomeado é livre de aceitar ou recusar o cargo, não sendo essencial que a sentença produza caso julgado contra ele, distinguindo-se, neste aspecto, do processo de destituição do cargo, onde é necessário que a sentença vincule também o administrador (que pode ser terceiro em relação à convenção de arbitragem). No presente caso, basta que a sentença produza caso julgado perante a sociedade e os restantes sócios, daí que se concorde com o sentido da decisão do acórdão.

Direitos de Personalidade

No *"Caso do Cão"*, o Tribunal da Relação do Porto debruçou-se sobre a arbitrabilidade de direitos de personalidade. Em primeira instância, o autor, por si e como representante legal das suas duas filhas menores, havia intentado acção com processo ordinário contra os réus, pedindo a condenação dos mesmos a i) retirarem da sua habitação e do terraço comum que a circunda o cão pastor-alemão que lá alojavam; ii) não utilizarem o citado terraço como alojamento de qualquer animal; iii) pagar, como indemnização por danos não patrimoniais sofridos pelo autor e pelas suas duas filhas menores, quantia não inferior a 1.000.000$00. Para tal, alegou que tanto os autores como os réus são condóminos do mesmo prédio e que os réus se apropriaram em exclusivo do terraço, nele colocando uma casota ou um local para o cão que, para além de defecar por todo o terraço de cobertura, largar pêlo e carraças e espalhar a comida que lhe dão, ladra constantemente, especialmente de noite, por vezes ininterruptamente durante alguns períodos, perturbando o normal descanso dos autores, o trabalho do autor e estudo das filhas, o repouso, a tranquilidade ou paz e o sono da família, situação que perdura há mais de três anos e que não conseguem resolver junto dos réus. Em consequência, uma das filhas do autor já teve de recorrer a uma consulta médica para combater a ansiedade e o nervosismo, pondo em risco o seu aproveitamento escolar e as condições de saúde de toda a família.

Na contestação, os réus invocaram a excepção de preterição do tribunal arbitral, referindo uma norma expressa do Regulamento de Condomínio, nos termos da qual *"qualquer divergência entre condóminos relativamente ao uso e à fruição das partes comuns e das fracções autónomas teria de ser resolvida por arbitragem"*, invocaram que o terraço é sua propriedade e impugnaram os factos alegados pelos autores. Após réplica dos autores a pugnar pela improcedência da excepção por não se tratar de questão relativa à propriedade ou ao uso e fruição das partes comuns ou das fracções autónomas, mas sim do exercício de direitos de personalidade indisponíveis, o juiz *a quo* veio, no despacho saneador, julgar improcedente a excepção, com esses mesmos fundamentos.

Tendo os réus recorrido para a Relação, veio este Tribunal manter a posição do tribunal *a quo* com a mesma fundamentação, ou seja, entendendo que, de acordo com os pedidos formulados pelos autores, o que estava em causa não era a questão da propriedade do terraço ou a proibição de utilização do mesmo pelos réus, mas antes a proibição de os réus continuarem a ter no terraço e na sua habitação um cão que, alegadamente, perturbava o direito dos autores ao sono, ao descanso e à saúde, devido ao barulho e às condições higiénico-sanitárias decorrentes dessa utilização. Tendo em conta os requisitos exigidos no art. 1º, nº 1, da LAV e a cominação prevista no art. 3º do mesmo diploma, tratando-se de direitos de personalidade, como tal, de direitos indisponíveis, o Tribunal considera que a cláusula compromissória do Regulamento de Condomínio será nula na parte em que for interpretada como incluindo conflitos relativos a direitos indisponíveis. Consequentemente, entendendo que está em causa, além da responsabilidade civil, o recurso a providências adequadas às circunstâncias do caso, com o fim de evitar a consumação da ameaça ou atenuar os efeitos da ofensa já cometida, a Relação nega provimento ao recurso.

Não há dúvida que, de acordo com o art. 1º, nº 1, da LAV, somente os litígios referentes a direitos disponíveis (independentemente da questão de saber se se trata de disponibilidade absoluta ou relativa) são arbitráveis.

É, igualmente, certo e pacífico que uma das características dos direitos de personalidade – nos quais se incluem os direitos à saúde, ao sono, ao descanso, ao equilíbrio físico e psíquico, por visarem, como o próprio nome indica, a protecção de interesses ligados à pessoa humana – é a indisponibilidade[79]. Por outras palavras, os direitos de personalidade encontram-se subtraídos à livre vontade do seu titular, o qual não pode, em regra, renunciar aos mesmos ou negociá-los. Tal princípio geral retira-se do art. 81º do CC que consagra que toda a limitação voluntária ao exercício dos direitos de personalidade é nula se for contrária aos princípios da ordem pública (nº 1), do mesmo passo que permite a livre revogabilidade das limitações voluntárias dos direitos referidos, mesmo quando legais, embora com obrigação de indemnizar os prejuízos causados às legítimas expectativas da outra parte (nº 2).

No entanto, igualmente se retira do art. 81º do CC que pode haver limitações lícitas aos direitos de personalidade por parte dos próprios titulares, surgindo, mais uma vez, a distinção entre os conceitos de indisponibilidade absoluta e relativa, também aplicável a determinados direitos de personalidade.

---

[79] Luís A. Carvalho Fernandes, *Teoria Geral do Direito Civil*, vol. I, 1995, pp. 189 a 191.

ANÁLISE DE JURISPRUDÊNCIA SOBRE ARBITRAGEM

Como defende Carlos Ferreira de Almeida, a (in)disponibilidade dos direitos não se afere instituto a instituto, mas questão a questão, tendo em conta a causa de pedir e, eventualmente, a forma como estão deduzidos os pedidos, sublinhando que a arbitrabilidade se afere pela verificação de que os direitos são disponíveis e em que medida o são[80]. Acrescenta, ainda, que *"Se uma mesma convenção contemplar direitos disponíveis e indisponíveis, poderá ser convalidada parcialmente, por redução, aplicando os critérios gerais"*[81] (art. 292º do CC).

Quanto ao pedido de indemnização por danos não patrimoniais sofridos pelos autores, entende-se que se trata de direito disponível, tendo o Supremo Tribunal de Justiça proferido acórdão nesse sentido em sede de recurso de despacho saneador que havia julgado improcedente uma acção de anulação de decisão arbitral[82], com a concordância da doutrina que se pronunciou sobre o mesmo[83].

Quanto aos restantes pedidos no sentido de impedir a continuação da alegada violação dos direitos à saúde, ao sono, ao descanso e ao equilíbrio físico e psíquico dos autores, tende a entender-se que tais direitos, em regra e também atendendo ao caso concreto, são relativamente disponíveis, havendo, inclusivamente, diversas limitações aos mesmos que são consideradas lícitas (como o consentimento para a submissão a ensaios clínicos ou a intervenções cirúrgicas: ver, a título de exemplo, o art. 149º, nº 1, do Código Penal quanto à integridade física).

Cabe, no entanto, distinguir, no caso dos autos, os direitos do autor enquanto maior, que litiga por si – aos quais se aplica o raciocínio acima feito de disponibilidade relativa – e os direitos ou poderes funcionais que exerce enquanto representante legal das filhas menores e pessoa que detém o poder paternal sobre elas, sendo estes últimos irrenunciáveis (art. 1882º do CC). Na verdade, *"compete aos pais, no interesse dos filhos, velar pela segurança e saúde destes (...), representá-los (...)"* (art. 1878º do CC) e *"de acordo com as suas possibilidades, promover o desenvolvimento físico, intelectual e moral dos filhos"* (art. 1885º do CC), pelo que, quanto aos direitos das filhas menores, já seria mais discutível defender a disponibilidade, ainda que relativa.

Donde se retira que, para quem entenda que a disponibilidade do direito exigida no art. 1º, nº 1, da LAV deve corresponder à perspectiva fraca ou relativa, este litígio poderia ser considerado arbitrável na parte relativa ao pedido de indemnização por danos e aos direitos do autor, colocando, ao invés, mais dúvi-

---

[80] Ferreira de Almeida, "Convenção cit.", pp. 86 e 87.
[81] *Ibidem.*
[82] *"Caso da Apresentadora de Televisão".*
[83] Cfr. Armindo Ribeiro Mendes e Sofia Ribeiro Mendes, "Crónica cit.", pp. 159 a 161.

das a disponibilidade dos direitos das filhas, os quais o pai tem o poder-dever de defender. Para quem, por seu turno, entender que a disponibilidade exigida no art. 1º, nº 1, da LAV consiste numa disponibilidade absoluta, o litígio ora em análise será inarbitrável no que toca a todos direitos em questão.

Independentemente da questão da disponibilidade dos direitos em causa, há outra logicamente precedente – que o Tribunal referiu – e em relação à qual, apesar de ter chegado ao mesmo resultado, não concluiu em termos exactos e correctos, que é a questão de saber se o litígio existente entre as partes, atendendo à causa de pedir – violação dos direitos de personalidade invocados – e aos pedidos deduzidos – impedir a continuação da violação dos mesmos e obter indemnização pela ofensa já cometida – se encontra incluído na cláusula compromissória, o que parece merecer resposta negativa. De facto, a convenção de arbitragem inserida no Regulamento de Condomínio encontra-se vocacionada para litígios decorrentes das próprias regras da propriedade horizontal (relativas ao uso, fruição e conservação das fracções, titularidade das mesmas, encargos com a conservação e fruição, encargos com as inovações, reparações indispensáveis e urgentes, entre outros assuntos), não parecendo abranger o presente caso que tanto poderia ocorrer com um condómino como com o vizinho do prédio imediatamente ao lado. Pelo exposto, a excepção dilatória não deveria proceder no caso concreto.

Ora, uma vez que bastava o confronto dos pedidos e respectiva causa de pedir com a cláusula compromissória inserida no Regulamento de Condomínio do prédio (art. 1429º-A do CC) para verificar que o litígio em causa não se inseria na convenção de arbitragem, e que, consequentemente, era manifesta a sua inaplicabilidade, podia o tribunal judicial pronunciar-se sobre a questão sem que tal violasse o princípio da competência da competência do tribunal arbitral. Note-se que, no caso concreto, o Tribunal entendeu, antes, que a convenção de arbitragem, se interpretada no sentido de incluir o litígio em questão, seria nula nessa parte, solução que não consideramos a mais correcta juridicamente, mas que não parece violar o princípio da competência da competência do tribunal arbitral, por essa alegada "nulidade" ser manifestamente detectável exactamente pelas mesmas razões acabadas de referir.

Enxertos declarativos nas acções executivas

Nesta matéria, atente-se ao *"Caso Acção Executiva"* no qual o Tribunal da Relação de Lisboa foi chamado a pronunciar-se sobre o recurso de agravo de uma sentença que julgou verificada a excepção de preterição do tribunal arbitral, invocada no âmbito de embargos à execução de uma letra

Veio o exequente e embargado alegar que, dispondo de uma letra – que é um título executivo – não poderia evitar-se a acção executiva. Tendo dado

ANÁLISE DE JURISPRUDÊNCIA SOBRE ARBITRAGEM

como provados dois factos, o de que o exequente accionou acção executiva para cobrar a importância de uma letra e o de que *"no contrato de empreitada celebrado entre as partes havia sido acordada uma cláusula compromissória que estabelecia que qualquer litígio eventualmente emergente do dito contrato será submetido a arbitragem"*, começou o Tribunal por distinguir, por um lado, o litígio que surgiu entre as partes – cartular, alheio à empreitada – no âmbito do qual o executado podia embargar, como fez, com fundamento na relação substantiva subjacente, por estarem em causa relações mediatas e, por outro lado, a cláusula compromissória inserida no contrato de empreitada aplicável aos litígios decorrentes do mesmo, do âmbito da qual se exclui necessariamente o litígio cartular, objecto da execução, tendo andado bem a exequente ao seguir o caminho da execução.

Colocando a questão de saber como deveria, então, proceder, o Tribunal conclui que seria um absurdo remeter os embargos para decisão do tribunal arbitral, já que, em primeiro lugar, aqueles fazem parte da estrutura da acção executiva, submetida exclusivamente aos tribunais judiciais e, em segundo lugar, nem sequer seria possível parar a acção executiva na parte dos embargos até que o tribunal arbitral se pronunciasse sobre o contrato subjacente. Assim, a Relação entende que, não obstante a validade da convenção de arbitragem, ao ter subscrito uma letra, o executado e embargante como que tacitamente aceitou a inaplicabilidade da convenção de arbitragem ao contencioso que nascesse com relação ao título de crédito. Consequentemente, o Tribunal concedeu provimento ao recurso.

Como se depreende do resumo dos factos e da decisão do acórdão, a matéria relativa ao contrato de empreitada celebrado entre as partes – relação subjacente ao título de crédito autónomo em causa (letra), subscrito pelo executado à ordem do exequente – encontrava-se abrangida por uma cláusula compromissória considerada válida pelo Tribunal, pelo que tais litígios, sendo arbitráveis, deveriam ser resolvidos por tribunal arbitral.

Por seu turno, de acordo com a lei processual civil aplicável (tanto a vigente na altura, como actualmente – art. 816º do CPC), na medida em que os factos relativos à relação subjacente de empreitada poderiam ser fundamento de oposição ao título numa acção declarativa, por se tratar de relações mediatas, devem poder sê-lo, igualmente, em sede de acção executiva. Daí que, se não houvesse convenção de arbitragem válida nesta matéria, os factos poderiam ser invocados em sede de acção executiva, nomeadamente em oposição à mesma.

Note-se, por outro lado, que o argumento do Tribunal no sentido de que o executado, ao ter subscrito uma letra para garantia das suas obrigações, sabendo que se tratava de título de crédito com autonomia relativamente à relação jurídica subjacente, sabia que o contencioso daí decorrente já não estaria abrangido pela cláusula compromissória e que a contraparte poderia recorrer directamente à execução, poderá fazer algum sentido à primeira vista, mas não resolve decisivamente a questão, já que não só a interpretação contrária é igualmente possível, como também porque seria um meio de contornar a convenção de arbitragem celebrada.

Na verdade, é de sublinhar que no presente caso a questão problemática só surge porque e na medida em que o litígio abrangido pela cláusula compromissória ocorre, apenas, em embargos à execução de um título executivo. *Quid juris?* Conforme é sabido, os tribunais arbitrais não têm competência para a execução das suas decisões (art. 30º da LAV). Será que tal facto implica que não a tenham para decidir os enxertos declarativos que surgem no âmbito das mesmas? Com que fundamento? Não sendo com fundamento na falta de *ius imperii* e de poderes de autoridade – já que estes enxertos declarativos não diferem, na sua natureza, das acções declarativas, a não ser pela circunstância de surgirem no seio de uma execução – só poderia ser com fundamento em inarbitrabilidade, em particular, por uma lei especial atribuir exclusivamente aos tribunais judiciais as decisões dos enxertos declarativos nas acções executivas. Tal poderia suceder por uma questão prática, ou seja, por não fazer sentido suspender por tanto tempo a acção executiva para que se constituísse o tribunal arbitral e se decidisse dos embargos (ou, de acordo com o CPC actual, para que se decidisse a oposição à execução). Se assim fosse, poder-se-ia estar a retirar a maior utilidade do título executivo (em particular, o cartular) que é a de obter rapidamente e por uma via mais fácil a execução do crédito.

Relativamente ao CPC actual, diga-se que a oposição à execução, em regra, não suspende a execução (art. 818º do CPC), mas o exequente também não pode ser pago sem prestar caução (nº 4 do mesmo preceito), pelo que o recurso ao tribunal arbitral (o qual ainda tem de ser constituído antes de decidir) poderia, em abstracto, acarretar atrasos ou ineficiências na acção executiva.

Saliente-se que a nova lei da acção executiva, aprovada pelo DL nº 226/2008, de 20 de Novembro, introduziu *"a possibilidade de arbitragem institucionalizada na acção executiva, prevendo-se que centros de arbitragem possam assegurar o julgamento de conflitos e adoptar decisões de natureza jurisdicional nesta sede, bem como realizar actos materiais de execução"*. Independentemente da discussão que possa haver relativamente aos actos materiais de execução – os quais exigem poderes de autoridade que os tribunais arbitrais, dada a sua natureza privada, não têm – quanto aos enxertos declarativos na acção executiva, a arbitragem faz todo o sentido e somente por razões de eficiência prática poderia estar excluída do âmbito da mesma. Note-se que, além de conter normas especiais relativamente à LAV, o diploma referido vem estabelecer que *"os actos da competência do juiz, designadamente a decisão de oposição à execução e à penhora, a verificação e graduação dos créditos e respectivas reclamações e impugnações, bem como a decisão das reclamações dos actos da competência dos agentes de execução"* passam a ser da competência dos juízes árbitros (art. 14º). Ora, daqui parece retirar-se que, anteriormente, a lei da acção executiva não estava pensada no sentido de os enxertos declarativos nela previstos serem resolvidos por arbitragem[84].

Questões relativas às acções executivas e às providências cautelares

Nesta matéria, a LAV estabelece, expressamente, que os tribunais arbitrais não gozam de competência para executar as suas próprias decisões (art. 30º da LAV), donde se retira, por maioria de razão, que não têm, igualmente, competência para executar decisões judiciais. Ao invés, não há norma expressa quanto à (in)admissibilidade do decretamento de providências cautelares (ao contrário, por exemplo, da Lei-Modelo sobre arbitragem comercial internacional adoptada pela UNCITRAL em 1985, com as alterações introduzidas em 2006, a qual prevê e regula, no art. 9º e no capítulo IV-A, não só a compatibilidade do recurso ao tribunal judicial para o decretamento de providências cautelares antes ou durante o processo arbitral, como também a possibilidade de os tribunais arbitrais decretarem providências cautelares).

Nesta sede, embora não se coloque uma questão de arbitrabilidade no sentido que tem vindo a ser analisado, importa tratar das questões relativas aos limites dos poderes dos árbitros decorrentes da natureza contratual e privada da arbitragem, as quais se situam na fronteira do primeiro tema referido e, no caso das providências cautelares, inexistindo norma legal que as regule, importa atender à evolução da jurisprudência e da doutrina na matéria.

Encontrando-se o nosso tema delimitado aos casos de invocação da excepção de preterição do tribunal arbitral voluntário, a decisão jurisprudencial sobre providências cautelares adoptada pelo Tribunal da Relação de Évora[85], fica excluída da presente análise, embora refiramos o seu sumário para se reter o sentido da evolução da jurisprudência na matéria ao longo do tempo.

Centrando-nos na questão que ora se coloca, passemos à análise do *"Caso Suspensão Deliberações Sociais"*, do *"Caso Arresto"* e do *"Caso Embargo de Obra*

---

[84] No *"Caso Suspensão de Deliberações Sociais"*, a Relação do Porto, após afastar a competência executiva dos tribunais arbitrais (art. 30º da LAV), refere-se à questão ora discutida, afirmando que *"mais duvidoso é saber se pode ser confiada a árbitros a decisão do litígio declarativo enxertado na acção executiva por meio de embargos de execução"* e adoptando posição no sentido de que *"a resposta negativa parece preferível por os embargos aparecerem sempre como uma oposição à pretensão do exequente de exercício pelo Estado dos referidos poderes e, sob esse ângulo, não caber ao tribunal arbitral decidir se o órgão do Estado pode ou não proceder a tal exercício"*.

[85] Ac. TRE de 12.7.1984, *in* CJ 1984, IV, pp. 286 e 287. No sumário da decisão, pode ler-se que *"A cláusula compromissória de um contrato, pela qual as partes afastaram o tribunal judicial comum e submeteram ao tribunal arbitral todo e qualquer litígio derivado da interpretação ou aplicação do mesmo contrato não pode ter o alcance de submeter ao tribunal arbitral o decretamento de providências cautelares que, dada a sua natureza, permanecem na esfera do tribunal judicial"*.

Nova", nos quais se concluiu pela improcedência da excepção de preterição de tribunal arbitral voluntário em sede de providências cautelares, com base em fundamentos idênticos, mas que não se verificam do mesmo modo. Assim, pode adiantar-se desde já que, num dos casos, a excepção de preterição do tribunal arbitral poderia ter procedido.

No *"Caso Suspensão Deliberações Sociais"*, o requerente havia instaurado, no Tribunal do Comércio de Vila Nova de Gaia, **providência cautelar de suspensão de deliberações sociais** contra a requerida, sociedade de que era o único accionista não administrador, pedindo a suspensão da execução de duas deliberações, uma relativa à aplicação de resultados (nomeadamente à distribuição de gratificações) e a outra respeitante à atribuição de € 225.000,00 aos colaboradores da requerida, por estarem viciadas no seu conteúdo. A requerida veio deduzir, entre outras, a excepção de preterição do tribunal arbitral, invocando a cláusula 32º do pacto social que tinha o seguinte teor: *"qualquer litígio que venha a ocorrer entre os accionistas e a sociedade, ou entre os accionistas, será sujeito a um tribunal arbitral, a constituir nos termos da lei nº 31/86, de 29 de Agosto"*.

Tendo sido proferido despacho a julgar procedente a excepção invocada e, consequentemente, a absolver a requerida da instância, veio o requerente interpor recurso do mesmo, o qual deu lugar ao acórdão do Tribunal da Relação do Porto agora em análise.

Considerando que estava em causa a questão de saber se a existência de uma convenção de arbitragem entre as partes impunha que todos os litígios fossem submetidos e apreciados pelo tribunal arbitral, incluindo os procedimentos cautelares, impondo, assim, a procedência da excepção de preterição do tribunal arbitral, o Tribunal acaba por responder negativamente. Nesse sentido, invoca que, na ausência de norma que regule a questão, tem de se proceder à interpretação da LAV e da cláusula compromissória, entendendo que, embora esta última se refira a *"qualquer litígio"*, a LAV estabelece limites à arbitrabilidade como o da disponibilidade do direito (art. 1º, nº 1). Subsequentemente, com fundamento i) na falta de *ius imperii* e de capacidade executiva dos tribunais arbitrais; ii) na função principal dos procedimentos cautelares de acautelar um direito, já não de resolver litígios; iii) na natureza urgente dos procedimentos cautelares, que não se compagina com o tempo de constituição do tribunal arbitral e iv) no facto de os procedimentos cautelares constituírem medidas antecipatórias e conservatórias, que pressupõem um *ius imperii* que os tribunais arbitrais não possuem e, ainda, invocando as posições adoptadas na matéria por Raul Ventura e Paula Costa e Silva, a Relação decide que, embora não se arrede, *"à partida, a possibilidade de intervenção do tribunal arbitral no julgamento de um procedimento cautelar, desde que expressamente a convenção de arbitragem o preveja (artigos 1º e 2º da Lei nº 31/86) e tal procedimento não envolva ou pressuponha o uso de «ius imperii» por parte do tribunal que decrete a providência requerida"*, tais requisitos não se encontram preenchidos no caso concreto.

No *"Caso Arresto"*, o requerente havia intentado uma **providência cautelar de arresto** contra o requerido, alegando a celebração e resolução do contrato-promessa de compra e venda de acções e de cessão de suprimentos em que o primeiro figurava como promitente-vendedor e o segundo como promitente-comprador, bem como o direito a uma indemnização por danos no valor de € 316.666,67, encontrando-se pendente uma acção arbitral nos termos da cláusula compromissória existente no contrato. No entanto, com receio que desaparecesse a sua garantia patrimonial, recorreu ao tribunal judicial, para que, sem audiência prévia da requerida, fosse decretado o arresto dos bens que identificava (saldos bancários e um prédio).

O juiz *a quo* proferiu despacho liminar que julgou verificada a excepção de violação da convenção de arbitragem, declarando a incompetência absoluta do Tribunal e absolvendo a requerida da instância.

Por sua vez, o Tribunal da Relação de Lisboa começa, na decisão em análise, por apreciar a possibilidade e efeitos da existência de uma convenção de arbitragem, nos termos dos arts. 1º e 2º da LAV, para passar a sublinhar o carácter não oficioso da excepção de preterição do tribunal arbitral [arts. 494º, al. j) e, principalmente, 495º do CPC], realçando que o problema não é de competência dos tribunais, antes se prendendo com a questão prévia da jurisdição competente. Assim, a Relação declara a nulidade do despacho recorrido na parte em que conheceu da excepção dilatória de preterição do tribunal arbitral sem que a mesma tivesse sido invocada por alguma das partes [arts. 668º, nº 1, al. d) e 666º, nº 3 do CPC].

Ainda assim, debruçando-se sobre a questão de saber se a cláusula compromissória podia abranger o procedimento cautelar de arresto, o Tribunal começa por salientar que, apesar de a letra da convenção de arbitragem ser abrangente, a lei impõe algumas restrições ao âmbito da mesma (como por exemplo, as resultantes do disposto no art. 1º, nº 1, da LAV). Subsequentemente, baseando-se i) na falta de *ius imperii* e de capacidade executiva dos tribunais arbitrais, ii) na função principal dos procedimentos cautelares de acautelar um direito e não de resolver litígios, iii) na natureza urgente dos procedimentos cautelares que não se compagina com o tempo de constituição do tribunal arbitral e iv) no facto de os procedimentos cautelares constituírem medidas antecipatórias e conservatórias, que pressupõem a existência de um *ius imperii* que os tribunais arbitrais não possuem, decide exactamente no mesmo sentido do acórdão analisado anteriormente – de que o arresto se encontra fora do âmbito da jurisdição arbitral. O Tribunal acrescenta, ainda, os argumentos utilizados por Paula Costa e Silva, entendendo que a natureza de apreensão judicial do arresto (art. 406º, nº 2, do CPC) e os seus efeitos, no sentido de tornar inoponíveis ao requerente os actos de disposição dos bens arrestados (art. 622º do CC), os quais pressupõem poderes de autoridade que os tribunais arbitrais não detêm.

Finalmente, no *"Caso Embargo de Obra Nova"*, o requerente havia proposto contra a requerida uma **providência cautelar**, pedindo **a ratificação de embargo de obra nova**, tendo a última, em sede de oposição, excepcionado a preterição do tribunal arbitral.

Veio a ser proferida decisão, na qual, considerando-se procedente a arguida excepção, se considerou o tribunal incompetente, absolvendo-se a requerida da instância.

O Tribunal da Relação de Lisboa, fundamentando-se i) na falta de *ius imperii* e de capacidade executiva dos tribunais arbitrais, ii) na função principal dos procedimentos cautelares de acautelar um direito e não de resolver litígios, iii) na natureza urgente dos procedimentos cautelares que não se compagina com o tempo de constituição do tribunal arbitral e iv) no facto de os procedimentos cautelares constituírem medidas antecipatórias e conservatórias, que pressupõem a existência de um *ius imperii* que os tribunais arbitrais não possuem, considera que, *"independentemente da competência para a acção respectiva, se acha o presente procedimento subtraído do âmbito da jurisdição arbitral"*, invocando jurisprudência anterior (como o acórdão anteriormente analisado ou o ac. TRL de 12.12.2002[86]).

Antes de se proceder à análise das decisões e fundamentações adoptadas em cada um dos três acórdãos referidos e descritos – relativos às providências cautelares de suspensão de deliberações sociais (art. 396º do CPC), de arresto (art. 406º do CPC) e de ratificação de embargo de obra nova (art. 412.º, *maxime* nºs 2 e 3, do CPC) – atente-se à discussão doutrinal sobre a matéria[87], não sendo de resolução fácil alguns dos problemas que surgem no âmbito da mesma.

Para certos autores, existe, em matéria de providências cautelares, um tendencial monopólio legal a favor dos tribunais estaduais, somente podendo admitir-se que os tribunais arbitrais decretem medidas antecipatórias da decisão final quando e desde que as mesmas estejam previstas na convenção de arbitragem[88]. Para uns, constitui *"ónus do requerido a alegação e, salvo quando se tra-*

---

[86] Proc. nº 0089192, *in* www.dgsi.pt. No sumário desta decisão, pode ler-se o seguinte: *"I – O tribunal arbitral não detém competência executiva, nem para decretar providências cautelares; II – Estas são sempre da competência dos tribunais comuns, ainda que a acção de que dependem seja da competência de um tribunal arbitral"*.

[87] Nesta parte, segue-se de muito perto a análise desenvolvida por Armindo Ribeiro Mendes no texto "As Medidas Cautelares e o Processo Arbitral (Algumas Notas)", *in Revista Internacional de Arbitragem e Conciliação*, ano 2, pp. 57 a 113.

[88] António Montalvão Machado, José Lebre de Freitas e Rui Pinto, *Código de Processo Civil Anotado*, vol. II, 2ª ed., p. 20 e Raul Ventura, "Convenção cit.", p. 342

ANÁLISE DE JURISPRUDÊNCIA SOBRE ARBITRAGEM

tar de facto negativo, a prova de qualquer facto determinante da caducidade da providência, quando o procedimento cautelar dependa duma acção da competência de tribunal arbitral, caso em que a competência para as providências cautelares é do tribunal judicial"[89]. De igual modo, Raul Ventura, ao analisar o exemplo da providência cautelar de suspensão de deliberações sociais, entendia que o tribunal arbitral não tem competência para decretar a mesma, *"porque – salvas raras excepções – não tem competência para nenhumas medidas preventivas e conservatórias"*[90].

Para outros autores – sendo esta a posição maioritária da doutrina que se debruçou sobre a questão[91] – o tribunal arbitral tem competência para decretar providências cautelares, desde que as últimas se insiram, expressa ou implicitamente, no âmbito da convenção de arbitragem que fundamenta os poderes do tribunal arbitral no caso concreto e que aquelas não impliquem o exercício de *"ius imperii"*, ou seja, de poderes de autoridade de que só os tribunais do Estado estão munidos (os quais se encontram patentes, por exemplo, no acto de penhora).

Importa sublinhar alguns aspectos relacionados com esta tese.

Antes de mais, note-se que para estes últimos autores não é necessário que a convenção arbitral estabeleça expressamente a possibilidade de os tribunais arbitrais decretarem providências cautelares no âmbito dos litígios actuais ou eventuais submetidos à arbitragem, bastando que resulte da interpretação da convenção que as partes dela não quiseram excluir as providências cautelares e que pretenderam incluir no âmbito da arbitragem tudo o que estivesse relacionado com um determinado litígio (é o que se designa por sistema de *opt in* ou dos poderes implícitos). Sublinham, ainda, que tal só é possível por o sistema jurídico português, globalmente considerado, ser favorável à arbitragem e à competência dos tribunais arbitrais (*"Kompetenzfreundlich"*)[92].

Seguidamente, defendem os autores citados uma competência concorrencial entre tribunal arbitral e tribunal estadual, dado que a natureza urgente das providências cautelares não se coaduna com longas e difíceis discussões sobre a competência do tribunal para o decretamento de providências cautelares, a qual, por sua vez, envolve questões problemáticas como a de saber em que providências cautelares se exercem poderes de autoridade[93].

---

[89] Montalvão Machado, Lebre de Freitas e Rui Pinto, *Código de Processo cit.*, p. 20.

[90] Raul Ventura, "Convenção cit.", p. 342.

[91] Paula Costa e Silva, "A Arbitrabilidade de Medidas Cautelares", *in ROA*, ano 63, nºs 1 e 2 (disponível também em www.oa.pt), pp. 229 a 232 e Ribeiro Mendes, "As Medidas cit.", p. 90, onde o autor refere apontarem no mesmo sentido as posições de Miguel Teixeira de Sousa e de Luís Lima Pinheiro.

[92] Costa e Silva, "A Arbitrabilidade cit.", pp. 229 a 232 e Ribeiro Mendes, "As Medidas cit.", p. 91.

[93] Neste sentido, *vide* o ac. TRL de 26.9.2000, proc. nº 0006361 (cujo sumário se encontra publicado *in* www.dgsi.pt), no qual se pode ler que "[p]*elo facto de ter subscrito uma convenção de arbitragem, o cidadão não fica impedido de recorrer aos tribunais comuns para obter o decretamento de providências cautelares*".

Finalmente, no que toca à excepção à regra da admissibilidade do decretamento de providências cautelares pelos tribunais arbitrais – baseada no *ius imperii* ou uso de poderes de autoridade – há que atender ao que é ensinado pelos autores citados.

Concretamente, e atendendo ao clássico exemplo de exercício de poderes de autoridade pelo tribunal – o arresto – Paula Costa e Silva, ao debruçar-se sobre as diferenças entre as providências cautelares nos regimes jurídicos português e alemão e, nomeadamente sobre a questão de saber se aquelas, à luz do direito português, *"não podem supor o exercício de poderes de autoridade desde logo aquando do respectivo decretamento"*[94] – diferentemente do que sucede no direito alemão que distingue a fase declarativa da fase executiva, mesmo no caso do arresto –, responde afirmativamente. Na verdade, não só com base nos efeitos substantivos do arresto – imediata ineficácia de actos de disposição dos bens arrestados perante o requerente, de acordo com as regras próprias da penhora (art. 622º do CC) – como também mediante o recurso ao próprio conceito de arresto – o qual consiste numa apreensão judicial dos bens do devedor (art. 406º, nº 2 do CPC) – a autora esclarece que, no sistema português, a fonte da apreensão não são os actos materiais que logicamente se seguem ao decretamento do arresto (a apreensão material e efectiva dos bens, nomeação de depositário, registo da decisão, comunicação à conservatória do registo predial competente, entre outros), mas sim a própria decisão de arresto, que implica desde logo *"a imediata apreensão judicial e jurídica dos bens arrestados, mesmo que a apreensão efectiva ou material seja necessariamente ulterior"*[95]. Assim, relativamente à questão de saber se *"pode uma apreensão jurídica de bens, cujo efeito substantivo se traduz na inoponibilidade de actos dispositivos ao requerente da providência, ser decretada por tribunais arbitrais"*, afirma o seguinte: *"Determinante é saber se o decretamento de uma apreensão de bens constitui um acto de exercício de poderes de autoridade. E, aqui, a resposta é positiva. A restrição de faculdades fundamentais, integradas na situação jurídica do titular dos bens arrestados, por acto heterónomo, consubstancia o exercício de um poder de autoridade, sendo, por isso, possível qualificar tanto o arresto, quanto a penhora, enquanto actos de exercício de poderes soberanos"*[96]. Nestes termos, é possível concluir que a providência cautelar de arresto está, no entender da Autora, excluída do âmbito da arbitragem.

Ora, quanto a este último aspecto – entenda-se, o de identificar os casos que caem na excepção à regra da admissibilidade do decretamento de providências cautelares pelos tribunais arbitrais – impõe-se referir a posição defendida

---

[94] Costa e Silva, "A Arbitrabilidade cit.", p. 218.
[95] Costa e Silva, "A Arbitrabilidade cit.", p. 221.
[96] *Ibidem.*

por Carlos Ferreira de Almeida, bastante elucidativa quanto à *ratio* subjacente à exclusão desses mesmos casos do âmbito da arbitragem e fundamental para se compreender a questão em análise. Entende o autor referido que *"Os poderes jurisdicionais dos árbitros são moldados sobre os poderes dos juízes estaduais, quanto à sua natureza e âmbito, embora com os limites decorrentes da impossibilidade de recorrer ao uso da força policial para a execução de decisões finais ou intercalares"*, concluindo que *"***[p] or isso – mas só nessa medida – os tribunais arbitrais têm redução de competência em acções executivas (cfr. LAV, artigo 30º) e em providências cautelares.*** Na minha opinião, poderão pois os árbitros, salvo se exorbitarem a convenção de arbitragem, decretar a execução específica de contrato-promessa, a suspensão de deliberações sociais e a prestação de caução,* **actos que se esgotam na enunciação de declarações, sem necessidade de exercício da força física"**[97] (sublinhado nosso).

Note-se que as posições doutrinárias acabadas de expor no que respeita ao âmbito da exclusão das providências cautelares do campo da arbitragem são diferentes no seu conteúdo. Enquanto Paula Costa e Silva entende que o arresto, produzindo logo o efeito de apreensão jurídica da coisa no momento em que é decretado, independentemente dos actos materiais ulteriores que a materializem, contém em si uma decisão que implica o uso de poderes de autoridade e que, por conseguinte, deve ficar excluída do âmbito da arbitragem, Carlos Ferreira de Almeida entende que só a necessidade de recurso à força policial ou à força física implica a exclusão da matéria do âmbito da arbitragem, por força da inexistência desses poderes nos tribunais arbitrais, dada a sua natureza contratual (o que também se verifica no arresto). O que explica que, para a primeira, se trate de uma questão de inarbitrabilidade das providências cautelares e, para o segundo, de limites aos poderes dos árbitros inerentes à natureza privada da arbitragem.

Ora, propendemos para a última posição referida, já que, se se entender que o facto de se impor uma restrição de faculdades fundamentais integradas na situação jurídica do titular de um direito, por acto heterónomo, consubstancia um exercício de poderes de autoridade que exclui a possibilidade de recurso à arbitragem, então deverá concluir-se que praticamente todas as providências cautelares são insusceptíveis de ser decretadas por tribunal arbitral (inarbitráveis), pois em quase todas elas se impõe um dever ou se impede o exercício de um direito, por acto heterónomo, que representa uma restrição anormal de faculdades fundamentais de um direito (é o que sucede na restituição provisória de posse, na suspensão de deliberações sociais, nos alimentos provisórios, no arbitramento de reparação provisória, no arresto, no embargo de obra nova, entre outras providências inominadas). O mesmo sucede, aliás, aquando do

---

[97] Ferreira de Almeida, "Convenção cit.", p. 90.

exercício do poder jurisdicional em sede de decisão arbitral que, por exemplo, restrinja uma faculdade de um direito em nome da protecção de um interesse ou do direito de outrem que se impõe proteger. Deste modo, pode concluir-se, com Ferreira de Almeida, que mais do que os efeitos substantivos das providências cautelares, o elemento fundamental que afasta determinadas providências cautelares do âmbito da arbitragem é a necessidade e/ou essencialidade da força policial ou da força física para as executar ou materializar.

Atendendo ao caso do arresto, mais do que os seus efeitos substantivos (como os *supra* identificados, isto é, a inoponibilidade ao requerente dos actos dispositivos praticados sobre os bens arrestados), o fundamental é o facto de o arresto incluir uma apreensão judicial, a partir da qual se produzem imediatamente os efeitos referidos, conforme defende Paula Costa e Silva, e à qual se seguem os actos materiais de apreensão dos bens (estes sim, insusceptíveis de serem decretados e realizados por tribunal arbitral), sem que tenha havido audiência da parte contrária Isto é, no caso do arresto, embora seja possível distinguir os momentos declarativo – decisão de decretamento da apreensão jurídica dos bens – e executivo – de concretização da mesma por actos materiais –, o que acaba por impossibilitar que os tribunais arbitrais decretem tal providência é o facto destes momentos serem praticamente simultâneos, sem que se proceda à audição da parte contrária entre ambos.

Passando à análise dos casos concretos, entende-se que no *"Caso de Suspensão de Deliberações Sociais"*, uma vez que aquilo que o autor pretendia era suspender a execução de uma deliberação social – para o que basta uma declaração do tribunal, não sendo necessário recorrer ao uso da força física – a providência cautelar poderia ser decretada pelo tribunal arbitral, caso tal não resultasse excluído da convenção arbitral, o que não acontecia no caso concreto. Note-se que, quanto à providência mencionada, é possível separar dois momentos: o declarativo, o qual se basta com a ordem de suspender a execução da decisão e o executivo, que somente será necessário no caso de a decisão não vir a ser acatada voluntariamente pela sociedade. Ora, esta execução posterior e as eventuais sanções que decorram do incumprimento de uma decisão intercalar do tribunal arbitral não se confundem com o decretamento da providência em si, o qual produziu os seus efeitos.

No entanto, dado que no caso concreto acima analisado a parte havia recorrido ao tribunal judicial para o decretamento da providência e atentas a natureza e necessidade urgente da mesma e a defesa de uma competência concorrencial dos tribunais judiciais e arbitrais para o decretamento de providências cautelares (principalmente na fase anterior à constituição do tribunal arbitral), o tribunal judicial poderia pronunciar-se sobre a questão, sem que tal implicasse a violação da convenção de arbitragem. Daí que se entenda que, apesar de se poder reconhecer competência aos tribunais judiciais para decretarem a providência requerida no primeiro caso, a fundamentação do tribunal não deveria ter sido idêntica (como foi) à adoptada nos casos seguintes. Note-se que nos três acórdãos se recorreu ao entendimento de Paula Costa e Silva, à luz do qual também no caso de suspensão de deliberações sociais se estaria, de facto, perante uma restrição de faculdades fundamentais integradas na situação jurídica do titular de um direito, por acto heterónomo. Como se referiu *supra*, não se concorda com este ponto particular do entendimento da autora, defendendo-se uma interpretação mais restrita de *ius imperii* para este efeito.

Por sua vez, julgamos ter andado bem o Tribunal *ad quem* no julgamento do *"Caso Arresto"*, uma vez que, como se pôde constatar, os árbitros não têm poder para decretar a providência cautelar de arresto, sempre necessitando da força física ou da colaboração de uma autoridade pública.

Finalmente, quanto ao *"Caso Embargo de Obra Nova"*, refira-se que, tratando-se de uma providência que visa a imediata suspensão de uma obra, trabalho ou serviço novo, a materialização da mesma requer o recurso à força física ou policial (arts. 412º e 418º do CPC), pelo que deverá ficar excluída da arbitragem por força dos limites inerentes aos poderes dos árbitros, tendo decidido bem o Tribunal *ad quem* também no presente caso.

V. Conclusões

A) Quanto à jurisprudência dos tribunais superiores portugueses analisada

Em matéria de **insolvência**, há que aplaudir o acórdão da Relação de Lisboa proferido no *"Caso Insolvência"*, no qual se procedeu, de forma clara, à distinção entre, <u>por um lado</u>, o processo de insolvência e seus pressupostos legais, o qual se considera, em regra, **inarbitrável** por força da aplicação da 1ª parte do nº 1 do art. 1º da LAV, isto é, por estar submetido exclusivamente a tribunal judicial e, <u>por outro lado</u>, a existência de uma convenção de arbitragem relativa ao crédito da requerente sobre o requerido que, quanto muito, poderá valer e ser aplicada para o reconhecimento do crédito, mas não é invocável no processo em questão, tendo em conta a causa de pedir – impossibilidade de satisfação dos créditos vencidos – e o pedido – a declaração de insolvência. Em suma, o Tribunal identificou correctamente a "confusão" do Tribunal *a quo*, esclarecendo que, dado o objecto do processo, a decisão somente poderia ser no sentido de procedência ou improcedência do pedido consoante estivesse ou não provada a qualidade de credora da requerente.

Da análise do acórdão, depreende-se que a Relação aplicou correctamente o critério legal de arbitrabilidade, demonstrando conhecimento e familiaridade com o mesmo e com a LAV. Por outro lado, tratando-se de um caso de *inaplicabilidade manifesta da convenção de arbitragem ao litígio,* a Relação não violou o princípio da competência da competência do tribunal arbitral (art. 12º, nº 4, da LAV) ao declarar improcedente a excepção de preterição de tribunal arbitral voluntário.

Em sede de **contratos de distribuição comercial,** pode concluir-se que os tribunais superiores não distinguem claramente a questão da *arbitrabilidade do litígio* da questão do *direito material aplicável, nomeadamente das normas imperativas que regulam alguns aspectos destes litígios.* De facto, os três acórdãos analisados concluíram, erradamente, pela invalidade da convenção de arbitragem com fundamento no direito material aplicável e na invalidade da parte das cláusulas compromissórias que remetia a solução do litígio para outros critérios ou regras que não aquelas que o Tribunal considerou imperativamente aplicável – no caso, o regime legal do contrato de agência.

Julgamos, porém, que tal confusão não decorre tanto do critério legal de arbitrabilidade (optando os tribunais, em regra, de forma expressa[98] ou implícita[99] pela teoria da disponibilidade relativa, admitindo, assim, a arbitragem relativamente aos direitos em matéria de cessação do contrato após a sua constituição na esfera jurídica do seu titular), mas de uma interpretação do art. 38º da LCA que tem vindo a ser seguida por alguma doutrina[100] e jurisprudência e que assenta numa confusão entre, por um lado, direito imperativo aplicável e, por outro lado, atribuição de competência exclusiva aos tribunais portugueses nessa matéria. Embora a questão da arbitrabilidade se distinga, claramente, da questão da competência do tribunal, surgindo como questão prévia de atribuição de jurisdição aos tribunais arbitrais, parece que a confusão surge da aplicação distorcida do art. 38º, envolvendo uma confusão entre direito aplicável, normas imperativas, jurisdição e tribunal competente, a qual foi esclarecida na análise *supra* efectuada. Na verdade, a determinação do direito aplicável, a determinação dos tribunais competentes e a arbitrabilidade do litígio são questões diferentes, pelo que se impõe distingui-las no futuro[101].

---

[98] Cfr. o *"Caso Indemnização de Clientela"*, que se pronuncia no sentido de a disponibilidade exigida pelo art. 1º, nº 1 ser meramente relativa, concluindo pela arbitrabilidade dos litígios relativos aos direitos decorrentes da cessação do contrato de distribuição comercial após a radicação dos mesmos na esfera jurídica do seu titular.

[99] No *"Caso Nova Deli"* e no *"Caso Sementes de Milho"*, nos quais os tribunais nem sequer se pronunciam directamente sobre a arbitrabilidade e o critério legal aplicável.

[100] Pinto Monteiro, *Contrato de Agência cit.*, pp. 154 e ss.

[101] Note-se que a existência de um Acórdão Uniformizador de Jurisprudência do STJ (datado de 28.2.2008, proc. nº 07B1321, *in* www.dgsi.pt) sobre a interpretação do art. 38º da LCA já foi um passo relevante, mesmo que não resolva as questões relativas à arbitragem.

Deste modo, conclui-se que em matéria de contratos de distribuição comercial ainda não há uma jurisprudência favorável à arbitragem, não tanto por dificuldades na aplicação do critério legal de arbitrabilidade, mas sobretudo por confusões entre diversos conceitos ligados ao direito material aplicável e aos tribunais competentes na matéria e, ainda, por desrespeito do efeito negativo do princípio da competência da competência do tribunal arbitral.

Debruçando-se sobre **contratos individuais de trabalho**, nomeadamente de praticante desportivo, os tribunais superiores portugueses, ainda antes da Lei nº 28/98, de 26 de Junho[102] – que prevê expressamente, no seu art. 30º, a possibilidade de recurso à arbitragem para os litígios decorrentes dos contratos de trabalho de praticante desportivo – pronunciaram-se a favor da arbitrabilidade deste tipo de litígios por considerarem que tais direitos se tornam disponíveis após a cessação do contrato de trabalho, nem sequer se referindo à especial natureza que os contratos de trabalho de praticante desportivo apresentam.

Por outro lado, no *"Caso Impugnação Despedimento"*, a Relação do Porto considerou o litígio inarbitrável, não por força da indisponibilidade do direito, mas por considerar que existia lei especial que submetia estes litígios exclusivamente aos tribunais judiciais (cfr. arts. 12º, nº 2, 25º, nº 2 e 32º, nº 2 da LCCT e art. 8º, nº 2, do DL nº 400/91 de 16 de Janeiro, vigentes no momento do litígio, e arts. 387º e 388º do Código de Trabalho actualmente vigente, donde tal sentido resulta de forma ainda mais explícita).

Deste modo, os tribunais superiores portugueses demonstraram familiaridade com o conceito de arbitrabilidade, aplicando, de forma clara, o critério de disponibilidade consagrado na lei (independentemente da posição que se defenda quanto ao conceito de disponibilidade exigido por lei, a verdade é que os tribunais aplicaram-no de forma coerente, tendo optado pela disponibilidade relativa) e num sentido favorável à arbitragem[103].

No que respeita a **contratos de arrendamento**, a jurisprudência dos tribunais superiores considera pacificamente que, em regra, se trata de matéria arbitrável. Contudo, no que respeita à questão controversa na doutrina de saber se os litígios relativos à cessação dos contratos de arrendamento por resolução e/ou denúncia são, igualmente, arbitráveis, a jurisprudência não é uniforme, havendo dois acórdãos no sentido da arbitrabilidade dos mesmos e um no sentido da inarbitrabilidade (no entanto, este último encontra-se mal fundamen-

---

[102] Com as alterações introduzidas pela Lei nº 114/99, de 3 de Agosto.

[103] Note-se que já há doutrina francesa que se tem pronunciado a favor da arbitrabilidade dos litígios laborais, ainda que com especiais garantias processuais – *vide* Sampaio Caramelo, "A Disponibilidade cit.", p. 1262, nota 57.

tado, já que baseia a inarbitrabilidade daquele tipo de litígios na indisponibilidade dos direitos subjacentes, dado o facto de serem regulados por normas imperativas, quando, na verdade, a doutrina entende maioritariamente que tais direitos são disponíveis; quanto muito, o fundamento da inarbitrabilidade seria a existência de lei especial atributiva de jurisdição exclusiva sobre estes litígios aos tribunais judiciais).

Importa aplaudir o acórdão do Tribunal da Relação de Lisboa proferido no âmbito do *"Caso do Trespasse"* pela análise correcta das questões a decidir, nomeadamente pela adequada aplicação do princípio da competência da competência do tribunal arbitral, em particular, respeitando o seu efeito negativo na resolução da questão da arbitrabilidade deste tipo de litígios. Independentemente da posição que se defender quanto à arbitrabilidade dos litígios em questão, a verdade é que, tratando-se de questão discutida e controversa na doutrina, não permitindo concluir pela manifesta nulidade da convenção de arbitragem, o tribunal deve remeter a decisão sobre a mesma para o tribunal arbitral, dando plena aplicação ao princípio referido.

Finalmente, analisaram-se dois acórdãos relativos à consignação em depósito, os quais foram julgados em sentido idêntico – desfavorável à arbitrabilidade deste tipo de processo – pela Relação do Porto. Independentemente da posição que for adoptada quanto à arbitrabilidade deste tipo de litígios, tratando-se de questão controversa e discutível, deveria a mesma, por não existir manifesta nulidade da convenção de arbitragem, ter sido remetida para apreciação do tribunal arbitral em respeito pelo princípio da competência da competência deste (arts. 12º, nº 4, e 21º, nº 1, da LAV).

No que toca aos litígios emergentes no âmbito do **Direito das Sociedades**, a jurisprudência dos tribunais superiores tem sido, maioritariamente, favorável à arbitragem, tendo-se consultado três acórdãos em que as Relações de Lisboa e do Porto julgaram procedente a excepção de preterição do tribunal arbitral invocada, respectivamente, num processo de inquérito judicial (embora a fundamentação não seja muito precisa e correcta), numa acção de anulação de deliberações sociais e num processo de nomeação de um membro para o Conselho Fiscal.

Somente no *"Caso Inquérito Judicial II"* a excepção de preterição do tribunal arbitral foi julgada improcedente, com fundamento na falta de atribuição aos árbitros do poder de julgar segundo a equidade, quando o mesmo era necessário por se tratar de processo de jurisdição voluntária, o que, repita-se, não se afigura correcto (já que as questões da arbitrabilidade e do direito material aplicável não se devem confundir). Na verdade, o Tribunal considerou que, em abstracto, o processo de inquérito era arbitrável, mas afastou a arbitrabilidade, em concreto, por não terem sido atribuídos ao tribunal arbitral poderes de julgar segundo a equidade (os quais sempre resultariam da escolha do direito aplicável pelos árbitros, bastando que estes recorressem à aplicação do CPC). Daí que, embora se possam colocar dúvidas quanto à arbitrabilidade do processo de inquérito – que conduziriam ao mesmo resultado a que chegou o acórdão analisado (a questão é discutível), o tribunal não tenha fundamentado correctamente a decisão.

Note-se, ainda, que da análise dos acórdãos referidos depreende-se que, em muitos casos, basta redigir a cláusula compromissória a inserir no contrato de sociedade de forma mais ampla para afastar problemas, os quais, mais do que de arbitrabilidade, respeitam à oponibilidade e à eficácia da convenção de arbitragem perante terceiros não sócios (por exemplo, os órgãos da sociedade).

Em matéria de **Direitos de Personalidade** tanto o Tribunal *a quo*, como o Tribunal *ad quem* julgaram improcedente a excepção de preterição do tribunal arbitral sem desenvolver devidamente a questão da arbitrabilidade dos direitos em causa e sem proceder à distinção entre os vários pedidos[104], entre os direitos do autor da acção, enquanto litigante por si e enquanto representante legal das filhas, entre disponibilidade absoluta ou relativa como critério de arbitrabilidade, somente se preocupando com o facto de estarem em causa direitos de personalidade e não questões relativas ao condomínio. Tal facto vem demonstrar que os tribunais consideraram aqueles litígios inarbitráveis (adoptando, nesta sede, a posição mais exigente quanto ao critério legal de arbitrabilidade, parecendo exigir a disponibilidade absoluta), declarando a nulidade da cláusula compromissória se interpretada no sentido de os incluir. Ora, conforme se referiu no texto, embora o sentido da decisão esteja correcto, a fundamentação não foi precisa e inteiramente adequada ao caso concreto, demonstrando uma atitude desfavorável à arbitragem.

Quanto à questão dos **enxertos declarativos nas acções executivas**, concluiu-se que a jurisprudência dos tribunais superiores considera que, embora esta seja uma questão duvidosa, os mesmos não deveriam ser arbitráveis uma vez que se encontram enxertados nas acções executivas que se pretendem céleres, o que é inconciliável com a constituição do tribunal arbitral, a aprovação das regras aplicáveis e a decisão da questão pelos tribunais arbitrais. Entretanto, a questão encontra-se, hoje, resolvida pelas alterações à acção executiva introduzidas pelo DL nº 226/2008, de 20 de Novembro, o qual prevê, expressamente, "*a possibilidade de arbitragem institucionalizada na acção executiva, prevendo-se que centros de arbitragem possam assegurar o julgamento de conflitos e adoptar decisões de natureza jurisdicional nesta sede, bem como realizar actos materiais de execução*".

---

[104] Ao contrário do que foi decidido no *"Caso Apresentadora de Televisão"*, sobre o mesmo tema, em sede de anulação de decisão arbitral.

Finalmente, no que toca às questões atinentes às **providências cautelares**, resta-nos concluir que, dos três acórdãos analisados nesta matéria, no *"Caso Suspensão de Deliberações Sociais"* e no *"Caso Arresto"* os tribunais aplicaram a tese de Paula Costa e Silva, negando procedência à excepção de preterição do tribunal arbitral, o mesmo caminho sendo seguido, com fundamentos seme-lhantes, mas não invocando a tese da autora referida, no *"Caso Embargo de Obra Nova"*. Talvez por isso os tribunais superiores portugueses não separem, com nitidez, a questão da arbitrabilidade da questão dos limites aos poderes dos árbitros.

Embora não se trate de questão clara e isenta de dúvidas, acompanhamos o entendimento de Carlos Ferreira de Almeida, defendendo que, desde que da interpretação da convenção de arbitragem não resulte uma restrição nessa matéria, os árbitros poderão decretar todas as medidas, incluindo providên-cias cautelares, que somente impliquem a enunciação de declarações, não exi-gindo o uso da força física[105]. Consequentemente, os árbitros podem proferir decisões prévias ou intercalares que, ainda que necessitem de execução pelos tribunais judiciais, produzam os seus efeitos – o decretamento das medidas nelas visadas – pela simples emissão das mesmas, admitindo-se, assim, que os árbitros decretem a execução específica de um contrato-promessa[106,107], a suspensão de deliberações sociais[108], a prestação de caução[109], a anulação de deliberações sociais, a nomeação de pessoas para cargos, entre muitos outros exemplos referidos (e não referidos) na presente análise.

B) Quanto ao critério legal de arbitrabilidade e à discussão doutrinária em volta do mesmo

Resultou claro do presente texto que, sendo a **arbitrabilidade** a *"qualidade"* ou a *"aptidão"* do litígio para ser submetido a tribunal arbitral, constituindo um requisito de validade da convenção de arbitragem, **a mesma somente deve ser excluída intencionalmente pelo legislador por razões de ordem política e legislativa** que, pela natureza dos interesses prosseguidos – de ordem pública – e/ou pela maior eficiência e aptidão dos tribunais judiciais nessas matérias,

---

[105] Ferreira de Almeida, "Convenção cit.", pp. 89 e 90.

[106] Exemplo dado por Ferreira de Almeida, "Convenção cit.", p. 90.

[107] Cfr. *"Caso do Contrato-Promessa"* e *"Caso da Urbanização"*, no âmbito dos quais os tribunais nem sequer se pronunciam expressamente sobre a arbitrabilidade das acções de execução específica, discutindo outras questões que pressupõem a arbitrabilidade do litígio (a inclusão do litígio na cláusula com-promissória, no caso do primeiro acórdão, e o afastamento do artigo 65º do CPC pela Convenção de Nova Iorque de 1958, bem como o princípio da competência da competência do tribunal arbitral, no caso do segundo acórdão, relativo a arbitragem internacional).

[108] Exemplo dado por Ferreira de Almeida, "Convenção cit.", p. 90.

[109] *Ibidem*.

imponham ou aconselhem a resolução de determinados litígios pelos tribunais judiciais (como por exemplo, no crime, na insolvência, nas questões de capacidade das pessoas, entre outros) **e, somente de uma forma indirecta, por limites inerentes à própria natureza privada da arbitragem,** quando a sua fonte contratual obste a que se prossigam de forma eficiente os interesses de carácter público e geral que estão subjacentes às razões políticas e legislativas referidas. A verdade é que, nalguns casos, as limitações decorrentes da natureza contratual da arbitragem, associadas aos interesses públicos e gerais (de ordem pública) que se visam prosseguir com determinado processo, conduzem à conclusão de que a arbitragem não permite eficientemente a salvaguarda e a garantia dos interesses subjacentes ao litígio em questão, implicando a jurisdição exclusiva dos tribunais judiciais nessa matéria (como, por exemplo, se viu que sucede no processo de insolvência). A ponderação da via mais adequada à prossecução dos referidos interesses de ordem pública, bem como a natureza dos mesmos, pode variar no tempo e no espaço, existindo hoje algumas soluções que daqui a décadas podem já não fazer sentido e vice-versa.

É de referir, ainda, outra **distinção relevante** que foi sendo traçada ao longo do texto entre, por um lado, **a influência da natureza contratual da arbitragem, quanto à sua fonte, na delimitação dos litígios arbitráveis** (ligada a razões práticas na prossecução dos interesses visados com o processo, dificilmente conseguidos em arbitragem, como acabou de se referir) e, por outro lado, **a influência da natureza contratual e privada da arbitragem nos limites dos poderes dos árbitros** (ligada a limitações na eficácia das decisões arbitrais perante terceiros e a limitações nos poderes dos árbitros para executar as suas próprias decisões e para proferir decisões que impliquem o exercício de força física), a qual nada tem que ver com a arbitrabilidade e não acarreta, por si, a inarbitrabilidade.

Por outro lado, resulta do texto que, **na interpretação do art. 1º, nº 1, da LAV,** a doutrina[110] distingue entre disponibilidade absoluta e disponibilidade relativa ou, utilizando agora o seu reverso, entre **indisponibilidade absoluta e indisponibilidade relativa.** A **indisponibilidade absoluta** abrange aqueles direitos de que não se pode dispor em qualquer momento, quer antes, quer após a sua constituição na esfera jurídica do seu titular (assim, por exemplo, certos direitos de personalidade, o direito a alimentos e direitos em matérias relativas à incapacidade das pessoas jurídicas, entre outros). Já a **indisponibilidade relativa** respeita àqueles direitos que, embora sejam indisponíveis e irrenunciáveis enquanto meros direitos potestativos, se tornam disponíveis

---

[110] Castro Mendes, *Direito Processual cit.*, p. 210; Costa e Silva, "Anulação cit.", pp. 893 e ss., *maxime* p. 922, nota 77 e Sampaio Caramelo, "A Disponibilidade cit.", pp. 1244 e 1245.

quando evoluem para verdadeiros direitos subjectivos[111], o que significa que o titular não pode dispor deles antecipadamente, mas pode fazê-lo após a constituição dos mesmos na sua esfera jurídica (a título exemplificativo, os direitos decorrentes do incumprimento dos contratos – art. 809º do CC –, os direitos decorrentes da cessação do contrato de agência e dos contratos a que se aplique analogicamente o regime do contrato de agência e os direitos decorrentes da cessação do contrato de trabalho, entre outros).

Ora, atendendo às razões que estarão subjacentes à inarbitrabilidade de certo tipo de litígios – essencialmente razões de ordem pública –, pode concluir-se que o critério subjacente aos limites da arbitrabilidade, embora não seja idêntico na totalidade dos casos, parece ser semelhante ao que está por detrás da caracterização dos direitos como disponíveis ou indisponíveis, transaccionáveis ou não transaccionáveis, o que, lógica e racionalmente, faz todo o sentido.

Este ponto ajuda a colocar em evidência a grande utilidade prática do recurso ao sub-critério ou ao índice da transigibilidade do direito para verificar se as partes poderiam ou não celebrar contrato de transacção sobre o mesmo, já que o critério legal subjacente é o mesmo (art. 1249º do CC).

Chegados a este ponto, encontramo-nos capacitados de adoptar uma posição quanto ao critério legal de arbitrabilidade e, consequentemente, quanto à questão de saber se se deve manter ou alterar o art. 1º, nº 1, da LAV:

1) Entende-se que **a melhor solução é a de manter o critério da disponibilidade**, o qual, entre outros possíveis, tem a vantagem de se relacionar, de alguma forma, com a natureza contratual da arbitragem, sem que tal implique qualquer limitação no âmbito que sempre visaria delimitar. A delimitação do âmbito da arbitragem pelo critério da disponibilidade somente exclui as matérias em que, pelas razões *supra* invocadas (comuns à indisponibilidade legal), a intervenção de um tribunal arbitral não faz sentido ou não é possível, por não alcançar um resultado eficiente;

2) Tendo-se concluído, pela análise da doutrina e jurisprudência, que as matérias que devem ser excluídas da arbitragem correspondem, a maior parte das vezes, àquelas relativas aos direitos absolutamente indisponíveis, **o critério da disponibilidade deve ser interpretado e aplicado no sentido de se prever como limite a indisponibilidade absoluta e não a relativa, ou seja, de se exigir que o direito seja disponível no momento de surgimento do litígio** (por ser apenas no âmbito dos direitos absolutamente indisponíveis que os árbitros não devem intervir de forma alguma);

---

[111] Ferreira de Almeida, "Convenção cit.", p. 87.

3) Em conjugação com o critério referido, será sempre de manter **a 1ª parte do art. 1º, nº 1, da LAV, que prevê a possibilidade de, por "lei especial", se submeter determinada matéria exclusivamente a tribunal judicial**, uma vez que podem surgir casos pontuais em que, além dos litígios relativos a direitos absolutamente indisponíveis, se entenda que, igualmente, não faz sentido, por razões políticas e legislativas, permitir a intervenção de árbitros;

4) Pode, eventualmente, o legislador, no intuito de dissipar quaisquer dúvidas na presente matéria, alterar a redacção do art. 1º, nº 1, da LAV nos seguintes termos: *"Desde que por lei especial não esteja submetido exclusivamente a tribunal judicial ou a arbitragem necessária, **qualquer litígio que não respeite a direitos absolutamente indisponíveis** pode ser cometido pelas partes, mediante convenção de arbitragem, à decisão de árbitros"* (sublinhado nosso).

A presente posição fundamenta-se no facto de, **ao inserir uma cláusula compromissória num contrato, as partes não estarem a renunciar ao direito substantivo em si;** estão, apenas, a atribuir a um tribunal arbitral a resolução de litígios que surjam relativamente ao mesmo (com as vantagens e desvantagens inerentes a essa escolha, mas que, de forma alguma, reduzem ou diminuem a força do direito em questão).

Note-se que, para aferir da sua competência, o tribunal arbitral tem sempre de apreciar a validade da convenção de arbitragem. Além dos requisitos de arbitrabilidade (art. 1º, nº 1, da LAV, onde se defende estarem incluídos os direitos relativamente disponíveis), o tribunal arbitral tem de verificar os requisitos formais e materiais, quer gerais, quer específicos da convenção de arbitragem e, caso tenha havido coacção ou abuso de uma das partes na celebração da última, sempre a mesma será inválida nos termos gerais aplicáveis aos negócios jurídicos. **No momento do surgimento do litígio e, consequentemente, da decisão arbitral é que o direito tem de ser disponível.**

Esta posição faz todo o sentido se conjugada com o **princípio da equiparação do tribunal arbitral ao tribunal judicial** (arts. 202º, nº 2 e 209º, nº 2 da Constituição da República Portuguesa) e tem a vantagem de tornar a questão da (in)arbitrabilidade dos litígios mais clara e de resolução mais fácil e prática: a presente posição parte do pressuposto de que o tribunal arbitral tem conhecimento e capacidade para interpretar, aplicar e respeitar as normas imperativas e, assim, para fazer valer os direitos indisponíveis, bem como o princípio do tratamento mais favorável de uma das partes, quando este esteja consagrado, havendo sempre, além disso, um controlo judicial posterior. Somente, assim, se pode dizer que não se olha para o tribunal arbitral com desconfiança. A desconfiança advém, não do critério de arbitrabilidade que se pretende adoptar, mas da forma como se entende que o mesmo se aplica.

Além disso, mesmo adoptando um critério diferente – como o do carácter patrimonial do direito –, outros problemas ficariam por resolver (por exemplo, por que razão não se poderá submeter a arbitragem um litígio sobre direitos de personalidade, como o direito ao bom nome e à imagem ou à saúde e ao sossego, como vimos no *"Caso do Cão"*?). Sempre seria, pois, necessário recorrer ao critério da disponibilidade em complemento ao critério da patrimonialidade – mantendo-se as inerentes dúvidas que hoje lhe são apontadas, embora de forma restrita à parte em que seja aplicável –, bem como, ainda, a leis especiais que venham submeter certas matérias exclusivamente ao tribunal judicial, o que tornaria mais complexa a tarefa de verificação dos vários requisitos de arbitrabilidade quando se pode alcançar o mesmo resultado, mantendo o que existe (ainda que ligeiramente alterado).

Finalmente, importa referir que, na análise efectuada à jurisprudência dos tribunais superiores portugueses em matéria de arbitrabilidade, em muitos casos os problemas ou imprecisões que se detectaram não se relacionam directamente com a aplicação do critério legal da disponibilidade (art. 1º, nº 1, da LAV), mas com outras questões que, embora possam estar na fronteira daquela, dela se distinguem claramente, conforme tivemos oportunidade de demonstrar.

A não Arbitrabilidade como Fundamento de Anulação da Sentença Arbitral na Lei de Arbitragem Voluntária

por Isabel Gonçalves

I. Introdução. II. Arbitrabilidade. III. Critérios para a Determinação da Arbitrabilidade Objectiva. IV. A (In)arbitrabilidade como Fundamento da Acção de Anulação. V. Jurisprudência. VI. Conclusão.

I. Introdução

O art. 209º, nº 2 da Constituição da República Portuguesa ("CRP") prevê a existência de tribunais arbitrais para o exercício da inerente função jurisdicional (art. 202º da CRP), pelo que é possível, dentro das regras estabelecidas pela Lei nº 31/86, de 29 de Agosto (Lei da Arbitragem Voluntária, que passaremos a designar por "LAV"), atribuir a árbitros o julgamento de litígios. A sentença que assim venha a ser proferida produzirá caso julgado e terá força executiva (art. 26º da LAV).

Se num primeiro momento parece incongruente ou mesmo contraditória nos seus termos a ideia de um "tribunal privado", depois de observada a história da arbitragem, a função social que tem vindo a preencher e o controlo a que o Estado a submete, capta-se a respectiva lógica como modo alternativo de resolução de conflitos, se a matriz for a justiça estadual, ou como modo comum de resolução de conflitos ao nível do comércio internacional[1], sendo este o meio por excelência de desenvolvimento da arbitragem.

O exercício da função jurisdicional por árbitros ou a atribuição de efeitos jurisdicionais a uma sentença arbitral tem como contrapartida um controlo do Estado[2], que será maior ou menor consoante o grau de autonomia que se pretenda para a arbitragem, em função de critérios e objectivos mais vastos de

---

[1] Luís de Lima Pinheiro, *Arbitragem Transnacional – A Determinação do Estatuto da Arbitragem*, 2005, p. 23.
[2] Luís de Lima Pinheiro, "Apontamento sobre a Impugnação da Decisão Arbitral", *in ROA*, ano 67, nº 3, p. 1025.

organização económica, social e política. Os meios de impugnação da sentença arbitral, entre os quais está a acção de anulação (art. 27º da LAV), são uma concretização desse controlo.

A atribuição de poder de decisão aos árbitros, materializada através de negócio jurídico bilateral ou contrato[3], designado por convenção de arbitragem, tem por objectivo a resolução de um litígio actual ou eventual. Para que o litígio possa ser submetido à arbitragem, é necessário que a convenção arbitral preencha os requisitos formais e materiais enunciados nos arts. 1º e 2º da LAV.

Abstraindo da problemática relativa aos sujeitos que podem celebrar convenções de arbitragem – *arbitrabilidade subjectiva* (art. 1º, nº 4 da LAV) – pretendemos centrar-nos no art. 1º, nº 1, onde se delimita o tipo de litígios arbitráveis em função do objecto, ou *arbitrabilidade objectiva*, num quadro de abrangência de por vezes difícil definição, não obstante a consagração legal de critério orientador.

Nos termos do art. 1º, nº 1 da LAV, não podem ser objecto de convenção de arbitragem litígios que, por lei especial, estejam submetidos exclusivamente a tribunal judicial, a arbitragem necessária ou que respeitem a direitos indisponíveis. São, pois, estas as barreiras à matéria arbitrável, as quais, se ultrapassadas, geram a nulidade da convenção de arbitragem (art. 3º).

O critério da *disponibilidade do direito*, se perspectivado pelo legislador como uma garantia de não intromissão da arbitragem em matérias reguladas por normas imperativas[4], possui uma dignidade que justifica que a sua violação conduza à invalidade da decisão arbitral. Consequentemente, o primeiro dos fundamentos de anulação da sentença arbitral enunciado nas várias alíneas do art. 27º da LAV é, precisamente, o facto de o litígio não ser susceptível de resolução por via arbitral em função da indisponibilidade do direito ou de lei especial que o submeta exclusivamente a tribunal judicial ou a arbitragem necessária [art. 27º, nº 1, al. a)].

Se pretendemos compreender a amplitude dos preceitos referidos, importa analisar a respectiva concretização, ou seja, pensar as regras na sua aplicação. Esta constatação leva-nos à procura da actividade jurisprudencial desenvolvida a este propósito, à indagação sobre qual tem sido, na realidade do dia-a-dia, a orientação tomada.

De facto, a lei não se esgota no respectivo texto. Desde logo, porque a representação mental das palavras pode sempre dar lugar a diversas interpretações.

---

[3] Carlos Ferreira de Almeida, "Convenção de Arbitragem: Conteúdo e Efeitos", in *I Congresso do Centro de Arbitragem da Câmara de Comércio e Indústria Portuguesa*, 2008, p. 83.

[4] Assunção Cristas e Mariana França Gouveia, "A Violação da Ordem Pública como Fundamento de Anulação de Sentenças Arbitrais – Anotação ao Acórdão do STJ de 10.7.2008", *in Cadernos de Direito Privado*, nº 29, p. 50.

A NÃO ARBITRABILIDADE COMO FUNDAMENTO ....

Depois, porque a regulamentação geral e abstracta, precisamente em função dessa generalidade e abstracção, dificilmente abarca situações atípicas e casos--limite. E ainda porque o legislador se confina à realidade do seu tempo e a lei perdura e cruza várias épocas, diferentes circunstâncias e modos de vida.

Esta continuidade da lei é sustentada pela actividade do juiz na respectiva aplicação. O direito vivo, activo, que regula efectivamente as relações sociais, passa pelos tribunais na subsunção das situações de facto à lei. Aí se define o sentido da interpretação com uma jurisprudência reiterada e se conforma o direito à realidade. No processo de passagem da lei abstracta a instrumento de decisão e resolução de litígios individuais e concretos, intervém, assim, a jurisprudência com a inegável relevância de veículo da *"consciência jurídica geral"*, no dizer de Larenz[5].

Como corolário da lei há, portanto, um processo tendente à respectiva materialização ou aplicação, desenvolvido pela jurisprudência, ao qual não podemos negar criatividade, se bem que se desenvolva em estreita observância dos parâmetros ou limites fixados pela lei. Mais uma vez de acordo com Larenz, *«a jurisprudência retira da lei os pontos de vista para ela determinantes ao julgar e os critérios gerais de valor, mas, por outro lado, compreende-a e "concretiza-a" constantemente em conformidade com a consciência jurídica geral do seu tempo, que por sua vez se manifesta na consciência jurídica individual de cada juiz»*.[6]

Por tudo isto, procurámos na análise da jurisprudência o sentido real e actual dos arts. 1º, nº 1 e 27º, nº 1, al. a) da LAV. Nesta perspectiva, e no âmbito do tema enunciado – não arbitrabilidade como fundamento da acção de anulação – foi ensaiada uma pesquisa sobre a produção jurisprudencial desde 1986 até ao presente, sendo as decisões encontradas o pretexto para a análise da doutrina.

Perante a convicção geral da necessidade de revisão da LAV[7], é útil desenvolver o debate e a análise sobre as matérias por esta reguladas. Sendo a arbitrabilidade um instrumento de possível alargamento ou restrição legal da arbitragem[8] e resultando da sua violação um fundamento de anulação da sentença arbitral de alcance mais vasto, porque ligado a interesses do próprio Estado, o seu estudo individualizado parece-nos oportuno. Está, assim, delimitado o objecto do nosso trabalho: a não arbitrabilidade como fundamento de anulação da sentença arbitral na LAV.

---

[5] Karl Larenz, *Metodologia da Ciência do Direito*, tradução de José de Sousa e Brito e José António Veloso, 1978, p. 273.

[6] Karl Larenz, *Metodologia cit.*, p. 275.

[7] António Sampaio Caramelo, "A Disponibilidade do Direito como Critério de Arbitrabilidade do Litígio – Reflexões de *Jure Condendo*", *in ROA*, ano 66, nº 3, p. 1233.

[8] Jean-François Poudret e Sébastien Besson, *Droit Comparé de l'Arbitrage International*, 2002, p. 298.

II. Arbitrabilidade

A expressão "arbitrabilidade objectiva" pretende referir-se aos litígios que, em função do respectivo objecto, são susceptíveis de serem decididos por árbitros, isto é, às matérias a que se podem reportar as controvérsias apresentadas aos árbitros. A LAV regula esta questão no art. 1º, nº 1, estabelecendo que *"Desde que por lei especial não esteja submetido exclusivamente a tribunal judicial ou a arbitragem necessária, qualquer litígio que não respeite a direitos indisponíveis pode ser cometido pelas partes, mediante convenção de arbitragem, à decisão de árbitros".*

Se o processo arbitral contém obrigatoriamente na sua génese um instrumento delimitador do que as partes pretendem submeter à decisão dos árbitros – a convenção de arbitragem – de onde emerge, para cada uma delas, um direito potestativo à constituição do tribunal arbitral, constatamos que a arbitrabilidade é um requisito de validade transversal à convenção de arbitragem, à constituição do tribunal arbitral e à própria sentença[9]. Mas este crivo resulta de uma limitação exterior e anterior aos actos emanados das partes, de uma limitação legal que podia ser diversa, o que nos leva, frequentemente, a ponderar a arbitrabilidade como um instrumento de política legislativa.

Não gerando dificuldade aparente a delimitação dos litígios que, por lei especial, estão submetidos exclusivamente a tribunal judicial ou a arbitragem necessária, já no que toca aos litígios que respeitam a direitos indisponíveis é mais complexa a respectiva concretização. Direitos indisponíveis são aqueles que produzem efeitos para além da vontade do respectivo titular e que este não comanda. São, pois, indisponíveis os direitos irrenunciáveis e aqueles cuja constituição ou extinção é independente da vontade do sujeito[10].

Trata-se de uma limitação à vontade das partes sobre efeitos jurídicos substantivos. João de Castro Mendes aborda esta matéria no âmbito do princípio da submissão aos limites substantivos[11]. No entender do autor, este princípio de direito processual civil visa impedir que as partes consigam, através do processo, a produção de efeitos jurídicos que o direito substantivo subtrai à sua vontade, ou seja, que alterem ou torneiem a indisponibilidade do direito[12]. Para Castro Mendes, este princípio reflecte-se nos arts. 4º, 333º, 345º, nº 1, 354º, al. b) e 602º do Código Civil ("CC") e 299º, nº 1 do Código de Processo Civil ("CPC"), entre outros.

---

[9] Raul Ventura, "Convenção de Arbitragem", *in ROA*, ano 46, nº 2, p. 317.
[10] João de Castro Mendes, *Direito Processual Civil*, vol. I, 1986, pp. 210 e 211.
[11] Castro Mendes, *Direito cit.*, pp. 206 e ss.
[12] Castro Mendes, *Direito cit.*, p. 206.

Para quem entenda – como nós – que a convenção de arbitragem é um negócio jurídico processual[13], a invocação do princípio da submissão aos limites substantivos é mais um argumento a favor da consagração do critério da disponibilidade do direito na LAV, já que o exercício da função jurisdicional por árbitros escolhidos pelas partes pode permitir mais facilmente o desrespeito pelos limites substantivos dos direitos em causa. Para evitar esta situação, a arbitragem, enquanto exercício da actividade jurisdicional por particulares, só deverá ser admitida no âmbito das relações que dependam da vontade das partes[14].

O critério da disponibilidade do direito está consagrado, no que respeita à arbitragem interna, em Itália (art. 806º do *Codice di Procedura Civile*) e na Suíça (art. 5º da *Concordat sur l'Arbitrage*), entre outros ordenamentos jurídicos.

Já no que toca à arbitragem internacional, o art. 177º, al. 1 da Lei Suíça sobre Direito Internacional Privado consagra o critério da patrimonialidade. É também este o critério previsto na Lei Alemã sobre Arbitragem de 1991, ao que acresce a possibilidade de serem arbitráveis litígios a que não corresponda um interesse económico, desde que transaccionáveis, e a nulidade das convenções de arbitragem relativas a arrendamentos habitacionais[15].

A França adoptou como critério de arbitrabilidade o da ligação do litígio com a ordem pública (art. 2060º do *Code Civil*), conjugado com uma fórmula de exclusão individualizada de algumas matérias (utilizada também por diversas legislações). Perante a pouca flexibilidade e as dificuldades de aplicação deste critério, a jurisprudência francesa foi progressivamente adoptando interpretações mais favoráveis à arbitragem, prestando um valioso contributo para a compreensão da questão da arbitrabilidade objectiva[16], mesmo quanto a problemas levantados pelo critério da disponibilidade.

Voltando à LAV, importa sublinhar a dificuldade de aplicação do critério da disponibilidade do direito. A razão de ser desta dificuldade reside no próprio conceito de disponibilidade (e no conceito oposto de indisponibilidade) e não só na sua consagração como critério. Tal como refere Castro Mendes, trata-se *"duma matéria, aliás melindrosa e difícil"*, na medida em que, por um lado, não é fácil apurar se determinada relação jurídica é ou não indisponível e, por outro lado, mesmo no primeiro caso nem todas as vicissitudes da relação jurídica

---

[13] José Lebre de Freitas, "Algumas Implicações da Natureza da Convenção de Arbitragem", *in Estudos em Homenagem à Professora Doutora Isabel de Magalhães Collaço*, vol. II, 2002, p. 627.
[14] Lima Pinheiro, *Arbitragem cit.*, p. 105.
[15] Sampaio Caramelo, "A Disponibilidade cit.", pp. 1241 e 1242.
[16] Sampaio Caramelo, "A Disponibilidade cit.", pp. 1240 e 1241

ou do direito são indisponíveis, revestindo antes, por regra, carácter relativamente indisponível[17].

Comecemos por abordar o conceito de direito indisponível. Como já se referiu[18], em abstracto, direitos indisponíveis são aqueles em que surgem impedimentos à interferência da vontade das partes na produção de determinados efeitos jurídicos, em que a vontade é dispensada para perfeita conformação dos direitos ou que se constituem ou extinguem para além ou independentemente da vontade das partes. Assim, são indisponíveis os direitos irrenunciáveis, os direito insusceptíveis de transacção, uma vez que a disponibilidade é requisito do contrato de transacção de acordo com o art. 1249º do CC, e os direitos que não se podem ceder.

Exemplos de direitos indisponíveis são, entre outros, os direitos de personalidade (art. 81º do CC), o direito a férias e à retribuição (arts. 237º e 258º do Código de Trabalho – "CT"), o direito a alimentos (art. 2008º do CC), o direito de indemnização previsto no âmbito do contrato de agência (arts. 32º, 34º e 38º do DL nº 178/86, de 3 de Julho, na redacção que lhe foi conferida pelo DL nº 118/93, de 13 de Abril) e os direitos do credor previstos no art. 809º do CC.

Ponderados estes exemplos, ou melhor, a matéria a que respeitam, verificamos que estão em causa relevantes reflexos de direitos fundamentais, medidas de protecção da parte mais fraca em relações jurídicas geneticamente desequilibradas mas essenciais do ponto de vista social ou a salvaguarda do regular e equilibrado desenvolvimento de relações de crédito onde se podem projectar relevantes interesses económicos.

De facto, os direitos de personalidade são reflexo da consagração constitucional do princípio da igualdade (art. 13º da CRP), do direito à vida (art. 24º), do direito à integridade pessoal (art. 25º) e de outros direitos pessoais (art. 26º). O mesmo se passa com os direitos a férias e a créditos laborais, previstos na Lei Fundamental como direitos dos trabalhadores [art. 59º, nº 1, als. a) e d)]. Já o direito a alimentos visa garantir a subsistência do alimentado e assegurar-lhe uma vida condigna (art. 2003º do CC). Por seu turno, no contrato de agência está em causa o direito à indemnização de clientela do agente, parte potencialmente mais débil num contrato que vulgarmente transpõe fronteiras e é veículo de relevantes interesses económicos. Por fim, o art. 809º do CC sanciona com a nulidade a renúncia antecipada a direitos de crédito em caso de não cumprimento ou mora do devedor, em atenção ao facto de o princípio da liberdade contratual, em toda a sua extensão, poder fazer perigar o equilíbrio mínimo necessário ao desenvolvimento das relações contratuais.

---

[17] Castro Mendes, *Direito cit.*, pp. 210 e ss.
[18] Cfr. *supra*, p. 138.

A NÃO ARBITRABILIDADE COMO FUNDAMENTO ....

Todos estes direitos traduzem valores ou princípios essenciais do ordenamento jurídico, assim se justificando que a vontade das partes seja afastada ou dispensada em algumas das suas manifestações. Essa vontade apenas poderia surgir numa situação dinâmica, ao nível do poder de agir para tutela dos interesses em causa, ou seja, ao nível do direito subjectivo[19]. Retomemos, pois, os exemplos acima referidos e reportemo-nos a este nível dinâmico do direito subjectivo ou poder de agir.

No que respeita aos direitos de personalidade, os arts. 72º e 79º do CC facultam ao titular, respectivamente, do direito ao nome e do direito à imagem, um poder de domínio ou ascendência que lhe permite impedir que o seu nome ou a sua imagem sejam utilizados por outrem sem o seu consentimento ou estabelecer contrapartidas monetárias para a utilização da imagem ou do nome (ao abrigo do art. 81º). Refira-se ainda que, em caso de violação de qualquer direito de personalidade, o respectivo titular pode optar entre exigir a correspondente indemnização (nos termos do art. 483º do CC) ou nada fazer.

Quanto aos créditos salariais, a jurisprudência tem vindo a defender que nada impede o trabalhador de dispor daqueles créditos no caso do contrato de trabalho ter cessado por acordo, assim pondo termo à relação de subordinação anteriormente existente. Esta ideia tem sido desenvolvida em torno da compensação pecuniária de natureza global (prevista no art. 349º, nº 5 do CT) que pode ser fixada no acordo de revogação e que se presume incluir os créditos vencidos à data da cessação do contrato ou exigíveis em virtude dessa cessação. Neste sentido, o acordo revogatório já tem sido classificado como um contrato de remissão abdicativa[20].

No que respeita ao direito a alimentos, este pode não ser exercido, sendo ainda possível a renúncia às prestações vencidas, de acordo com o art. 2008º, nº 1 do CC. Por seu turno, a indemnização de clientela emergente da resolução do contrato de agência que, na vigência do contrato é um direito potestativo, passa a ser um direito subjectivo com a cessação do contrato, nada obstando à sua disponibilidade. Raciocínio semelhante é, aliás, aplicável aos direitos previstos no art. 809º do CC, com a diferença de que estes passam a ser disponíveis quando se verifique o incumprimento ou a mora do devedor.

Em suma, mesmo os direitos *em abstracto* indisponíveis apresentam, *em concreto*, algumas facetas de disponibilidade. De tudo quanto fica dito relativa-

---

[19] Para Castro Mendes (*Direito Civil: Teoria Geral*, vol. II, 1979, p. 24), o *"direito subjectivo é o poder concedido pela ordem jurídica para tutela de um interesse ou núcleo de interesses de uma ou mais pessoas determinadas"*. Também Germano Marques da Silva (*Introdução ao Estudo do Direito*, 2009, p. 34) defende que o direito subjectivo é o *"poder; a faculdade que pertence individualmente a uma pessoa"*.

[20] Cfr. ac. TRL de 19.10.2005, proc. nº 4301/2005-4; ac. TRC de 11.01.2007, proc. nº 355/05.OTTLRA. C1 e ac. TRL de 09.04.2008, proc. nº 332/2008-4, todos disponíveis *in* www.dgsi.pt.

ANÁLISE DE JURISPRUDÊNCIA SOBRE ARBITRAGEM

mente à disponibilidade ou indisponibilidade dos direitos resultam três conclusões: primeira, a indisponibilidade surge em relação a direitos que traduzem valores ou princípios especialmente relevantes; segunda, a indisponibilidade dirige-se à vontade individual e concreta, verificando-se ao nível do poder de agir e terceira, sendo os direitos subjectivos realidades dinâmicas e variadas, a disponibilidade ou indisponibilidade varia na razão dessa dinâmica.

Por isso, como já atrás fizemos questão de referir[21], a indisponibilidade não se apresenta como absoluta, antes revestindo, por regra, carácter relativo, pelo que deverá ser aferida em função do caso concreto.

A transposição destas conclusões para a análise do art. 1º, nº 1 da LAV levanta a questão de saber qual é a amplitude da indisponibilidade aí referida, ou seja, se pode ser arbitrável um litígio que verse sobre direitos relativamente indisponíveis, ou se mesmo estes estão excluídos da arbitragem.

A lei é omissa quanto a este ponto. No entender de Castro Mendes e de Paula Costa e Silva, basta a *indisponibilidade relativa* para excluir o litígio da arbitragem[22].

Outros autores manifestam dúvidas sobre qual a interpretação adequada, fazendo notar que a exigência de disponibilidade absoluta leva a uma excessiva restrição das matérias arbitráveis, ao passo que a consideração da disponibilidade relativa pode tornar arbitráveis matérias que, de acordo com os valores subjacentes à nossa ordem jurídica, não o devem ser[23].

A avaliação da disponibilidade caso a caso e não instituto a instituto[24] permite, na prática, ultrapassar algumas das dificuldades que acabámos de referir. Assim, se da enunciação do litígio na convenção de arbitragem (art. 2º, nº 3 da LAV) ou da sua precisão no momento da notificação para constituição do tribunal arbitral (art. 11º) resultar que não está em causa nenhuma das vicissitudes indisponíveis do direito, torna-se desnecessária a consideração da indisponibilidade relativa ou absoluta. Se a convenção abranger vários direitos ou várias vicissitudes de direitos, umas disponíveis, outras indisponíveis, é possível a sua redução apenas à parte válida, nos termos gerais (art. 292º do CC).

A LAV parte de um negócio jurídico processual – a convenção de arbitragem – para chegar à justa composição de um litígio. Desta forma, estamos perante uma perspectiva dinâmica e individualizada em que os direitos se posicionam como potenciais objectos do processo, pelo que faz todo o sentido apurar a disponibilidade ou indisponibilidade do direito em confronto com a preten-

---

[21] Cfr. *supra*, pp. 139-140.
[22] Paula Costa e Silva, "Anulação e Recursos da Decisão Arbitral", *in ROA*, ano 52, nº 3, p. 922, nota 77.
[23] Sampaio Caramelo, "A Disponibilidade cit.", pp. 1244 e 1245.
[24] Ferreira de Almeida, "Convenção cit.", p. 86.

são apresentada no caso concreto e com o conflito de interesses subjacente. O critério da disponibilidade adapta-se, desta forma, à perspectiva dinâmica do direito subjectivo e do processo e é permeável aos diferentes contornos que as modificações socioeconómicas, ao longo do tempo, vão conferindo aos direitos.

Estas observações não respondem, no entanto, à questão de saber porque razão nem todos os litígios são arbitráveis. A necessidade de estabelecer parâmetros de arbitrabilidade, excluindo-se da mesma, por exemplo, as matérias relativas ao processo criminal e à insolvência, resulta de considerações de ordem política, social e económica, que se traduzem na actividade legislativa. Reportando-nos aos exemplos ora dados, quer pela natureza da arbitragem como jurisdição contratual privada, quer pelos interesses fundamentais ou estruturantes que os processos criminal e de insolvência visam prosseguir, a arbitragem não é adequada à prossecução desses objectivos de ordem pública. Este limite à arbitrabilidade encontra tradução no art. 1º, nº 1 da LAV, onde se afasta da arbitragem os litígios que, por lei especial, estejam submetidos exclusivamente a tribunal judicial.

Questão diversa é a da indisponibilidade do direito como limite à arbitrabilidade objectiva. Neste particular, importa salientar que os conceitos de indisponibilidade e de imperatividade se movem em planos diferentes, uma vez que a indisponibilidade respeita ao sujeito (titular do direito) enquanto a imperatividade respeita à norma, portanto, a uma realidade estática.

De facto, nem todas as normas imperativas são, simultaneamente, normas de ordem pública, nem a imperatividade reduz o âmbito da disponibilidade do direito. A imperatividade, enquanto característica da norma, traduz apenas uma hierarquização de interesses que deve ser obrigatoriamente atendida tanto pelo juiz como pelo árbitro no respectivo poder de dizer o direito.

Caso contrário, a entender-se que as normas imperativas retiram amplitude à disponibilidade, o art. 1º, nº 1 da LAV teria de ser interpretado como apenas permitindo a arbitragem em relação a litígios que tenham por objecto direitos *absolutamente disponíveis*, ou seja, cujo regime legal não contenha qualquer norma imperativa. Embora esta possa ter sido essa a concepção do legislador de 1986[25], já não corresponde à realidade hodierna.

Actualmente, tende a considerar-se que os direitos se apresentam fragmentados em vertentes com grau diverso de disponibilidade, o que tem permitido a progressiva intervenção da arbitragem – acolhida pela jurisprudência – em litígios respeitantes a direitos disponíveis, embora inseridos em institutos regulados, em parte, por normas imperativas. Nestes casos, tem-se entendido que

---

[25] Assunção Cristas e França Gouveia, "A Violação cit.", p. 50.

a disponibilidade do direito permite a arbitrabilidade do litígio, sendo aplicáveis as normas imperativas que tutelam os interesses em causa.

Em suma, a disponibilidade do direito não é limitada pelas normas imperativas que consigo coabitem. A disponibilidade ou indisponibilidade do direito determinam, respectivamente, a arbitrabilidade ou (in)arbitrabilidade do litígio; as normas imperativas, onde aplicáveis, restringem o poder de declarar o direito. Por outras palavras, num caso estamos perante restrições à arbitrabilidade do litígio, enquanto no outro estão em causa restrições ao poder decisório[26].

III. Critérios para a determinação da arbitrabilidade objectiva

É indubitável que a LAV consagra o critério da disponibilidade para aferir a arbitrabilidade do litígio em função do respectivo objecto. Esta opção tem sido criticada, ora pela dificuldade de aplicação do critério, ora pela sua inadequação a algumas áreas onde a arbitragem tem tradicionalmente interesse (p.e, no domínio do direito das sociedades), ora pelo grau de incursão cada vez maior da arbitragem em domínios do Direito regulados por elevado número de normas imperativas[27].

Pretendemos agora fazer uma breve referência a outros dois critérios de arbitrabilidade: o critério da ligação do litígio com a ordem pública e o critério da natureza patrimonial da pretensão. Antes de mais, refira-se que a proposta de nova LAV apresentada pela Associação Portuguesa de Arbitragem ("APA") optou, no art. 1º, nº 1, pela consagração do critério da patrimonialidade da pretensão (conjugado, no nº 2 do mesmo art., com o critério da transigibilidade do direito), indo de encontro ao que já era defendido por alguma doutrina[28].

Começando pelo critério da ligação do litígio com a ordem pública[29], importa destacar o contributo prestado pela doutrina e jurisprudência francesas para a compreensão do próprio critério da disponibilidade, até porque as razões que levam a excluir da arbitragem os direitos indisponíveis parecem ser as mesmas que conduzem à inarbitrabilidade de questões de ordem pública no direito francês.

---

[26] Ferreira de Almeida, "Convenção cit.", p. 86; Jean-François Poudret e Sébastien Besson, *Droit Comparé cit.*, p. 299 e Sampaio Caramelo, "A Disponibilidade cit.", p. 1241.

[27] Sampaio Caramelo, "A Disponibilidade cit.", pontos 7, 8, 9 e 11.

[28] Sampaio Caramelo, "A Disponibilidade cit.", pp. 1261 e ss.

[29] A ordem pública compreende o conjunto de normas e princípios fundamentais, subjacentes ao ordenamento jurídico em determinado momento. Desta forma, se, por um lado, pode abarcar regras não escritas, por outro lado, não integra todas as normas imperativas mas apenas aquelas que se revelem estruturantes do ordenamento jurídico (neste sentido, cfr. Assunção Cristas e França Gouveia, "A Violação cit.", p. 53).

A NÃO ARBITRABILIDADE COMO FUNDAMENTO ...

De facto, a consagração da ordem pública como limite à arbitrabilidade de litígios no *Code Civil* francês parece ter subjacente a ideia de que a resolução de litígios por árbitros só tem justificação em matérias onde a vontade das partes possa operar livremente e onde não estejam em causa valores ou princípios fundamentais da organização económica ou social do Estado que, por isso, prevalecem sobre as convenções privadas[30].

A dicotomia entre disponibilidade e indisponibilidade também encerra uma ordem de valores. Assim, só são irrenunciáveis ou susceptíveis de constituição ou extinção independentemente da vontade dos respectivos titulares os direitos cuja relevância assim o determine, em atenção aos interesses que visam tutelar. Demos como exemplo os direitos de personalidade e os direitos laborais, entre outros. O que está em causa não é apenas um critério para delimitar os litígios arbitráveis, mas também uma classificação dos interesses que estão subjacentes a algumas categorias de direitos. Daí a dificuldade de adaptação deste critério a uma sociedade em rápida e profunda mutação, inclusive na definição das suas prioridades.

Voltando à ordem pública como limite à arbitrabilidade, pode constatar-se que, na sequência das dificuldades sentidas em função da exclusão da arbitrabilidade perante a mera invocação de uma norma de ordem pública, a jurisprudência e a doutrina francesas foram agilizando e criando novas concepções deste limite[31].

Num primeiro momento, admitiu-se que, fora do núcleo mais restrito da ordem pública, onde o recurso à arbitragem não era possível (p.e, em matéria de estado das pessoas e insolvência), o facto de o litígio tocar a ordem pública não era, por si só, causa de não arbitrabilidade. Assim, os árbitros deveriam examinar o fundo da causa a título incidental, sendo que o litígio só seria inarbitrável se concluíssem que a sentença arbitral era susceptível de violar a ordem pública, caso em que deveriam declarar-se incompetentes.

Num segundo momento, passou a considerar-se que, fora do núcleo da ordem pública, era até desejável que as demais regras de ordem pública fossem aplicadas pelos árbitros e que estes decidissem em conformidade com as mesmas, visto que não fazia sentido que o árbitro, uma vez constatada a violação de princípios fundamentais, não pudesse sancionar essa violação.

Desta evolução resultou a conclusão de que a ordem pública não deverá constituir um limite à arbitrabilidade dos litígios, mas antes um limite ao poder decisório dos árbitros. Esta distinção releva para afirmar a arbitrabilidade de um direito em que coexistam efeitos disponíveis e indisponíveis: no

---

[30] Carlos Alberto da Mota Pinto, *Teoria Geral do Direito Civil*, 1996, p. 551.
[31] Quanto a esta matéria, cfr. Sampaio Caramelo, "A Disponibilidade cit.", pontos 4 e 5, pp. 1237 a 1241.

que respeite ao efeito disponível, o litígio será arbitrável, devendo o árbitro aplicar as normas imperativas que se justifiquem no caso.

No que concerne à relação entre os conceitos de indisponibilidade e de ordem pública, ambos se movem ao nível de valores essenciais para o ordenamento jurídico e resultam, o mais das vezes, de regras imperativas, levantando-se relativamente a ambos o problema da aplicação dessas regras pelos árbitros. No entanto, a indisponibilidade, por força do art. 1º, nº 1 da LAV, deverá ser apenas considerada como um limite à arbitrabilidade, enquanto a ordem pública deverá ser entendida como um limite ao poder de decisão dos árbitros.

Passando à análise do critério da patrimonialidade da pretensão, este dita que serão arbitráveis os litígios relativos a interesses susceptíveis de avaliação pecuniária. A primeira questão que se coloca a este propósito está relacionada com a própria finalidade desempenhada pelo critério de arbitrabilidade objectiva – selecção última entre aquilo que o Estado pode e aquilo que não pode deixar nas mãos de particulares dotados de poderes jurisdicionais.

A dúvida que se levante nesta sede consiste em saber se um critério de natureza patrimonial serve este objectivo. Por outras palavras, trata-se de determinar se os direitos ou interesses susceptíveis de avaliação pecuniária não serão, em determinados contextos, tão ou mais relevantes que outras áreas reguladas pelo Direito, assim se justificando a sua (in)arbitrabilidade.

Não está em causa a aplicação simples e linear deste critério, mas antes o facto dessa mesma característica impedir que o mesmo dê uma resposta segura ao objectivo de estabelecer o que é fundamental para a sociedade em cada momento e, assim, preencher cabalmente a função de critério de arbitrabilidade.

Por seu turno, o critério da disponibilidade, ao partir da qualificação dos interesses subjacentes ao direito em análise para concluir sobre a sua arbitrabilidade ou (in)arbitrabilidade, mostra-se compatível com a reserva do Estado sobre o que deve ou não ser arbitrável em atenção aos interesses públicos fundamentais.

No âmbito do direito das sociedades, dada a natureza colectiva dos direitos societários e a sua configuração meta-individual, o critério da disponibilidade pode apresentar disfunções, já que se liga ao nível individual do poder de agir. No entanto, a doutrina e a jurisprudência têm considerado, pacificamente, que os litígios entre sócios e entre sócios e a sociedade são arbitráveis desde que abrangidos pela convenção de arbitragem.

Para além do que fica dito, parece actualmente inegável que nos *direitos relativamente indisponíveis* as áreas de disponibilidade coincidem, muitas vezes, com facetas patrimoniais desses direitos. É o que sucede, por exemplo, com a indemnização por violação de direitos de personalidade, com a prestação de alimentos vencida ou com a compensação pecuniária de natureza global.

Esta tendência é compreensível, na medida em que, numa sociedade estabilizada, o Direito tende a ser mais permissivo quando o que está em causa é uma relação jurídica com direitos e obrigações de carácter patrimonial, onde geralmente não estão em causa relações de dependência ou de subordinação geradoras de possíveis desequilíbrios sociais. Assim se explica que as relações de crédito, onde avulta o princípio da liberdade contratual, sejam campo fértil para a arbitragem.

Existe, assim, algum paralelismo de resultados entre a utilização do critério da disponibilidade ou do critério da patrimonialidade mas, atenta a construção dos conceitos em causa e as matérias abrangidas por cada um, o critério da disponibilidade do direito serve mais amplamente o propósito de determinar, com segurança, o que é arbitrável.

IV – A (in)arbitrabilidade como fundamento da acção de anulação

A lei consagra várias formas de controlo da arbitrabilidade dos litígios pelos tribunais judiciais.

A primeira dessas formas, porque anterior à própria decisão arbitral, é a invocação, em acção judicial, da excepção dilatória de preterição de tribunal arbitral voluntário [arts. 494º, al. j) e 495º do CPC].

Uma vez proferida a decisão arbitral, o controlo da arbitrabilidade do litígio pode concretizar-se por via dos meios de impugnação da sentença: a acção de anulação [art. 27º, nº 1, al. a) e nº 3 da LAV] e os recursos (art. 29º)[32]. Há ainda a possibilidade de a arbitrabilidade ser objecto de apreciação oficiosa em processo executivo [art. 812º-D, al. g) do CPC] e a hipótese de a (in)arbitrabilidade ser fundamento de oposição à execução da decisão (art. 815º do CPC) ou determinar o não reconhecimento de sentença arbitral estrangeira, de acordo com o disposto no art. 5º, nº 2, al. a) da Convenção de Nova Iorque de 1958 e no art. 1096º, al. f) do CPC[33].

Sendo certo que a linha que separa as matérias arbitráveis daquelas que são inarbitráveis está relacionada com a necessidade de proteger interesses fundamentais do ordenamento jurídico, importa salientar que existe uma relação de dependência entre a arbitrabilidade e os meios de impugnação da sentença arbitral. De facto, uma maior amplitude da arbitrabilidade determinará uma maior intervenção dos meios de impugnação e o contrário também se verifi-

---

[32] Lima Pinheiro, "Apontamento cit.", p. 1025.
[33] Cláudia Trabuco e Mariana França Gouveia, "Arbitrabilidade das Questões de Concorrência no Direito Português", *in Estudos em Homenagem ao Prof. Doutor Carlos Ferreira de Almeida*, 2010, pp. 4 e 5.

cará. Daí que, a defender-se a arbitrabilidade de direitos regulados por normas imperativas, deverá permitir-se ao Estado controlar a regular aplicação das mesmas.

Há ainda uma relação de qualidade entre o tipo de controlo exercido e a autonomia da arbitragem, que extravasa a questão da arbitrabilidade embora ainda se relacione com esta. Assim, um controlo mais amplo, que verse sobre a forma e a substância da decisão arbitral, facilitará a substituição do tribunal arbitral pelo tribunal judicial, em prejuízo da autonomia da arbitragem; pelo contrário, um controlo apenas formal dará maior autonomia à arbitragem[34]. Ora, correspondendo a arbitrabilidade, fora dos casos enunciados na 1ª parte do art. 1º, nº 1 da LAV, à medida da disponibilidade do direito, trata-se de uma questão de substância. Verifica-se, assim, uma tensão entre forças contrárias quando se limita a acção de anulação a invalidades formais da decisão arbitral (como sucede na LAV) e, ao mesmo tempo, se estabelece como fundamento de anulação da decisão a (in)arbitrabilidade do litígio, o que implica, frequentemente, entrar na análise do mérito da decisão. Esta questão será retomada adiante.

A Lei-Modelo da UNCITRAL (*United Nations Comission on International Trade Law*) de 1985 prevê, no art. 34º, a acção de anulação como único meio de impugnação da sentença arbitral, sendo os respectivos fundamentos paralelos aos que conduzem à recusa de reconhecimento de sentença estrangeira nos termos do art. 36º. Estes fundamentos têm, por seu turno, como modelo a Convenção de Nova Iorque de 1958 sobre o reconhecimento e a execução de sentenças arbitrais estrangeiras[35].

No entanto, quer o direito francês, quer o direito inglês, países onde funcionam dois dos mais importantes e representativos centros de arbitragem mundiais – respectivamente, a ICC (*International Chamber of Commerce*) e a LCIA (*London Court of International Arbitration*) – afastam-se do paradigma da acção de anulação como único meio de impugnação da sentença arbitral: a lei francesa, apenas quanto à arbitragem interna e a lei inglesa admitindo, para além da acção de anulação, o recurso relativo a questões de direito, se bem que dentro de parâmetros bastante limitados e exigentes[36].

A LAV afastou-se igualmente da orientação da Lei-Modelo, consagrando como meios de impugnação da decisão arbitral a acção de anulação e os recursos. Quer isto dizer que as partes podem optar entre propor uma acção de anulação da decisão ou dela interpor recurso (quando este seja admissível, nos termos do

---

[34] Paula Costa e Silva, "Os Meios de Impugnação de Decisões Proferidas em Arbitragem Voluntária no Direito Interno Português", *in ROA*, ano 56, nº 1, p. 180.
[35] Lima Pinheiro, "Apontamento cit.", p. 1027.
[36] Lima Pinheiro, *Arbitragem cit.*, pp. 166 e 167.

art. 29º da LAV), sendo que, nesta última situação, os fundamentos previstos para a acção de anulação deverão ser deduzidos em sede de recurso. Assim, constata-se que o recurso é o meio principal de impugnação da decisão arbitral, sendo a acção de anulação meramente subsidiária; no entanto, enquanto o direito ao recurso é renunciável (art. 29º, nº 2), o mesmo já não sucede com o direito a exigir a anulação da decisão (art. 28º, nº 1). A diferença mais significativa entre a acção de anulação e o recurso reside, não obstante, nos poderes de cognição do juiz: enquanto a acção de anulação está restrita à apreciação de nulidades processuais que afectem a decisão arbitral[37], apenas podendo conduzir à anulação da decisão, em sede de recurso é possível sindicar o mérito da decisão impugnada, podendo o tribunal substituir essa decisão por outra.

A variedade de caminhos, encarada como uma opção facultada às partes, não parece susceptível de crítica[38]. No entanto, os autores que se têm pronunciado sobre esta matéria defendem a necessidade de maior especificidade na regulamentação dos meios de impugnação da sentença arbitral[39].

Entrando agora na análise da (in)arbitrabilidade do litígio como fundamento de anulação da decisão arbitral, importa referir que esta conduz à invalidade da decisão ora quando se projecte directamente na sentença [art. 27º, nº 1, al. a) da LAV], ora quando se reflicta na convenção de arbitragem, determinando a incompetência do tribunal arbitral [art. 27º, nº 1, al. b)].

Como se salientou anteriormente, a convenção de arbitragem será nula se versar sobre direitos indisponíveis ou sobre litígios submetidos exclusivamente a tribunal judicial ou a arbitragem necessária (arts. 1º, nº 1 e 3º da LAV). Ora, a competência dos árbitros, porque fundada na convenção arbitral, sofre a influência negativa da nulidade da convenção[40].

De um lado, temos as sentenças arbitrais que, independentemente do facto de terem conhecido ou não do mérito da causa, apenas podiam ter sido proferidas por tribunal judicial ou por tribunal arbitral necessário[41] e aquelas que, conhecendo do mérito, versem sobre direitos indisponíveis. Tanto num caso como no outro, as decisões são passíveis de anulação ao abrigo do disposto na al. a) do nº 1 do art.º 27º da LAV (*ex vi* art. 1º, nº 1).

---

[37] Costa e Silva, "Anulação cit.", p. 946.

[38] Mariana França Gouveia, *Resolução Alternativa de Litígios: Negociação. Mediação. Arbitragem. Julgados de Paz* (Relatório apresentado na Faculdade de Direito da Universidade Nova de Lisboa), 2008, pp. 94 e 95, disponível em http://www.fd.unl.pt/eapoio/eapoio.asp.

[39] Costa e Silva, "Anulação cit.", p. 972 e pp. 1013 e ss.; Lima Pinheiro, "Apontamento cit.", p. 1026 e Manuel Pereira Barrocas, "Contribuição para a Reforma da Lei de Arbitragem Voluntária", *in ROA*, ano 67, nº 1, p. 278.

[40] Costa e Silva, "Anulação cit.", p. 923.

[41] Costa e Silva, "Anulação cit.", p. 922.

Do outro lado, temos aqueles casos em que, pese embora a convenção de arbitragem tenha por objecto um direito indisponível, a sentença não se pronunciou sobre o mérito da acção. Nestes casos, o fundamento de anulação que se verifica é a incompetência do tribunal [art. 27º, nº 1, al. b)], na medida em que o acto processual que está em causa no art. 27º é a sentença e não já a convenção de arbitragem.

Para os autores que defendem que a indisponibilidade relativa não é obstáculo à arbitrabilidade quando o litígio verse sobre vicissitudes disponíveis do direito ou da relação jurídica, podem facilmente configurar-se uma ou outra das situações acima descritas.

Imagine-se o seguinte exemplo: uma convenção de arbitragem inserida em determinado contrato que versa sobre relações laborais abrange todos os litígios emergentes da interpretação e execução do mesmo. No momento da notificação para constituição do tribunal arbitral, resulta da precisão do objecto do litígio, conforme as partes o configuram, que o aspecto em discussão não respeita a direitos indisponíveis. Na sentença, o árbitro opta por uma construção jurídica que enquadra o litígio no âmbito de vicissitudes indisponíveis – por hipótese, vem a decidir tratar-se de matéria ligada ao direito a férias. Esta decisão poderá ser anulada por (in)arbitrabilidade do litígio, dada a indisponibilidade do direito.

Pense-se agora nesta outra situação: a convenção de arbitragem abarca direitos indisponíveis (novamente o direito a férias), uma das partes suscita a consequente incompetência do tribunal em momento oportuno, durante o decurso do processo (art. 21º, nº 3) e o árbitro decide pela sua competência. Neste caso – se o litígio não for arbitrável – a decisão definitiva[42] que extinga a instância sem conhecer do mérito ou que conheça do mérito da causa mas não aborde o direito indisponível poderá ser anulada por ter sido proferida por tribunal incompetente.

Retomando a análise do art. 27º, nº 1, al. a) da LAV, importa reforçar a ideia de que a (in)arbitrabilidade do litígio apresenta uma especificidade em relação aos restantes fundamentos de anulação, na medida em que, à violação directa de regra adjectiva (art. 1º, nº 1), se junta a violação de uma disposição de direito substantivo que determina a indisponibilidade do direito[43]. Ora, se é certo que a acção de anulação tem por objecto a sentença e não a relação material controvertida[44], é igualmente certo que sem a análise da decisão de mérito dificilmente se determinará se a sentença versou ou não sobre direitos indisponíveis.

[42] Lima Pinheiro, "Apontamento cit.", p. 1028
[43] Costa e Silva, "Anulação cit.", p. 946, nota 133.
[44] Costa e Silva, "Os Meios de Impugnação cit.", p. 187.

Assim, neste caso, o mero controlo de legalidade formal da decisão – característico da acção de anulação – parece insuficiente.

Aqui chegados, importa salientar que a doutrina estrangeira aponta, como um dos mais relevantes aspectos da segurança jurídica em matéria de arbitragem, a impossibilidade de o tribunal judicial proceder a uma revisão de mérito das sentenças arbitrais *estrangeiras*[45]. Também a maioria das legislações sanciona as irregularidades do processo arbitral de forma a assegurar o respeito pelos direitos de defesa e pela igualdade entre as partes, exercendo, no entanto, um controlo muito restrito da decisão de mérito da causa. Em suma, há a preocupação de evitar que os tribunais estaduais substituam a sua apreciação à do tribunal arbitral[46].

A LAV também segue esta tendência, pelo que uma decisão arbitral de que não caiba recurso (art. 29º) só poderá ser impugnada por meio de acção de anulação e com base nos fundamentos previstos no art. 27º. Esta atitude restritiva do legislador e da jurisprudência – erguendo a taxatividade dos fundamentos de anulação como defesa contra a incursão, por via da acção de anulação, no controlo de mérito da decisão arbitral – é de aplaudir[47].

A doutrina tem, no entanto, defendido a consagração de outros fundamentos de anulação da decisão arbitral, com especial destaque para a violação da ordem pública[48-49]. Por exemplo, Paula Costa e Silva entende que a violação da ordem pública *interna* conduz sempre à invalidade da decisão: caso se verifique na convenção de arbitragem ou no decurso do processo arbitral, haverá que recorrer aos fundamentos de anulação previstos nas als. a), b) e d) do art. 27º da LAV; caso resulte da própria sentença, haverá que paralisar os efeitos desta por recurso aos critérios gerais de direito (arts. 281º e 286º do CC)[50].

Ora, a violação da ordem pública desencadeia o mesmo tipo de considerações que a indisponibilidade do direito enquanto fundamento de anulação da sentença arbitral. Admitindo-se ou exigindo-se a anulação da sentença arbitral com base na violação da ordem pública, coloca-se obrigatoriamente a questão da apreciação do mérito da decisão, uma vez que só assim se chegará à conclu-

---

[45] Rodrigo Garcia da Fonseca, "A Arbitragem na Jurisprudência Recente do Superior Tribunal de Justiça", *in Revista de Arbitragem e Mediação*, ano 5, nº 19, p. 17.

[46] Jean-François Poudret e Sébastien Besson, *Droit Comparé cit.*, p. 298.

[47] Lima Pinheiro, "Apontamento cit.", pp. 1029 e 1030.

[48] Lima Pinheiro, "Apontamento cit.", pp. 1031 a 1034.

[49] Para mais desenvolvimentos, cfr. Rui Ferreira, "Anulação da Decisão Arbitral. Taxatividade dos Fundamentos de Anulação", texto também publicado nesta obra.

[50] Costa e Silva, "Anulação cit.", pp. 944 e 945.

são sobre se foi ou não violado um princípio ou uma norma estruturante do ordenamento jurídico[51].

Esta identidade de situações resulta da existência de uma zona de intersecção entre os conceitos de indisponibilidade e de ordem pública, resultante de ambos abrangerem normas ou princípios fundamentais de direito substantivo[52]. Para avaliar a disponibilidade do direito ou para apreciar a eventual violação da ordem pública em sede de acção de anulação é, pois, inevitável a análise do mérito da causa[53], o que constitui uma excepção ao princípio de que a acção de anulação apenas se dirige aos vícios processuais da sentença arbitral.

Caso contrário, sendo a decisão irrecorrível, poderia manter-se válida uma decisão eventualmente contrária a normas imperativas ou princípios fundamentais do ordenamento jurídico, o que é contraditório com um Estado de Direito e pode levar ao desvirtuamento da arbitragem.

Em suma, se a acção de anulação tiver por base a não arbitrabilidade do litígio por indisponibilidade do direito ou a violação da ordem pública, o juiz deverá analisar o mérito da decisão arbitral, ainda que apenas na estrita medida necessária à decisão sobre a procedência ou improcedência do fundamento invocado[54], assim inviabilizando a manutenção de uma sentença contrária a regras ou a princípios tidos como essenciais pela ordem jurídica.

V – Jurisprudência

1. "Caso da Execução Específica"

Na génese da presente decisão encontram-se uma sentença proferida por tribunal arbitral e um despacho saneador-sentença em que o Tribunal de 1ª Instância julgou improcedente a acção de anulação daquela decisão arbitral. O presente recurso foi interposto pelas sociedades que não viram as suas pretensões acolhidas, quer na decisão arbitral, quer no saneador-sentença.

Resumindo os factos subjacentes a este acórdão, as partes celebraram um contrato-promessa, reservando todas as questões atinentes ao cumprimento e à interpretação e aplicação do mesmo à decisão por árbitros, segundo juízos de equidade (o que implica a renúncia aos recursos, nos termos do art. 29º, nº 2 da LAV).

---

[51] Assunção Cristas e França Gouveia, "A Violação cit.", p. 56.
[52] Cfr. *supra*, p. 146.
[53] Lima Pinheiro, *Arbitragem cit.*, pp. 170 e 171.
[54] Assunção Cristas e França Gouveia, "A Violação cit.", p. 56.

Na sequência da convenção de arbitragem, a autora (ré na acção de anulação) propôs acção de execução específica do contrato-promessa no tribunal arbitral, pedindo ao tribunal que proferisse sentença que produzisse os efeitos da declaração negocial das rés, transferindo para si a propriedade do prédio daquelas e o respectivo recheio (art. 830º, nº 1 do CC). Subsidiariamente, no caso do pedido principal não proceder, pedia que as rés fossem condenadas a pagar-lhe a quantia de 227.466.477$00, acrescida dos juros de mora legais a contar da citação.

O tribunal arbitral concluiu pela procedência da acção, emitindo sentença que produziu os efeitos da declaração negocial das rés e conferiu à autora poderes para regularizar a situação registal do prédio. No âmbito da acção de anulação e em sede de recurso da decisão de improcedência da mesma, as autoras (rés na acção arbitral) equiparavam a acção de execução específica a acção executiva para efeitos de aplicação do art. 30º da LAV, alegando ainda a (in)arbitrabilidade do direito a requerer a execução específica[55].

O acórdão em análise começou por afirmar a taxatividade dos fundamentos de anulação da decisão arbitral previstos no art. 27º da LAV. Quanto ao primeiro fundamento invocado, o Tribunal concluiu que *"a acção visando a execução específica de contrato-promessa não é, em substância, uma acção executiva, antes, estruturalmente, declarativa, de natureza constitutiva"*. Já no que respeita à suposta (in) arbitrabilidade do direito a requerer a execução específica, a Relação de Lisboa entendeu que este *"não é, mas manifestamente, um direito indisponível (...) não exigindo a pronúncia por tribunal judicial"*. Nestes termos, foi negado provimento ao recurso, confirmando-se a decisão recorrida.

1.1. O acórdão que acabámos de resumir levanta três questões fundamentais: primeira, classificação da acção de execução específica como acção executiva; segunda, suposta indisponibilidade do direito a requerer a execução específica e terceira, eventual submissão do litígio exclusivamente a tribunal judicial.

A primeira questão desdobra-se, por sua vez, em dois aspectos distintos: por um lado, importa saber se a acção de execução específica é ou não uma acção executiva e, por outro lado, se é ou não susceptível de apreciação em tribunal arbitral. Como vimos, o Tribunal entendeu que a execução específica não consubstancia uma acção executiva, mas sim uma acção declarativa em que se

---

[55] O acórdão não se refere, expressamente, aos argumentos apresentados pelas autoras para sustentar o pedido de anulação da decisão arbitral. Resulta, no entanto, implícito do texto da decisão que as principais questões suscitadas estão relacionadas com a natureza da acção de execução específica e com a suposta (in)arbitrabilidade do litígio.

pede o cumprimento do dever de contratar. De facto, a presente acção tem natureza constitutiva, na medida em que a autora pede ao tribunal que este, através da sentença, introduza uma alteração na ordem jurídica (consubstanciada na transferência da propriedade do imóvel das rés para a autora).

Ao considerar que a execução específica é uma acção constitutiva, a Relação concluiu pela inaplicabilidade do art. 30º *in casu*. Neste âmbito, importa salientar a posição de Carlos Ferreira de Almeida, para quem a limitação da competência executiva dos tribunais arbitrais se funda apenas na impossibilidade de os árbitros recorrerem ao uso da força policial, ou seja, é uma questão de falta de poderes de autoridade. Pelo contrário, no seu entender, *"poderão pois os árbitros, salvo se exorbitarem a convenção de arbitragem, decretar a execução específica de contrato-promessa, a suspensão de deliberações sociais e a prestação de caução, actos que se esgotam na enunciação de declarações, sem necessidade de exercício de força física"*[56]. Quer isto dizer que, caso a execução específica configurasse uma acção executiva – o que já vimos não ser o caso – o fundamento de anulação em causa seria a incompetência do tribunal, que deveria ter sido invocada no decurso do processo arbitral [arts. 21º, nº 3 e 27º, nº 1, al. b) e nº 2 da LAV].

Impõe-se aqui uma breve nota para manifestar alguma estranheza em relação ao facto de a execução específica respeitar a uma dação em pagamento. De facto, o art. 830º, nº 1 do CC parece partir do princípio de que, subjacente à execução específica, estará a violação da obrigação de celebrar um contrato. Ora, na hipótese em análise, aquilo que parece estar em causa é a violação de uma prestação substitutiva – a dação em pagamento (art. 837º do CC). Não vamos, no entanto, aprofundar esta situação, quer por ausência de elementos, quer por a mesma extravasar os fundamentos da decisão que agora nos ocupa.

Quanto à suposta indisponibilidade do direito de requerer a execução específica, o Tribunal entendeu que se tratava de um direito disponível. De facto, se é certo que a celebração de um contrato-promessa acarreta uma limitação da liberdade de contratar para ambas as partes – na medida em que a outra parte pode exigir judicialmente o cumprimento da obrigação de celebrar o contrato prometido[57] – é igualmente certo que esta limitação não restringe a vontade das partes para além dos limites que estas impuseram a si próprias.

Entrando, por fim, na última das questões suscitadas – a eventual submissão do litígio exclusivamente a tribunal judicial – importa salientar que a terminologia utilizada no art. 830º, nº 1 do CC, em que se fala de *"obter sentença que produza os efeitos da declaração negocial do faltoso"*, não tem como consequência a competência exclusiva do tribunal judicial para apreciar a acção de execução

---

[56] Ferreira de Almeida, "Convenção cit.", pp. 89 e 90.
[57] João de Matos Antunes Varela, *Das Obrigações em Geral*, vol I, 2000, pp. 336 e ss.

específica. Por um lado, esta questão não se confunde com a (in)arbitrabilidade por indisponibilidade do direito, como resulta aliás do art. 1º, nº 1 da LAV; por outro lado, a expressão "sentença" não é sinónimo de sentença de tribunal judicial. De facto, o CPC e a LAV, em várias das suas disposições, designam por "sentença" a decisão arbitral, pelo que a "sentença" prevista no art. 830º do CC não tem necessariamente de provir do tribunal judicial.

Em suma, estavam em causa os fundamentos de anulação previstos no art. 27º, nº 1, al. a) da LAV, quanto à eventual submissão do litígio exclusivamente a tribunal judicial e à indisponibilidade do direito, e no art. 27º, nº 1, alínea b), quanto à eventual incompetência do tribunal arbitral para apreciar um pedido de execução específica, por referência ao disposto no art. 30º, sendo que nenhum deles deveria proceder.

2. "Caso da Apresentadora de Televisão"

Em 26 de Fevereiro de 2002, duas sociedades comerciais firmaram entre si um contrato que designaram por "Contrato de Prestação de Serviços de Apresentação de Programas de Televisão", nos termos do qual a sociedade proprietária da estação televisiva (doravante "AA") garantia a apresentação de um programa de televisão pela sócia-gerente da outra sociedade (doravante "BB"). Este contrato foi celebrado *intuitu personae* na medida em que, para a AA, era essencial que aquela apresentadora – sócia-gerente da BB – assegurasse a prestação do serviço, sendo essa a única razão que a levou a celebrar o contrato com a BB.

Para além de determinar a aplicação aos casos omissos das disposições legais relativas ao contrato de prestação de serviços (arts. 1154 e ss. do CC), o contrato dispunha, na cláusula 11ª, que *"Quaisquer litígios emergentes do presente contrato serão resolvidos nos termos da Lei nº 31/86, de 29 de Agosto, por* **um único árbitro,** *que na falta de acordo será designado pelo presidente do Centro de Arbitragem do Conselho Nacional das Profissões Liberais,* **renunciando ambas as partes a outro foro** *bem como ao depósito da decisão arbitral em secretaria judicial"*.

Com base na cláusula compromissória, as partes submeteram o litígio que as opôs a tribunal arbitral, tendo este proferido sentença que condenou a AA a pagar 250.000,00 € à BB. Inconformada com esta decisão, a AA propôs acção de anulação da decisão arbitral junto do Tribunal de 1ª Instância, invocando a (in)arbitrabilidade do litígio. Face ao despacho saneador-sentença que julgou a acção improcedente, a AA recorreu então para o Tribunal da Relação de Lisboa, sendo da decisão deste (no sentido da improcedência do recurso) que vem interposto o presente recurso.

No essencial, a AA baseava a acção de anulação e os subsequentes recursos da decisão de improcedência da mesma na (in)arbitrabilidade do litígio. Por um lado, defendia a indisponibilidade dos direitos de personalidade, acres-

ANÁLISE DE JURISPRUDÊNCIA SOBRE ARBITRAGEM

centando que apenas a titular do direito (supostamente) violado – a pessoa singular BB – poderia exigir indemnização por essa violação, e não a sociedade BB. Por outro lado, entendia que, ao qualificar o contrato celebrado entre as partes como contrato de trabalho, o tribunal arbitral não deveria ter conhecido do litígio, na medida em que se tratava de matéria cometida exclusivamente à apreciação do tribunal judicial por via dos arts. 435º e 436º do CT.

O Supremo começou por sublinhar que, em face da renúncia aos recursos, *"vedada fica às partes, naturalmente, a discussão em juízo do mérito ou demérito da decisão final dos árbitros e das decisões que foram caminhando o caminho até à decisão final – querem e desejam e acreditam na jurisdição arbitral, suportam a respectiva decisão"*. Nestes termos, o Tribunal considerou que a eventual ilegitimidade da sociedade BB para pedir indemnização por danos sofridos em consequência da violação de direitos de personalidade da pessoa singular BB ultrapassava o limite de apreciação formal que cabe à acção de anulação, nos termos do art. 27º da LAV. Como se pode ler no acórdão, a questão respeita à *"legitimidade substantiva"*, sendo que *"da substância, do universo de direitos e deveres que do contrato resultam não podem os tribunais judiciais conhecer – são foro a que as partes renunciaram"*.

Quanto à suposta (in)arbitrabilidade por indisponibilidade dos direitos de personalidade, o Supremo considerou que «*a indemnização cível por violação de um contrato no qual está inserida uma cláusula de defesa "[da] imagem da APRESENTADORA e [da] sua reputação no mercado" (...) é questão que em si mesma, não tem nada de **inarbitrável**, por força da al. a) do nº 1 do art. 27º e do art. 1º da LAV porque não pode dizer-se que esse é um litígio que respeite a direitos indisponíveis*». No entender do Tribunal, o mesmo sucede, aliás, com a quantificação da indemnização a atribuir em virtude dos danos causados pela violação de direitos de personalidade.

Esta conclusão poderia ajudar a responder à questão da legitimidade substantiva atrás colocada. A verdade é que, apesar do claro objectivo *intuitu personae*, o contrato foi celebrado com a sociedade BB e não apenas com a pessoa singular BB. E esta é uma realidade cada vez mais presente na imaginativa escalada do mundo da publicidade e do espectáculo, onde a imagem é vulgar objecto de negócio. Daí que o Tribunal tenha concluído pela possibilidade de chamar *"à colação, se tal fosse necessário, a denominada desconsideração da personalidade colectiva da BB, Lda. ou, ao invés, sustentar uma identificação completa da sociedade com a sua sócia, para saber em quem repousa o direito à indemnização exercitado"*. No entanto, como se referiu, esta questão extravasava o âmbito da acção de anulação, razão pela qual o acórdão dela não conheceu.

Por fim, quanto à qualificação jurídica do contrato em análise, o Supremo entendeu que a sentença arbitral, ao abordar a questão da natureza jurídica do contrato, não afirmou que o mesmo fosse um contrato de trabalho, antes se referindo ao acordo *"como tendo a natureza de contrato de trabalho ou equiparado"*.

De qualquer forma, o Tribunal salientou que o art. 435º do CT aponta tão só para o facto de a ilicitude do despedimento apenas poder ser declarada por tribunal judicial, caso a acção seja intentada pelo trabalhador, o que nada tem que ver com a situação objecto da decisão sob crítica neste recurso. Assim, julgados improcedentes todos os fundamentos de recurso invocados pela sociedade AA, o Tribunal concluiu pela improcedência do recurso e confirmou a decisão recorrida.

2.1. O acórdão em análise coloca directamente a questão da arbitrabilidade objectiva de direitos, em abstracto, absolutos, irrenunciáveis e inalienáveis[58], como o são os direitos de personalidade (onde se insere o direito à imagem).

Antes de mais, importa sublinhar que a consagração dos direitos de personalidade na lei civil, aliada ao processo de jurisdição voluntária para tutela da personalidade (arts. 1474º e 1475º do CPC), confere-lhes uma posição hierárquica superior na escala dos direitos subjectivos com conteúdo não patrimonial[59].

A especial relevância dos direitos de personalidade ajuda a explicar que a limitação voluntária ao seu exercício seja nula quando contrária à ordem pública (art. 81º, nº 1 do CC) e, quando legal, seja sempre revogável, ainda que com obrigação de indemnizar os prejuízos causados à contraparte (nº 2). Deste preceito resulta clara a protecção dos direitos de personalidade para além da vontade do seu titular, ou mesmo contra essa vontade, já que fica bem patente que a vontade livre e esclarecida não pode contrariar princípios de ordem pública. Assim, o poder conferido pela ordem jurídica para tutela dos direitos de personalidade impõe, desde logo, limitações à respectiva disponibilidade, em nome da dignidade e especial configuração da individualidade humana.

Dando como assente que os direitos de personalidade podem constituir objecto mediato de relações jurídicas[60], ou seja, um bem sobre o qual podem incidir direitos e as correlativas vinculações, pode concluir-se que é possível acordar numa limitação àqueles direitos desde que não se ofendam princípios de ordem pública e que se trate de acordo revogável mediante indemnização consentânea (arts. 70º, 79º e 81º do CC). Este é um risco que muitos estão dispostos a correr no mundo da publicidade e dos meios de comunicação social.

A questão que se coloca neste domínio consiste em saber se a realização de um contrato envolvendo direitos de personalidade é ou não contrária à essência da pessoa humana. É possível ensaiar várias respostas a esta pergunta em função de uma ordem de valores subjacente ao direito de personalidade

---

[58] Pedro Pais de Vasconcelos, *Direito de Personalidade*, 2006, p. 44.
[59] Pais de Vasconcelos, *Direito cit.*, pp. 32 e 33.
[60] Castro Mendes, *Direito Civil cit.*, pp. 255 e 256.

que esteja concretamente em causa e às demais circunstâncias envolventes. Mas a realidade ultrapassa largamente a nossa imaginação e, no que diz respeito exclusivamente ao direito à imagem, demonstra que são celebrados diariamente negócios jurídicos cujo objecto é este direito de personalidade. A imagem, como bem da personalidade, é pessoal, intransmissível e irrenunciável; estas características não têm, no entanto, inviabilizado a sua exploração, mediante contrapartidas económicas ou outras.

Assim, encara-se com naturalidade o aproveitamento da imagem como parte integrante da prestação de um serviço ou a utilização da imagem para fins meramente publicitários e comerciais. Não se pode, portanto, negar expressão económica à imagem, directamente ou como parte da prestação de um serviço, como seja o de apresentação de um programa de televisão. Em suma, embora não seja transmissível nem seja um bem patrimonial, o direito à imagem pode, por via de consentimento revogável do respectivo titular, ser objecto de um contrato, donde decorre a sua indisponibilidade relativa[61].

Ora, parece-nos que o acórdão em análise fundou a arbitrabilidade do litígio mais nesta indisponibilidade relativa do direito à imagem do que na sua expressão económica. Quer isto dizer também que o Supremo entendeu que só *os direitos absolutamente indisponíveis* estariam excluídos da arbitragem em face do art. 1º, nº 1 da LAV.

Por outras palavras, dado que estamos perante um direito eminentemente pessoal e intransmissível, o que justifica a arbitrabilidade do direito à imagem não é tanto a susceptibilidade de avaliação pecuniária mas antes o poder de se dispor do mesmo dentro de determinadas margens de licitude, que coincidem com as vertentes disponíveis do direito (por exemplo, a indemnização por violação do direito à imagem e a respectiva quantificação). Ainda que exista coincidência entre a disponibilidade e a expressão económica, a arbitrabilidade resulta do facto de, uma vez respeitados os limites impostos pela salvaguarda do fim do direito, o respectivo titular poder utilizá-lo ou dispor dele nos termos que lhe aprouver, não fosse o princípio da autonomia da vontade verdadeiramente estruturante do nosso ordenamento jurídico.

Aliás, a faculdade geral contida no direito de liberdade[62] ou liberdade de comportamento emana exactamente do direito ao livre desenvolvimento da personalidade, de onde pode também extrair-se o princípio da autonomia privada[63]. O art. 26º da CRP insere os direitos de personalidade no elenco dos

---

[61] Cláudia Traduco, "Dos Contratos Relativos ao Direito à Imagem", *in O Direito*, ano 133, nº 2, pp. 411 e 412.
[62] Castro Mendes, *Direito Civil cit.*, p. 95.
[63] Cláudia Trabuco, "Dos Contratos cit.", pp. 447 e 448.

direitos, liberdades e garantias constitucionais, deles se retirando os mencionados princípios orientadores das relações entre o Estado e os cidadãos e entre os cidadãos. Na confluência de direitos e princípios fundamentais intocáveis – direito à imagem e direito ao livre desenvolvimento da personalidade, que fundamenta a autonomia da vontade e a regra da disponibilidade dos direitos – a arbitrabilidade é possível onde os direitos possam ser exercidos licitamente e não colidam.

Em suma, o acórdão analisado defendeu a arbitrabilidade de litígios respeitantes a direitos de personalidade, entendendo que comportamentos lícitos no âmbito de direitos em abstracto indisponíveis responsabilizam os respectivos sujeitos, no sentido em que cabe a estes decidirem o caminho a seguir e arcarem com as respectivas consequências. Por outro lado, em respeito pela autonomia da decisão arbitral, sustentou que a acção de anulação não se destina a reapreciar a decisão de mérito, recusando-se a conhecer da legitimidade substantiva das partes. Por fim, concluiu pela inexistência de lei especial que sujeitasse o litígio em questão exclusivamente a tribunal judicial.

3. "Casos do Jogador de Golfe I e II"

Os acórdãos respeitam ao mesmo caso concreto, resultando de sucessivos recursos da decisão de improcedência de acção de anulação. Diga-se, desde já, que à semelhança do Tribunal da Relação de Lisboa, o Supremo Tribunal de Justiça também julgou improcedente o recurso.

No essencial, o litígio respeitava à resolução de um contrato que envolvia a utilização, para fins publicitários, da imagem de um praticante de golfe como contrapartida do apoio à sua participação em provas nacionais e estrangeiras da modalidade. O contrato de patrocínio profissional celebrado entre as partes continha uma cláusula – a cláusula 13ª – da qual resultava que qualquer litígio ou diferendo na interpretação do mesmo seria resolvido perante tribunal arbitral constituído para o efeito.

Posteriormente, em nova convenção arbitral, as partes circunscreveram o objecto do litígio à *"determinação das consequências jurídicas resultantes da cessação do contrato de patrocínio"* e *"ao pagamento indemnizatório de prejuízos e quaisquer outros pedidos directamente ligados àquele contrato"*. Mais estipularam, na cláusula 8ª, que os árbitros julgariam segundo a equidade, com expressa renúncia aos recursos.

Constituído o tribunal arbitral, este proferiu decisão favorável ao autor (réu na acção de anulação).

Antes de mais, importa realçar a ênfase que ambos os acórdãos colocaram, na esteira de outras decisões, na impossibilidade de o tribunal se pronunciar sobre o mérito da decisão arbitral, atenta a natureza cassatória da acção de anulação. Assim, num contexto – como o que se verificava no caso em análise

– em que as partes tenham renunciado aos recursos, a decisão arbitral apenas poderá ser impugnada com base nos vícios previstos no art. 27º da LAV.

Outro aspecto interessante das decisões em análise está relacionado com o facto de não se referirem à eventual indisponibilidade do direito à imagem enquanto direito de personalidade. De facto, o autor (réu na acção de anulação) terá invocado, no âmbito do processo arbitral, a violação do direito à imagem e quantificado os danos daí emergentes, matéria que foi contestada mas não com base na (in)arbitrabilidade do direito à imagem.

Dos fundamentos alegados no sentido da anulação da decisão arbitral, aquele que releva no âmbito do presente estudo tem que ver com o facto de a (suposta) violação do direito à imagem ter sido sustentada em factualidade ocorrida após a rescisão contratual, indo além do objecto da convenção de arbitragem. Quanto a este argumento, a Relação reconheceu que *"o Tribunal Arbitral conheceu matéria para além do objecto do presente litígio, porquanto não só se pronunciou sobre matéria que extravasa claramente o objecto do mesmo, tal como se encontra delimitado pela Convenção Arbitral, como seja a matéria dos alegados danos à imagem do requerido, como ainda conheceu factos não alegados pelas partes"*. No entanto, ambas as decisões concluíram que, não tendo sido invocado até à apresentação da defesa sobre o fundo da causa no âmbito do processo arbitral ou em simultâneo com esta, este vício não poderia mais ser arguido, nos termos dos arts. 21º, nº 3 e 27º, nº 2 da LAV.

3.1. O maior ensinamento que retiramos destas decisões surge por omissão. Na verdade, é sintomático da evolução dos direitos de personalidade e do alargamento da arbitrabilidade objectiva o facto de, numa acção de anulação de decisão arbitral relativa a contrato que envolve o direito à imagem, não se fazer alusão à indisponibilidade do mesmo. Trata-se de um reconhecimento implícito de uma vertente disponível do direito à imagem e da sua consequente arbitrabilidade.

Como referimos anteriormente, a indisponibilidade dos direitos surge como uma limitação ao poder da vontade no âmbito de certas matérias que o legislador encara como especialmente relevantes, como é o caso dos direitos de personalidade[64]. Contudo, tal não impede, normalmente, que o exercício efectivo destes direitos comporte áreas de disponibilidade mais ou menos vastas, em função do grau de protecção que a lei lhes quis atribuir.

Onde se dá primazia à autodeterminação do indivíduo (pensamos, nomeadamente, no direito privado) dificilmente se defendem grandes limites à intervenção da vontade. E por isso, para lá do reduto da ordem pública, assiste-se

---

[64] Cfr. *supra*, pp. 140 e 141.

a um movimento de valorização da vontade individual. Os direitos de personalidade – e, em particular, o direito à imagem – são um bom exemplo disto mesmo: a crescente celebração de contratos relativos ou envolvendo o direito à imagem, não obstante não haver transferência da respectiva titularidade, representa uma cedência à pureza dos princípios, tolerável enquanto lícita.

Ora, a margem de disponibilidade do direito aumenta na directa medida do seu incremento negocial. Por sua vez, a arbitrabilidade, porque fundada na disponibilidade relativa do direito, conhece também um alargamento proporcional.

Debruçando-nos agora sobre a incompetência do tribunal arbitral, importa destacar que este fundamento de anulação é ilustrativo de uma situação a que já fizemos referência[65], podendo coincidir com a (in)arbitrabilidade se esta resultar da convenção de arbitragem. Nos termos do art. 3º da LAV (*ex vi* art. 1º, nº 1) a convenção arbitral que respeite a litígio submetido exclusivamente a tribunal judicial, a arbitragem necessária ou a direitos absolutamente indisponíveis é nula, pelo que a decisão que seja proferida com base nessa convenção poderá ser anulada por incompetência do tribunal [art. 27º, nº 1, al. b)], para além de o poder ser também com base na (in)arbitrabilidade do litígio. De facto, se a competência do tribunal arbitral resulta da convenção de arbitragem, a nulidade desta arrasta, por incompetência, a invalidade da decisão arbitral.

Quanto à natureza da acção de anulação, os acórdãos sublinham que esta se destina a eliminar os vícios formais que a decisão arbitral possa conter, traduzindo um juízo meramente cassatório (e não substitutivo). Este aspecto reveste-se de importância para o reforço da autonomia da arbitragem, implicando que, quando as partes tenham renunciado aos recursos, a decisão arbitral só poderá ser anulada (e não substituída) com base em invalidades formais, sem que seja possível entrar na discussão do mérito da decisão.

Em síntese, os acórdãos proferidos nos *"Casos do Jogador de Golfe I e II"* permitem reforçar a ideia de que a jurisprudência respeita a autonomia da arbitragem e interpreta o art. 1º, nº 1 da LAV no sentido de apenas não poderem constituir objecto de convenção de arbitragem, para além de litígios que estejam submetidos exclusivamente a tribunal judicial ou a arbitragem necessária, os direitos absolutamente indisponíveis, uma vez que se pronuncia a favor da arbitrabilidade de vertentes disponíveis de um direito em abstracto indisponível.

---

[65] Cfr. *supra*, p. 150.

VI – Conclusão

Dado o reduzido número de acórdãos que se debruçaram especificamente sobre a não arbitrabilidade como fundamento da acção de anulação da decisão arbitral, não foi possível apreender, de forma significativa, a posição da jurisprudência[66].

Esta constatação pode, no entanto, ser esclarecedora, na medida em que traduza a ausência de grandes controvérsias ou a suficiência da lei para ir solucionando as questões que se colocam a este propósito.

A LAV começa por submeter exclusivamente a tribunal judicial os litígios que tenham subjacentes relevantes interesses públicos, inconciliáveis pela sua própria natureza com a arbitragem voluntária (art. 1º, nº 1, 1ª parte da LAV). Veja-se, a título de exemplo, o que sucede em matéria criminal ou de insolvência. Em seguida, consagra um critério geral de arbitrabilidade – o critério da disponibilidade do direito, maleável à transformação e evolução das situações jurídicas – que, por via da distinção entre direitos absoluta e relativamente indisponíveis, permite atribuir uma maior amplitude à arbitrabilidade objectiva (art. 1º, nº 1, parte final da LAV).

Neste particular, é de sublinhar a estreita proximidade existente entre a atribuição de determinados litígios exclusivamente a tribunal judicial e a indisponibilidade dos direitos, já que em ambas as situações estão em causa interesses de ordem pública ou direitos tidos por essenciais, insusceptíveis de apropriação individual e, por isso, excluídos da arbitragem. Refira-se ainda que a (in)arbitrabilidade reflecte-se na convenção de arbitragem, na constituição do tribunal e na própria sentença (art. 1º, nº 1 da LAV). Ora, a sentença que se pronuncie sobre litígio inarbitrável será inválida tanto por influência directa desse vício [art. 27º, nº 1, al. a)] como por incompetência do tribunal arbitral, resultante da nulidade da convenção de arbitragem [art. 27º, nº 1, al. b) *ex vi* art. 3º].

Centrando a nossa atenção no critério da disponibilidade do direito, importa desde logo salientar que a evolução que se tem observado na conceptualização da disponibilidade absoluta e relativa dos direitos não é exclusiva da arbitragem. A este propósito, são de relembrar as referências feitas à remissão abdicativa, no âmbito do direito do trabalho, ou à actual tendência para a celebração de contratos cujo objecto são direitos de personalidade, designadamente o direito à imagem, em resposta a uma nova realidade tecnológica, a novas formas de exploração do mercado e a novas concepções

---

[66] Pelo contrário, quando se analisa a (in)arbitrabilidade ao nível da invocação da excepção de preterição de tribunal arbitral voluntário – art. 494º, al. j), do CPC – deparamo-nos com um maior número de acórdãos: cfr., nesta obra, Joana Galvão Telles, "A Arbitrabilidade dos Litígios em sede de Invocação de Excepção de Preterição de Tribunal Arbitral Voluntário".

sociais. Há quem chegue, aliás, a falar de *"negócios de personalidade"* para se referir ao art. 81º do CC[67].

Na área dos direitos de personalidade, os movimentos de opinião e as transformações socioculturais ilustram bem as mudanças que podem verificar-se na disponibilidade ou indisponibilidade dos direitos e, assim, no grau de arbitrabilidade dos litígios a eles referentes, desde que se entenda que o art. 1º, nº 1 da LAV apenas veda a arbitrabilidade dos direitos *absolutamente indisponíveis*.

Assim, o critério da disponibilidade revela-se capaz de abarcar estas recentes transformações, adaptando-se à mudança na configuração dos direitos, visto que a conceptualização da indisponibilidade absoluta e relativa lhe atribui a elasticidade adequada a tal finalidade. Em suma, este critério cumpre o objectivo de seleccionar aquele conjunto de matérias que, em conjunto com as que se encontram atribuídas exclusivamente ao tribunal judicial, não devem poder ser objecto de decisão por privados, assim constituindo um bom instrumento de política legislativa.

Recorrendo aos acórdãos analisados, é possível constatar que estamos perante decisões favoráveis à arbitragem. No *"Caso da Execução Específica"*, o tribunal admitiu a arbitrabilidade do direito a exigir a execução específica, equiparando o poder do árbitro ao poder do juiz salvo no que respeita à tomada de decisões e/ou providências que impliquem o recurso à força física. No *"Caso da Apresentadora de Televisão"* e nos *"Casos do Jogador de Golfe I e II"*, os tribunais declararam-se favoráveis à arbitrabilidade do direito à imagem que, por constituir um direito de personalidade, é tradicionalmente classificado como indisponível e, portanto, inarbitrável. Refira-se ainda que, nos dois últimos casos, a arbitrabilidade parece ter resultado da livre disponibilidade das vertentes do direito que estavam em causa (indemnização por violação do direito à imagem e respectiva quantificação) e não tanto da susceptibilidade de avaliação pecuniária das mesmas, se bem que esta perspectiva económica também estivesse presente.

É certo que a actuação do instituto da responsabilidade civil no âmbito dos direitos de personalidade (*ex vi* art. 483º) destina-se a ressarcir os danos causados pela conduta lesiva do direito, apresentando portanto uma componente patrimonial. No entanto, entendemos que a questão se coloca para além dessa componente patrimonial, já que, tanto no *"Caso da Apresentadora de Televisão"*, como nos *"Casos do Jogador de Golfe I e II"*, o pedido fundava-se no incumprimento de uma relação contratual e não propriamente num acto ilícito isolado. Na verdade, não foi a simples susceptibilidade de avaliação

---

[67] Pais de Vasconcelos, *Direito cit.*, p. 165.

pecuniária do direito invocado que determinou a arbitrabilidade, mas antes a vertente negocial do direito à imagem e a sua disponibilidade em concreto.

Assim, se é certo que há uma zona de intersecção entre o critério da disponibilidade do direito e o critério da patrimonialidade da pretensão, o primeiro revela-se mais abrangente, já que tem em conta a essencialidade dos direitos em questão, para além da susceptibilidade de avaliação pecuniária, e assim serve melhor o propósito de ajuizar a arbitrabilidade dos litígios.

As observações precedentes ajudam-nos a compreender que não é só na área social e económica que o Estado tem vindo a ceder alguns dos seus poderes. Esta situação prende-se, na verdade, com uma concepção global do exercício dos poderes do Estado favorável a uma maior autonomia privada em campos tão diversos como as transacções económicas, a assistência social ou a saúde e, no caso que nos ocupa, o exercício da função jurisdicional. O que é facto é que o exercício da função jurisdicional por privados ultrapassou há muito os casos de comércio internacional que inicialmente constituíram a sua vocação, sendo que hoje a arbitragem, *ad hoc* ou institucionalizada, é um importante meio de resolução de conflitos.

É aqui que se colocam as questões da arbitrabilidade objectiva – matérias que o Estado consente que sejam submetidas a jurisdição privada por via de convenção – e da acção de anulação – forma de controlo, pelo mesmo Estado, da validade intrínseca da arbitragem. Trata-se do verso e do reverso da mesma medalha, naturalmente em estreita ligação e concordância, no sentido em que uma maior amplitude da arbitrabilidade objectiva leva a um maior ou mais abrangente controlo da decisão arbitral.

As questões de saber *como* e sobretudo *quando* esse controlo é efectuado são bastante debatidas. No que respeita aos meios de impugnação da decisão arbitral, discute-se se, para além da acção de anulação, a lei deve ou não admitir, como regra, o recurso da decisão. Esta questão encontra-se resolvida no art. 29º da LAV no sentido da recorribilidade, como regra[68], não se tendo colocado nos acórdãos analisados já que as partes haviam renunciado aos recursos. Já no que respeita ao momento em que o controlo estatal deverá operar tem-se entendido que, se *a priori* não existirem restrições à arbitrabilidade, *a posteriori* terá que existir um maior controlo do respeito pelos princípios e regras estruturantes do sistema jurídico.

Encontra-se aqui uma relação de qualidade entre a arbitrabilidade objectiva e o controlo da decisão arbitral, verificando-se uma tensão entre forças opostas quando se pretende consagrar uma acepção ampla da disponibilidade

---

[68] Em sentido contrário, a proposta da APA para a nova LAV determina, no seu art. 39º, nº 4, a irrecorribilidade da decisão arbitral, salvo quando o contrário resulte da convenção de arbitragem.

do direito e, ao mesmo tempo, desenvolver um controlo apenas formal da decisão arbitral, em defesa da autonomia da arbitragem. Na medida em que se defenda a arbitrabilidade de direitos regulados por normas imperativas, passa também a ser necessário verificar a aplicação das regras e princípios de ordem pública. Ora, de forma a concluir se a decisão arbitral violou ou não uma regra ou um princípio de ordem pública, é necessário entrar na análise do mérito da decisão.

Por outras palavras, enquanto estiverem em causa *direitos absolutamente disponíveis*, a impossibilidade de se proceder à análise do mérito da decisão arbitral é aceitável, cabendo às partes essa responsabilidade porque optaram pela jurisdição privada e pela irrecorribilidade da decisão, provavelmente em nome de outros valores como a celeridade. Aliás, mesmo neste caso, se uma das partes propuser acção de anulação com fundamento na (in)arbitrabilidade do litígio por indisponibilidade do direito, o Tribunal deverá apreciar o fundo da causa a fim de concluir pela procedência ou improcedência da acção. No entanto, a partir do momento em que se admita a arbitrabilidade de *direitos relativamente indisponíveis*, importa controlar a conformidade da decisão com a ordem pública por via da acção de anulação[69], na medida em que a ordem pública constitui um pilar da organização e do modo de funcionamento colectivo da sociedade, transcendendo, assim, a vontade individual.

Em suma, se é defensável, em prol da autonomia da arbitragem, a revisão meramente formal da sentença arbitral através da acção de anulação, quando esteja em causa uma eventual violação da ordem pública deverá permitir-se a análise do mérito da decisão no âmbito da acção de anulação, ainda que restrita à questão da ordem pública.

Recorrendo a legislações estrangeiras, podemos constatar que há ordenamentos jurídicos que não consagram qualquer critério de arbitrabilidade, o que tem como consequência um maior ou mais amplo controlo da decisão arbitral *a posteriori*. Na esteira do modelo anglo-saxónico, os Estados Unidos da América são exemplo disto mesmo, apenas estando vedada a arbitrabilidade dos litígios laborais. No entanto, a jurisprudência tem vindo a afirmar a (in)arbitrabilidade dos litígios que envolvam relevantes interesses públicos[70].

Ao nível da arbitragem internacional, o *Supreme Court* decidiu, no **Caso Mitsubishi** (em que se discutia a aplicação de regras injuntivas de direito da concorrência), pela arbitrabilidade do litígio, referindo, no entanto, que os tribunais norte-americanos podiam reapreciar a decisão arbitral quando fosse pedido o reconhecimento da sentença ao abrigo da Convenção de Nova Iorque. Como

---

[69] A este propósito, cfr. Rui Ferreira, "Anulação da Decisão cit.".
[70] Cláudia Trabuco e França Gouveia, " Arbitrabilidade cit.", p. 9.

ensinam Cláudia Trabuco e Mariana França Gouveia, esta é *"a famosa doutrina do segundo olhar (second look doctrine), de acordo com a qual o controlo do tribunal judicial pode fazer-se apenas depois da arbitragem. Isto é, admite-se um conceito amplo de arbitrabilidade, mas o Estado reserva-se o direito de validar posteriormente a decisão dos árbitros no que diz respeito à aplicação do direito material do estado do reconhecimento. O problema desloca-se, assim, da arbitrabilidade do litígio para o controlo estadual da aplicação das regras de ordem pública do direito do Estado onde é pedido o reconhecimento. Reconhece-se, portanto, que os litígios são arbitráveis, mas não se prescinde do exame posterior da decisão quanto à aplicação das normas de ordem pública"*[71].

Regressando à jurisprudência analisada e encarando os acórdãos na sua globalidade, verificamos estar perante decisões favoráveis à arbitragem, na medida em que, de forma sistemática, se limitam a uma apreciação formal da sentença arbitral, não entrando no mérito da mesma.

Importa, no entanto, reforçar o facto de haver duas situações em que, mesmo no âmbito da acção de anulação, o juiz poderá ver-se confrontado com a necessidade de analisar o mérito da decisão arbitral: pensamos na acção de anulação com fundamento na (in)arbitrabilidade do litígio em função da indisponibilidade do direito ou em violação da ordem pública. O importante neste domínio é reconhecer que se trata de situações excepcionais e que, nos restantes casos, a acção de anulação deve limitar-se a um juízo baseado em invalidades formais da decisão arbitral.

Esta é a única forma de assegurar a autonomia da arbitragem, traduzindo, afinal, o efeito negativo da convenção de arbitragem no sentido de excluir a competência do tribunal judicial para julgar o litígio. No fundo, a questão gira em redor da vontade das partes: estas querem uma solução arbitral, em toda a sua extensão, e não uma solução judicial. Neste sentido, alguma doutrina refere-se à *"definitividade da sentença arbitral"* como princípio e *"tema de identidade e de cultura da arbitragem"*[72] ou ao facto de a arbitragem ser um processo tendente a uma decisão final e vinculativa[73].

Em suma, ponderada a jurisprudência objecto deste estudo, confirma-se o respeito pela autonomia da arbitragem e a aceitação pacífica da arbitrabilidade de litígios respeitantes a direitos *relativamente indisponíveis*. Quanto a este último aspecto, trata-se de uma interpretação ampla e actualista do critério da disponibilidade do direito, consagrado no art. 1º, nº 1 da LAV, que poderá reflectir-se numa diminuição do número de acções de anulação com base neste fundamento.

---

[71] Cláudia Trabuco e França Gouveia, "Arbitrabilidade cit.", p. 11.
[72] Pereira Barrocas, "Contribuição cit.", p. 8.
[73] Alan Redfern e Martin Hunter, *Law and Practice of International Commercial Arbitration*, 2004, nº 9-06.

Os Requisitos Formais e Materiais da Convenção de Arbitragem

por Rute Santos

1. A Convenção Arbitral. 2. Análise Doutrinal dos Requisitos Formais e Materiais da Convenção Arbitral. 3. Interpretação da Convenção Arbitral. 4. Análise Jurisprudencial. 5. Conclusões. 6. Apreciação Crítica.

1. A convenção arbitral

A convenção arbitral pode definir-se como o acordo das partes em cometer a resolução de um litígio actual ou eventual à decisão por árbitros[1].

O art. 1º, nº 1 da Lei nº 31/86, de 29 de Agosto (Lei da Arbitragem Voluntária – doravante "LAV") estatui que *Desde que por lei especial não esteja submetido exclusivamente a tribunal judicial ou a arbitragem necessária, qualquer litígio que não respeite a direitos indisponíveis pode ser cometido pelas partes, mediante convenção de arbitragem, à decisão de árbitros".*

A convenção de arbitragem tem, assim, natureza contratual, tratando-se de um negócio jurídico bilateral. Esta característica verifica-se – segundo Carlos Ferreira de Almeida[2]- quer a convenção arbitral seja parte integrante de um contrato com objecto mais vasto (o que é frequente quando se trate de cláusula

---

[1] Mariana França Gouveia, *Resolução Alternativa de Litígios: Negociação. Mediação. Arbitragem Julgados de Paz* (Relatório apresentado na Faculdade de Direito da Universidade Nova de Lisboa), 2008, p. 54, disponível em http://www.fd.unl.pt/eapoio/eapoio.asp.
[2] Carlos Ferreira de Almeida, "Convenção de Arbitragem: Conteúdo e Efeitos", *in I Congresso do Centro de Arbitragem da Câmara de Comércio e Indústria Portuguesa*, 2008, p. 83.

ANÁLISE DE JURISPRUDÊNCIA SOBRE ARBITRAGEM

compromissória), quer seja estipulada autonomamente (como é regra no caso do compromisso arbitral)[3].

O estudo da convenção arbitral reveste uma inegável importância, porquanto é esta que delimita a competência do tribunal arbitral, cujos poderes jurisdicionais estão limitados aos litígios contemplados na convenção. Assim, na medida em que a decisão arbitral extravase o objecto da convenção de arbitragem, essa decisão será inválida por ter sido proferida por tribunal incompetente [art. 27º, nº 1, al. b)].

A convenção arbitral pode revestir duas modalidades (sistema dualista): cláusula compromissória e compromisso arbitral. Na Convenção de Nova Iorque de 1958 sobre o reconhecimento e a execução de sentenças arbitrais estrangeiras (designadamente no art. II, nº 2) e na Lei-Modelo da UNCITRAL de 1985 (art. 7º, nº 1), a cláusula compromissória distingue-se do compromisso arbitral por constituir uma cláusula inserida num contrato. Perante a LAV, e nos termos do disposto no nº 2, art. 1º, a distinção traça-se em função do carácter actual ou futuro dos litígios que são objecto da convenção de arbitragem. Assim, a cláusula compromissória respeita a litígios eventuais, enquanto o compromisso arbitral incide sobre litígios actuais[4].

No que concerne aos efeitos da celebração de uma convenção de arbitragem, vale o princípio da equiparação da cláusula compromissória ao compromisso arbitral (também designado por princípio da autosuficiência da cláusula compromissória), que determina que ambas as modalidades da convenção arbitral produzem, essencialmente, os mesmos efeitos[5]. De facto, a celebração de uma convenção de arbitragem – em qualquer uma das suas modalidades – reveste, essencialmente, efeitos de natureza processual, traduzindo-se na falta de jurisdição dos tribunais judiciais para conhecerem do objecto da convenção. Assim, na eventualidade de ser proposta junto destes uma acção relativa a um litígio abrangido por uma convenção de arbitragem, verifica-se a excepção dilatória de preterição de tribunal arbitral voluntário [art. 494º, al. j) do Código de Processo Civil (CPC)] que determina a absolvição do réu da instância, nos termos do art. 493º, nº 2 do CPC.

---

[3] Raul Ventura – "Convenção de Arbitragem", *in ROA*, ano 46, nº 2, p. 298 – refere que a questão é de menor interesse, pois ainda que não se trate de um contrato em sentido técnico-jurídico, serão aplicáveis à convenção de arbitragem as regras gerais dos contratos.
[4] Este critério de distinção transitou para o art. 1º, nº 3 da proposta de nova LAV recentemente apresentada pela Associação Portuguesa de Arbitragem ("APA"), disponível em http://arbitragem.pt/noticias/proposta-de-lav-13052010.pdf.
[5] Dário Moura Vicente, "A Manifestação do Consentimento na Convenção de Arbitragem", *in RFDUL*, ano 43, nº 2, p. 988.

De destacar ainda que a convenção de arbitragem, na modalidade de compromisso arbitral, pode ser celebrada na pendência do processo judicial, implicando, nos termos dos arts. 287º, al. b) e 290º do CPC, a extinção da instância.

2. Os requisitos formais e materiais da convenção arbitral

A convenção de arbitragem, em qualquer das suas modalidades, constitui um negócio jurídico processual[6].

Para que o tribunal arbitral seja competente para dirimir o litígio com que é confrontado, é necessário que a convenção de arbitragem seja válida e eficaz. Caso contrário – isto é, se a convenção for inválida ou ineficaz – o tribunal será incompetente para conhecer do litígio, o que se traduz num fundamento de anulação da decisão arbitral que vier a ser proferida [art. 27º, nº 1, al. b) da LAV].

A validade da convenção arbitral tem sido analisada em atenção aos seguintes aspectos: as partes, vontade das partes, acordo das partes, requisitos de arbitrabilidade, de forma e de conteúdo e, finalmente, autonomia da convenção de arbitragem. Propomo-nos, pois, de seguida, fazer uma breve resenha da doutrina existente nestas matérias e tecer algumas considerações a este propósito.

2.1. As partes de uma convenção de arbitragem

Como afirma Pedro Gonçalves[7], a convenção de arbitragem é um negócio *inter partes*. As partes são, pois, um elemento determinante, na medida em que são estas que acordam submeter determinado litígio à arbitragem. Na ausência de qualquer norma especial na LAV que regule a capacidade jurídica para celebrar convenções de arbitragem, esta deverá aferir-se pelas regras gerais.

Assim sendo, os menores não podem celebrar convenções arbitrais, já que estas não se enquadram nas situações em que lhes é reconhecida capacidade para o exercício de direitos [art. 127º do Código Civil (CC)][8]. Quanto aos cônjuges, podem levantar-se algumas dúvidas sobre a legitimidade de um deles para celebrar, por si só, convenção de arbitragem. Raul Ventura parece entender que a legitimidade para a celebração de convenção arbitral está relacionada com a legitimidade para a prática do acto a que a convenção respeite,

---

[6] José Lebre de Freitas, "Algumas Implicações da Natureza da Convenção de Arbitragem", *in Estudos em Homenagem à Professora Doutora Isabel de Magalhães Collaço*, 2002, p. 627.

[7] *Apud.* Fernanda da Silva Pereira, *Arbitragem Voluntária Nacional. Impugnação de Sentenças Arbitrais – o Tortuoso e Longo Caminho a Percorrer*, 2009, p. 36.

[8] Raul Ventura, "Convenção cit.", pp. 305 e 306.

bem como que a convenção arbitral celebrada por apenas um dos cônjuges não vincula o outro[9].

Por seu turno, admite-se que os mandatários das partes possam celebrar convenções de arbitragem em nome destas desde que tenham poderes especiais para o efeito. Quanto ao Estado e demais pessoas colectivas de direito público, entende-se que podem celebrar convenções de arbitragem, ao abrigo do disposto nos arts. 1º, nº 4 da LAV e 180º e ss. do Código do Processo nos Tribunais Administrativos. Por fim, no que respeita aos grupos de sociedades, parte da doutrina sustenta que a sociedade dominante apenas pode celebrar convenções arbitrais em nome da sociedade dominada caso exista uma procuração ou uma relação de mandato[10].

Por fim, importa salientar que é admissível a pluralidade de partes no âmbito do processo arbitral[11], assim como a intervenção de terceiros[12]. No entanto, uma vez que ambas as hipóteses levantam questões específicas que não foram afloradas em qualquer dos acórdãos adiante analisados, esta matéria não será tratada no presente estudo.

2.1.1. A vontade das partes

A convenção de arbitragem corresponde a um encontro de vontades das partes no sentido de submeter determinado litígio à jurisdição arbitral. Sem este encontro de vontades, não será possível a celebração de uma convenção de arbitragem válida. É ainda necessário que essa vontade seja actual, não sendo permitido às partes remeterem para momento posterior a decisão sobre a submissão de um determinado litígio à arbitragem[13].

No entanto, a vontade das partes pode ser atingida por vícios ao nível da formação do negócio ou da declaração negocial, sendo possível a anulação da convenção arbitral no caso de se ter verificado erro, dolo ou coacção[14].

2.1.2. O acordo das partes – o regime das cláusulas contratuais gerais

A questão que se coloca nesta sede consiste em saber se a adesão a cláusulas contratuais gerais é ou não uma forma válida de manifestação do consenti-

---

[9] Raul Ventura, "Convenção cit.", pp. 306 a 309. No mesmo sentido, cfr. Armindo Ribeiro Mendes, *Sumários da Disciplina de Práticas Arbitrais do Mestrado Forense da Universidade Católica*, [s.d], pp. 58 e 59, disponível em http://arbitragem.pt/estudos/sumarios-praticas-arbitrais-mestrado-forense-da-catolica.pdf.

[10] Raul Ventura, "Convenção cit.", pp. 309 a 312 e Ribeiro Mendes, *Sumários cit.*, p. 59.

[11] Manuel Botelho da Silva, "Pluralidade de Partes em Arbitragens Voluntárias", *in Estudos em Homenagem à Professora Doutora Isabel de Magalhães Collaço*, vol. II, 2002, pp. 499 a 538.

[12] Carla Gonçalves Borges, "Pluralidade de Partes e Intervenção de Terceiros na Arbitragem", *in Themis*, ano VII, nº 13, pp. 109 a 153.

[13] Raul Ventura, "Convenção cit.", p. 345.

[14] Ribeiro Mendes, *Sumários cit.*, p. 59.

mento quanto à convenção de arbitragem delas constante. No fundo, procura evitar-se que a convenção de arbitragem passe despercebida ao aderente (que é, normalmente, a parte mais fraca na relação contratual)[15].

A LAV não estabelece qualquer exigência de forma destinada especificamente a tutelar a posição do aderente. Vale, assim, neste domínio, o regime do DL nº 446/85, de 25 de Outubro (Lei das Cláusulas Contratuais Gerais, doravante "LCCG")[16]. Assim, por força dos arts. 4º a 6º da LCCG, as cláusulas contratuais gerais apenas se incluem nos contratos singulares pela sua aceitação e desde que o proponente tenha observado os deveres de comunicação e de informação a que está obrigado. Adicionalmente, Dário Moura Vivente[17] entende que a aceitação das cláusulas contratuais gerais de que conste convenção arbitral deve ser reduzida a escrito, nos termos do art. 2º, nºs 1 e 2 da LAV.

Na LCCG encontram-se duas normas que têm suscitado algumas dúvidas de interpretação na doutrina. Falamos, por um lado, do art. 21º, al. h), no qual se pode ler que *"São em absoluto proibidas, designadamente, as cláusulas contratuais gerais que (...) excluam ou limitem de antemão a possibilidade de requerer tutela judicial para situações litigiosas que surjam entre os contratantes ou prevejam modalidades de arbitragem que não assegurem as garantias de procedimento estabelecidas na lei"*. Ora, não é inteiramente claro a que "arbitragem" se refere o legislador nem qual a "lei" que a parte final da norma tem em vista, sendo pertinente perguntar se se trata da LAV.

No entender de Luís de Lima Pinheiro[18], *"Parece razoavelmente seguro que não decorre daí qualquer limite à arbitrabilidade em matéria de litígios emergentes de contratos com consumidores"*. No mesmo sentido, Dário Moura Vicente[19] defende que a intenção do legislador não é a de proibir a celebração de convenções de arbitragem no âmbito das relações com consumidores, mas sim a de impedir o afastamento da jurisdição estadual, criando uma espécie de competência concorrente dos tribunais judiciais. Assim, na perspectiva deste autor, o legislador português *"acautelou, pois, a posição do aderente a essa convenção preferentemente no plano processual, atribuindo-lhe a faculdade de optar entre o foro arbitral e o estadual"*.

Relativamente a esta questão, refira-se que o Supremo Tribunal de Justiça, no *"Caso PT II"*[20], concluiu que a convenção de arbitragem submetida à sua apreciação era válida, na medida em que respeitava a LAV. Por seu turno,

---

[15] Moura Vicente, "A Manifestação cit.", p. 996.

[16] Este diploma foi parcialmente alterado pelo DL nº 220/95, de 31 de Janeiro e pelo DL nº 249/99, de 7 de Julho.

[17] Moura Vicente, "A Manifestação cit.", p. 997.

[18] Luís de Lima Pinheiro, *Arbitragem Transnacional – A Determinação do Estatuto da Arbitragem*, 2005, p. 91

[19] Moura Vicente, "A Manifestação cit.", p. 998.

[20] Cfr. *infra*, pp. 184 e 185.

Mariana França Gouveia considera que defender a existência de competência concorrente, apenas invocável pelo consumidor, conduziria a um regime *"algo híbrido com consequências difíceis de prever do ponto de vista dogmático"*[21].

A este propósito, levanta-se a questão de saber se a interpretação do art. 21º, al. h) no sentido de impor a competência concorrente entre o tribunal arbitral e o tribunal estadual não encerrará, porventura, uma atitude de desconfiança quanto à arbitragem. Tal como refere Mariana França Gouveia, *"Se a questão é de erro do consumidor, de falta de informação ou de incompreensão em relação ao que é a arbitragem o problema é de consentimento, de vontade. Em relação a esses eventuais vícios são aplicáveis as regras gerais da formação do contrato"*[22].

A outra norma da LCCG que tem gerado alguma controvérsia é o art. 19º, al. g), que determina a proibição das cláusulas contratuais gerais que *"estabeleçam um foro competente que envolva graves inconvenientes para uma das partes, sem que os interesses da outra o justifiquem"*. Para Luís de Lima Pinheiro[23] e Raul Ventura[24], esta norma é aplicável à arbitragem com base numa interpretação extensiva da expressão "foro competente", embora ambos reconheçam que a arbitragem apenas acarretará graves inconvenientes para uma das partes em casos excepcionais.

2.2. Arbitrabilidade do litígio

A arbitrabilidade do litígio é encarada como o primeiro requisito de validade da convenção de arbitragem[25]. A arbitrabilidade pode ser objectiva ou subjectiva, prendendo-se esta última com a questão de saber se as entidades públicas podem ou não celebrar convenções arbitrais[26].

No que respeita à arbitrabilidade objectiva, a LAV determina a (in)arbitrabilidade dos litígios submetidos a arbitragem necessária (assim, p.e, o art. 221º, nº 4 do Código de Direitos de Autor) e daqueles que sejam da competência exclusiva dos tribunais judiciais (p.e, processo criminal ou insolvência) ou que respeitem a direitos indisponíveis. Assim, se os litígios que digam respeito a direitos disponíveis são, salvo disposição legal em contrário, arbitráveis, já os litígios que digam respeito a direitos indisponíveis não são arbitráveis. Pese embora a aparente facilidade de distinção, há bastantes casos de fronteira que dificultam a aplicação do critério da disponibilidade do direito.

---

[21] França Gouveia, *Resolução Alternativa cit.*, p. 58.
[22] França Gouveia, *Resolução Alternativa cit.*, pp. 58 e 59.
[23] Lima Pinheiro, *Arbitragem cit.*, p. 92.
[24] Raul Ventura, "Convenção de Arbitragem e Cláusulas Contratuais Gerais", *in ROA*, ano 46, nº 1, pp. 44 e 45.
[25] França Gouveia, *Resolução Alternativa cit.*, p. 59.
[26] Cfr. *supra*, p. 170.

A questão da arbitrabilidade objectiva não será aprofundada neste estudo, uma vez que será devidamente analisada em dois textos que também fazem parte desta obra[27].

2.3. Forma da convenção

Já anteriormente dissemos que a convenção de arbitragem tem subjacente um acordo de vontades, acordo esse que apenas adquire relevância jurídica se for exteriorizado. Ora, a exteriorização da vontade das partes no sentido de submeter a decisão de um determinado litígio à arbitragem corresponde à forma da convenção de arbitragem[28].

A LAV determina, no seu art. 2°, n$^\circ$ 1, que a convenção de arbitragem *"deve ser reduzida a escrito"*. O n$^\circ$ 2 deste art. vem esclarecer que se considera reduzida a escrito a convenção que conste de documento assinado pelas partes, bem como aquela que resulte da troca de cartas, telex, telegramas ou outros meios de comunicação de que fique prova escrita. De sublinhar que, como resulta da parte final do n$^\circ$ 2 do art. 2°, a exigência de forma escrita será preenchida quer a convenção de arbitragem conste de um dos documentos referidos, quer deles conste uma remissão para um documento que contenha uma convenção de arbitragem (cfr. *"Caso Nova Dehl"*[29]).

Ao consagrar uma acepção ampla da forma escrita, a lei teve em vista os modernos meios de comunicação, designadamente o correio electrónico, sem, no entanto, sacrificar a necessária segurança jurídica[30]. Refira-se ainda que o acolhimento desta solução na LAV surgiu na esteira da Convenção de Nova Iorque[31] e da Lei-Modelo da UNCITRAL[32].

---

[27] Falamos dos textos de Isabel Gonçalves – "A Não Arbitrabilidade como Fundamento de Anulação da Sentença Arbitral na Lei de Arbitragem Voluntária" e de Joana Galvão Teles – "A Arbitrabilidade dos Litígios em Sede de Invocação de Excepção de Preterição do Tribunal Arbitral Voluntário".

[28] Moura Vicente, "A Manifestação cit.", p. 990.

[29] Cfr. *infra*, pp. 193 e 194.

[30] O projecto de nova LAV apresentado pela APA acrescentou à parte final do n$^\circ$ 2 do art. 2° a referência expressa aos *"meios electrónicos de comunicação"*, de forma a dissipar quaisquer dúvidas que pudessem subsistir a este respeito.

[31] A Convenção de Nova Iorque de 1958 determina, no art. II, n$^\circ$ 2, o que se entende por convenção escrita. No entanto, tal como refere Ribeiro Mendes, *Sumários cit.*, pp. 56 e 57, a generalização dos meios de comunicação digital suscitou dúvidas acerca da exigência de um documento escrito e assinado pelas partes. Para fazer face a esta questão, a UNCITRAL aprovou, em Julho de 2006, uma recomendação, indicando aos Estados que devem interpretar a enumeração constante do art. II, n$^\circ$ 2 da Convenção como não sendo exaustiva.

[32] Após as alterações levadas a cabo em 2006, a Lei-Modelo da UNCITRAL limita-se a exigir que o conteúdo da convenção de arbitragem seja reduzido a escrito (art. 7°, n$^\circ$ 3): cfr., a este propósito, Ribeiro Mendes, *Sumários cit.*, p. 56.

Esta não é, no entanto, matéria isenta de dúvidas e questões na doutrina, como teremos ocasião de constatar.

2.3.1. Outras considerações referentes à exigência de forma escrita

A exigência de forma escrita para a convenção de arbitragem – inclusive quando esta respeite a um contrato que não esteja sujeito à observância de forma especial – justifica-se tendo em conta, designadamente[33]:

– Os efeitos associados à celebração de uma convenção arbitral, que se traduzem na atribuição a cada uma das partes do direito potestativo de constituir tribunal arbitral, com a consequente renúncia ao direito de acção judicial nos termos impostos pelo efeito negativo do princípio da competência da competência do tribunal arbitral.

– A necessidade de delimitar com clareza e precisão o conteúdo e, em particular, o objecto da convenção de arbitragem, assim contribuindo para uma maior certeza dos árbitros e das partes quanto às questões cometidas à jurisdição arbitral. Este aspecto assume, aliás, particular relevância quando o conflito já se encontra instalado, dado o possível interesse de uma das partes em atrasar o processo.

A convenção arbitral que não revista forma escrita é nula (art. 3º da LAV), acarretando a incompetência do tribunal arbitral, que, como já se referiu[34], constitui fundamento de anulação da decisão que este vier a proferir [art. 27º, nº1, al. b)]. Esta nulidade pode ser sanada se não for invocada no processo arbitral, uma vez que, se não for alegada até à apresentação da defesa ou em conjunto com esta e a parte dela tiver conhecimento, fica precludida a sua alegação (arts. 21º, nº 3 e 27º, nº 2).

2.3.2. Convenção de arbitragem por referência a outros documentos

Na realidade negocial, com alguma frequência, um contrato negociado pelas partes remete para um contrato-tipo ou para um contrato celebrado entre uma das partes e um terceiro. Levanta-se aqui a questão de saber se, contendo o contrato para o qual foi feita a remissão uma convenção de arbitragem, as partes ficam ou não vinculadas a esta[35].

O art. 2º, nº 2 da LAV reconhece validade à convenção de arbitragem *per relationem*, ou seja, concluída por remissão do contrato para outro documento. Ponto essencial é que esta remissão tenha, em conformidade com a Lei-

---

[33] França Gouveia, *Resolução Alternativa cit.*, pp. 63 a 65.
[34] Cfr. *supra*, pp. 168 e 169.
[35] Moura Vicente, "A Manifestação cit.", p. 999.

Modelo da UNCITRAL, o sentido de incorporar a convenção de arbitragem no contrato[36].

O exacto alcance desta remissão é, no entanto, objecto de controvérsia. Mariana França Gouveia[37] considera que *"A remissão suficiente é aquela que permite encontrar a convenção arbitral sobre o litígio em causa em documentos inseridos no processo negocial do contrato (...) ou da própria celebração da convenção arbitral (se posterior ou autonomizada)"*.

Por seu turno, Dário Moura Vicente entende que, em face da LAV, é *"admissível uma referência genérica ao documento que contém a convenção, contanto que esta haja sido comunicada à parte a quem a mesma é oposta"*[38]. No entanto, o autor sustenta que *"uma referência genérica ao documento que contém a convenção de arbitragem deveria bastar, independentemente da sua comunicação por uma das partes à outra, desde que as circunstâncias do caso – v. g. a existência de relações comerciais duradouras entre elas – permitissem concluir que a parte a quem a convenção é oposta tinha conhecimento dela no momento da conclusão do contrato e aceitou a sua inclusão neste"*[39]. Refira-se que esta última posição tem sido acolhida na jurisprudência e nas legislações de diversos países europeus[40].

2.3.3 Convenção de arbitragem celebrada por meios electrónicos

A questão de saber se a celebração de convenção arbitral por meios electrónicos (nomeadamente através da *Internet*) é ou não admissível reveste bastante pertinência dado o crescente recurso a este expediente.

A dúvida centra-se nos documentos electrónicos não assinados, uma vez que aqueles que sejam assinados electronicamente são, nos termos do art. 3º, nº 2 do DL nº 290-D/99, de 2 de Agosto, equiparados aos documentos particulares. Ora, os documentos electrónicos não assinados devem ser equiparados aos demais documentos não assinados, como é o caso dos telex, telegramas ou outros meios de comunicação de que fique prova escrita, previstos no art. 2º, nº 2 da LAV[41]. Esta é, aliás, a solução que parece resultar do art. 3º, nº 1 do DL nº 290-D/99 – que estabelece que o *"documento electrónico satisfaz o requisito legal de forma escrita quando o seu conteúdo seja susceptível de representação como declara-*

---

[36] A Lei-Modelo determina, no art. 7º, nº 2, que *"A referência num contrato a um documento que contenha uma cláusula compromissória equivale a uma convenção de arbitragem, desde que o referido contrato revista a forma escrita e a referência seja feita de tal modo que faça da cláusula uma parte do contrato"*. Foi também esta a solução adoptada pelo art. 2º, nº 4 do projecto de LAV apresentado pela APA.

[37] França Gouveia, "Resolução Alternativa cit.", p. 65.

[38] Moura Vicente, "A Manifestação cit.", p. 999.

[39] Moura Vicente, "A Manifestação cit.", p. 1000.

[40] Fouchard, Gaillard e Goldman, *On International Commercial Arbitration*, org. Emmanuel Gaillard e John Savage, 1999, pp. 273 a 278.

[41] França Gouveia, *Resolução Alternativa cit.*, p. 65.

ção escrita" – e do art. 26º, nº 1 do DL nº 7/2004, de 7 de Janeiro[42] – nos termos do qual as *"declarações emitidas por via electrónica satisfazem a forma escrita quando contidas em suporte que ofereça as mesmas garantias de fidedignidade, inteligibilidade e conservação".*

No mesmo sentido, a exigência de forma escrita constante da Convenção de Nova Iorque parece bastar-se com um registo das declarações escritas em suporte de papel ou em suporte magnético. Nestes termos, tal como refere Luís de Lima Pinheiro, *"constitui uma convenção escrita, no sentido da Convenção, a que resulta de uma troca de mensagens de correio electrónico ou mesmo de um clique num ícone contido num sítio da Internet que exprima a aceitação de uma cláusula geral aí visível"*[43].

A principal diferença no regime dos documentos electrónicos assinados e não assinados está relacionada com a respectiva força probatória, tal como sustenta Dário Moura Vicente[44]. Assim, os documentos electrónicos assinados – na medida em que são documentos particulares (art. 373º, nº 1 do CC) – produzem força probatória plena quanto às declarações atribuídas ao seu autor, nos termos do art. 376º, nº 1 do CC. Já os documentos electrónicos não assinados, embora satisfaçam o requisito da forma escrita, são apreciados nos "termos gerais de direito" (art. 3º, nº 5 do DL nº 290-D/99).

2.3.4. Manifestação tácita do consentimento

A possível relevância do consentimento tácito em relação a uma convenção de arbitragem coloca-se naqueles casos em que uma das partes, confrontada com uma proposta contratual que inclui uma cláusula arbitral, inicia a execução do contrato sem comunicar à contraparte a sua aceitação.

Em face da Convenção de Nova Iorque, a doutrina e jurisprudência maioritárias têm defendido que a manifestação tácita do consentimento não preenche os requisitos formais previstos no art. II, nº 2. Tal como refere Luís de Lima Pinheiro – apoiando-se na posição de diversos autores – *"Certo é que não basta uma aceitação oral nem uma aceitação tácita que não resulte de um escrito, mesmo que tal aceitação corresponda aos usos do comércio num determinado sector da actividade económica"*[45].

Face ao Direito Português, o art. 217º, nº 2 do CC estabelece que o carácter formal da declaração não impede que ela seja emitida tacitamente, desde que a forma tenha sido observada quanto aos factos de que a declaração se deduz. Transpondo esta regra para o problema em análise, basta que o facto do qual

---

[42] Este diploma transpôs para a ordem jurídica nacional a Directiva Comunitária 2000/31/CE sobre o comércio electrónico.

[43] Lima Pinheiro, *Arbitragem cit.*, pp. 93 e 94.

[44] Moura Vicente, "A Manifestação cit.", pp. 1002 e 1003.

[45] Lima Pinheiro, *Arbitragem cit.*, p. 93.

se deduz o consentimento (facto concludente) revista a forma escrita para que se possa concluir pela validade da manifestação tácita do consentimento em relação à convenção de arbitragem.

Retomando o exemplo inicial, a execução do contrato não obedece, por natureza, à forma escrita, pelo que, muito embora aponte no sentido da aceitação do contrato e da convenção de arbitragem nele contida, não constitui uma forma válida de manifestação do consentimento quanto à convenção arbitral[46].

2.3.5. Valor do silêncio

Importa, por fim, analisar a questão de saber se o silêncio – correspondente à ausência de manifestação de vontade – pode ser encarado como uma forma de manifestação de consentimento quanto a uma convenção de arbitragem. O art. 218º do CC determina que o silêncio apenas vale como declaração negocial quando esse valor lhe seja atribuído por lei, por uso ou por convenção. É de salientar, no entanto, que esta regra não interfere com os casos em que a lei imponha uma forma *ad substantiam*, sob pena de esta poder ser afastada pelas partes, assim se sacrificando os interesses públicos que a exigência formal visa tutelar.

Assim, na medida em que o art. 2º da LAV impõe a forma escrita para a celebração de convenção de arbitragem, deve concluir-se pela exclusão do valor negocial do silêncio neste particular[47].

2.4 Conteúdo da convenção arbitral

A este propósito, importa distinguir o conteúdo essencial (ou obrigatório) da convenção de arbitragem do seu conteúdo facultativo[48]. O conteúdo essencial resulta da própria lei, que exige a determinação com precisão do objecto do litígio, no caso do compromisso arbitral, e a especificação da relação jurídica a que os litígios dirão respeito, no caso da cláusula compromissória (art. 2º, nº 3 da LAV).

Assim, a lei impõe que as partes refiram, na própria convenção de arbitragem, quais os litígios que pretendem submeter ao tribunal arbitral, subtraindo-os da jurisdição estadual. Quanto ao compromisso arbitral, trata-se de enunciar litígios já existentes; por seu turno, a cláusula compromissória apenas

---

[46] Moura Vicente, "A Manifestação cit.", pp. 993 e 994.
[47] Moura Vicente, "A Manifestação cit.", pp. 994 a 996.
[48] França Gouveia, *Resolução Alternativa cit.*, p. 66.

delimita o tipo de litígio (ou litígios) eventualmente abrangido no âmbito de certa relação jurídica (art. 1º, nº 2 da LAV)[49,50].

Posteriormente, no momento em que se pretenda encetar o processo arbitral, cabe à parte requerente, nos termos do art. 11º, nº 3, precisar o objecto do litígio se este não tiver resultar já da convenção de arbitragem. Em bom rigor, tal como defende José Lebre de Freitas[51], *"Não se trata (...) de «precisar» o objecto do litígio, mas sim de demarcar, sem precisar, o campo dentro do qual a petição inicial e a eventual reconvenção irão, essas sim, conformar o objecto do processo arbitral: nem o pedido tem de ser estritamente formulado, bastando individualizar os conflitos de interesses sobre os quais ele irá ser deduzido na petição, nem a causa de pedir tem de ser fundamentada, bastado identificar, grosso modo, a ocorrência, ou as ocorrências, em que o autor baseia o pedido. De outro modo, estar-se-ia, injustificadamente, a antecipar o momento normal em que é exigido ao autor (...) que conforme o objecto do processo"*.

Em suma, quando tal não resulte da convenção arbitral, a notificação inicial e a notificação de resposta permitem determinar as matérias sobre as quais os árbitros serão chamados a pronunciar-se (art. 11º, nº 3 da LAV). Refira-se ainda que a determinação do objecto do litígio corresponde a (mais) uma manifestação do exercício, pelas partes, dos poderes de autonomia negocial por meio da qual estas definem o campo de actuação dos árbitros, assim limitando os poderes de cognição destes. De destacar que não pode haver qualquer interferência do tribunal – arbitral ou judicial – na definição do objecto do litígio, cabendo-lhe apenas a verificação da conformidade deste com o âmbito objectivo da convenção de arbitragem[52].

Importa, por fim, saber qual a consequência da falta de determinação da convenção arbitral, questão que não tem resposta expressa na LAV. Mariana França Gouveia inclina-se para a nulidade da convenção de arbitragem no caso prefigurado, defendendo que se verifica uma lacuna susceptível de ser preenchida por recurso ao art. 3º da LAV, na medida em que a situação *"equivale a inexistência de forma escrita – o problema é de segurança quanto à jurisdição do*

---

[49] Tal como refere Ribeiro Mendes, *Sumários cit.*, p. 51, é mais rigorosa, quanto à cláusula compromissória, a referência à *determinabilidade*, uma vez que apenas é exigida a indicação da fonte de onde poderão surgir eventuais litígios. Importa, contudo, destacar que será inválida uma cláusula que determine, genericamente, a submissão à arbitragem de *"todos e quaisquer litígios que surjam entre os outorgantes"* (exemplo dado por Ribeiro Mendes, *ibidem*). De facto, a lei exige – como requisito mínimo de determinabilidade – a identificação da situação jurídica em nome da segurança na atribuição de jurisdição ao tribunal arbitral.

[50] José Lebre de Freitas, "Algumas Implicações cit.", pp. 630 e 631.

[51] José Lebre de Freitas, "Alcance da Determinação pelo Tribunal Judicial do Objecto do Litígio a submeter a Arbitragem", *in O Direito*, ano 138, nº 1, p. 67.

[52] Lebre de Freitas, "Algumas Implicações cit.", pp. 632 e ss.

tribunal arbitral"[53]. No entender da autora, devem também aplicar-se ao caso em análise o prazo de alegação da nulidade, previsto no art. 21º, nº 3, e a consequente preclusão do fundamento de anulação da decisão arbitral (art. 27º, nº 2). No mesmo sentido, Luís de Lima Pinheiro entende que *"a convenção de arbitragem insuficientemente determinada não produz quaisquer efeitos, constituindo uma causa de invalidade que só formalmente se distingue das causas de nulidade estabelecidas no art. 3º LAV"*[54].

Esta solução vai, aliás, ao encontro do disposto na Convenção de Nova Iorque. De facto, segundo a interpretação maioritária do texto da Convenção, a falta de determinação da convenção arbitral é fundamento de não reconhecimento da sentença arbitral estrangeira, de acordo com o art. V, nº 1, al. a).

No que concerne ao *conteúdo complementar* da convenção de arbitragem, este pode ser muito diverso: assim, dela pode constar a fixação do local da arbitragem, a determinação do número e identidade dos árbitros e da forma da sua designação, a escolha de regras processuais ou a remissão para o regulamento de um centro de arbitragem, entre outras matérias. Por vezes, procede-se à delimitação dos poderes jurisdicionais: assim, por exemplo, as estipulações que permitem o julgamento segundo a equidade – art. 22º da LAV – ou que remetem para as normas de um determinado direito estadual – art. 33º. A convenção de arbitragem pode também conter regras sobre a remuneração dos árbitros (art. 5º), o prazo da decisão (art. 19º, nº 1), a deliberação (art. 20º) ou os recursos (art. 29º)[55].

Impõe-se uma breve nota sobre o problema das "cláusulas de arbitragem patológicas" (Eisemann), ou seja, cláusulas de arbitragem cuja redacção, embora ambígua ou defeituosa, não impede a válida submissão do litígio à jurisdição arbitral[56]. Neste particular, importa distinguir os casos em que a incorrecção ou ambiguidade da convenção possam ser ultrapassadas mediante interpretação da declaração negocial das partes, por um lado, daqueles casos em que, pelo contrário, se verifique uma contradição insanável (assim, por exemplo, se o mesmo litígio for cometido, em simultâneo, à decisão por árbitros e a um tribunal estadual, uma vez que não será possível descortinar qual a vontade das partes)[57]. Apenas neste último caso se verificará a nulidade da convenção de arbitragem.

---

[53] França Gouveia, *Resolução Alternativa cit.*, p. 66.
[54] Lima Pinheiro, *Arbitragem cit.*, p. 103.
[55] Cfr., a este propósito, Ferreira de Almeida, "Convenção cit.", pp. 88 e 89 e França Gouveia, *Resolução Alternativa cit.*, p. 66.
[56] Cfr. Raul Ventura, "A Convenção cit.", pp. 367 e 368 e Ribeiro Mendes, *Sumários cit.*, pp. 52 e 53.
[57] Exemplo dado por Ribeiro Mendes, *Sumários cit.*, p. 53.

2.5 Autonomia da convenção de arbitragem

Quando a convenção arbitral se insere num contrato com objecto mais vasto coloca-se a questão de saber se a sua validade e eficácia depende da validade e eficácia do contrato principal.

Trata-se de uma questão que reveste bastante interesse, na medida em que a competência do tribunal arbitral – porque convencional – é condicionada pela validade da convenção de arbitragem. Assim, caso a validade da convenção arbitral estivesse na dependência da validade do contrato, a simples invocação da invalidade do contrato permitiria o recurso ao tribunal judicial e condicionaria a competência do tribunal arbitral àqueles casos em que o tribunal judicial declarasse o contrato válido.

De forma a evitar esta situação, alguns ordenamentos jurídicos estabelecem a regra da autonomia da convenção de arbitragem face ao contrato principal[58], que postula – tal como o próprio nome indica – que a validade e a eficácia da convenção devem ser apreciadas isoladamente, com autonomia em relação à análise da validade e da eficácia do contrato em que a cláusula arbitral se insira. A LAV recebe esta mesma regra no art. 21º, nº 2, ao estabelecer que *"a nulidade do contrato em que se insira uma convenção de arbitragem não acarreta a nulidade desta, salvo quando se mostre que ele não teria sido concluído sem a referida convenção"*.

Tal como salienta Luís de Lima Pinheiro (restringindo, embora, a análise à cláusula compromissória), da regra da autonomia da convenção de arbitragem resulta que *"o tribunal arbitral tem competência para apreciar a validade e eficácia da cláusula compromissória mesmo que se discuta a validade e eficácia do contrato, e que, caso considere a cláusula válida e o contrato inválido, tem competência para decidir sobre as consequências da invalidade do contrato"*[59]. No fundo, a cláusula compromissória é encarada como um negócio jurídico autónomo quando se trata de apreciar a competência do tribunal arbitral, nada obstando a que, quanto a outras questões, seja considerada como um elemento acessório do contrato[60].

3. Interpretação da convenção de arbitragem

Uma nota final para a questão da interpretação da convenção de arbitragem que, embora não se enquadre directamente no tema deste estudo, está relacionada com o mesmo, atenta a necessidade de interpretar a convenção a fim de determinar se o objecto do litígio submetido a tribunal arbitral nela se encontra previsto. Nesta matéria, são aplicáveis os critérios gerais de interpretação de

---

[58] Uma parte significativa da doutrina anglo-saxónica prefere falar em *separability*.
[59] Lima Pinheiro, *Arbitragem cit.*, p. 120.
[60] Lima Pinheiro, *Arbitragem cit.*, pp. 120 e 121.

negócios jurídicos – arts. 236º a 238º do CC – e ainda os arts. 10º e 11º da LCCG (caso a convenção arbitral constitua uma cláusula contratual geral), sempre com as especificidades que decorrem do regime jurídico do tipo contratual em questão.

A principal especificidade que se coloca resulta da natureza formal da convenção de arbitragem, sujeita por lei à forma escrita (nos termos do art. 2º, nºs 1 e 2 da LAV), o que impõe o recurso ao art. 238º do CC. Assim, a interpretação da convenção arbitral tem como limite *um mínimo de correspondência no texto do respectivo documento, ainda que imperfeitamente expresso"* (art. 238º, nº 1 do CC). Importa ainda salientar que a ressalva constante do nº 2 do art. 238º não é aplicável *in casu*, independentemente da vontade real das partes, atentas as razões que determinam a exigência legal de forma escrita. De facto – tal como se referiu anteriormente[61] – a natureza formal da convenção de arbitragem surge como um meio para assegurar a *"delimitação precisa do seu conteúdo, em especial do seu objecto, conferindo às partes e aos árbitros certeza e segurança acerca do âmbito das questões submetidas à jurisdição arbitral e, portanto, subtraídas à jurisdição estadual"*[62,63].

4. Análise Jurisprudencial

"Caso do Contrato-Promessa"

A Autora propôs acção declarativa contra a Ré para execução específica de um contrato-promessa referente à aquisição de um lote de terreno para construção urbana. A Ré, em sede de contestação, e atenta a inserção no referido contrato de uma cláusula compromissória, veio invocar a excepção dilatória de preterição de tribunal arbitral voluntário, prevista no (então) art. 494º, al. h) do CPC[64]. A excepção foi julgada procedente no despacho saneador e, em consequência, a Ré foi absolvida da instância.

A Autora recorreu, pedindo a revogação do despacho saneador. Alegou, para tanto, que o litígio não se encontrava abrangido no âmbito da cláusula compromissória celebrada pelas partes, uma vez que esta apenas se aplicava

---

[61] Cfr. *supra*, p. 174.

[62] Ferreira de Almeida, "Convenção cit.", p. 91.

[63] A título informativo, e atenta a possibilidade de um estudo mais aprofundado do tema, indicam-se alguns acórdãos que abordam esta matéria: acs. TRL de 31.3.1992, proc. nº 0057461, de 13.10.1992, proc. nº 0057341 e *"Caso Sporting"*; acs. TRP de 23.3.2004, proc. nº 0326177 e no *"Caso do Fornecimento de Moldes"*; acs. STJ de 2.5.1978, proc. nº 067102, de 2.12.1993, proc. nº 084696, de 11.2.2003, proc. nº 02A4683 e de 30.9.2004, proc. nº 04B2545 e ac. STA de 18.11.1998, proc. nº 013730.

[64] A excepção dilatória de preterição de tribunal arbitral voluntário (ou de violação de convenção de arbitragem) encontra-se actualmente prevista na al. j) do art. 494º do CPC.

a *"todos os problemas que eventualmente surjam na interpretação como na aplicação das cláusulas da presente escritura"*.

O Tribunal da Relação de Lisboa procedeu à análise da cláusula constante do contrato-promessa, considerando necessário, por um lado, saber se esta era ou não uma cláusula compromissória e, por outro lado, saber quais as questões por ela abrangidas.

O Tribunal considerou que se tratava de uma cláusula compromissória, acrescentando que a mesma estabelecia o nexo causal entre o contrato celebrado (entendendo que a expressão "presente escritura" se referia ao contrato titulado pelo documento no qual a cláusula se inseria, qualificado pelas partes de "contrato-promessa de compra e venda") e os litígios futuros, obrigando a submeter a resolução de tais litígios a um tribunal arbitral, com a consequente exclusão da competência dos tribunais estaduais.

A fim de determinar se o litígio em causa estava ou não abrangido pela cláusula compromissória, uma vez que a agravante apenas negava a extensão desta sem revelar qual a sua intenção quando a assinou, o Tribunal procedeu à interpretação da cláusula, nos termos dos arts. 236º e 238º do CC. Ora, tratando-se de um negócio formal, uma vez que tem de ser obrigatoriamente reduzido a escrito (art. 2º, nº 1 da LAV), a declaração não pode valer com um sentido que não tenha um mínimo de correspondência no texto do respectivo documento, ainda que imperfeitamente expresso (art. 238º do CC). Assim sendo, o Tribunal entendeu que a cláusula compromissória também se aplicava à acção de execução específica do contrato-promessa.

Nestes termos, o Tribunal da Relação concluiu no sentido da validade e aplicabilidade da cláusula compromissória, pelo que negou provimento ao recurso, por improcedente.

Afigura-se correcta a decisão vertida no acórdão, na defesa de uma interpretação favorável à máxima extensão possível da convenção de arbitragem. A agravante acabou por não revelar qual a sua intenção quando celebrou a cláusula compromissória. Tudo indica, no entanto, que não era sua intenção restringir o âmbito da mesma, o que se pode extrair da expressão "todos os problemas", ainda que referida à interpretação ou aplicação das cláusulas do contrato. Isto porque, para se concluir pelo incumprimento ou pela mora de um dos contraentes, é necessária uma prévia interpretação das cláusulas contratuais.

"Caso Prémio Anual dos Administradores"
Os Autores submeteram à apreciação do tribunal arbitral o litígio que os opunha à sociedade Ré, no âmbito do qual pediam a condenação desta no pagamento do valor referente à parte do prémio anual de gestão devido aos administradores (entre os quais se incluíam os Autores). Invocavam, para justificar

a competência da instância arbitral, uma acta da assembleia geral da sociedade que determinava que, em caso de conflito, as partes deveriam recorrer a tribunal arbitral.

A Ré invocou a incompetência do tribunal arbitral, considerando nula a cláusula compromissória constante da referida acta. O tribunal arbitral declarou-se incompetente para decidir o litígio em virtude da nulidade da convenção de arbitragem.

Os Autores recorreram, alegando que a cláusula compromissória preenchia os requisitos formais exigidos pela LAV (art. 2º, nº 2) desde que estes não fossem interpretados literal ou restritivamente – isto é, desde que fossem considerados meramente indicativos -, assim pugnando pela prevalência do acordo de vontades existente sobre a forma por que este se expresse. A Ré contra-alegou, sustentando a irrecorribilidade da decisão do tribunal arbitral sobre a sua própria competência.

O Tribunal da Relação considerou estar perante uma cláusula compromissória que não dizia respeito a direitos indisponíveis, realçando ainda a importância da redução a escrito da convenção de arbitragem (art. 2º, nºs 1 e 2 da LAV). Ora, dada a ausência de escrito comprovativo do necessário acordo, existindo apenas uma acta da assembleia geral que, de forma alguma, exprimia ou podia exprimir a vontade dos administradores (para mais, não assinada por uma das sócias, que se absteve), o Tribunal considerou não ser suficiente a existência de um inequívoco acordo de vontade das partes, não aceitando a declaração tácita.

Assim, o Tribunal concluiu pela improcedência do recurso, porquanto considerou forçosa a existência de uma declaração expressa e formal, compreendendo-se esta exigência da lei na medida em que só o acordo dos litigantes legitima a constituição do tribunal arbitral. Por outro lado, no entender da Relação, a forma escrita assegura uma maior reflexão das partes numa matéria tão importante como a celebração de uma convenção de arbitragem, que implica a subtracção de competência aos tribunais estaduais para apreciarem o litígio por ela abrangido.

"Caso PT I"

O Autor intentou acção declarativa contra a Ré pedindo a condenação desta no pagamento de uma indemnização por danos sofridos em virtude do incumprimento do contrato de prestação de serviços de corretagem celebrado entre as partes. A Ré invocou a excepção de preterição do tribunal arbitral voluntário [art. 494º, al. j) do CPC], a qual foi julgada procedente e determinou a sua absolvição da instância, nos termos do art. 493º do CPC.

O Autor recorreu da decisão, invocando que a cláusula compromissória estava excluída do contrato por não lhe ter sido comunicada de forma adequada e efectiva (art. 5º da LCCG[65], discordando assim da decisão do Tribunal de 1ª Instância (que considerara provada a comunicação da cláusula ao Autor). Por outro lado, o Autor sustentou que, ao atribuir a competência exclusiva para dirimir o litígio a um tribunal arbitral, a cláusula era absolutamente proibida, nos termos do art. 21º, al. h) da LCCG.

O Tribunal da Relação começou por entender que a Ré tinha cumprido o ónus que sobre ela impendia de provar a regular e adequada comunicação das cláusulas contratuais ao Autor. O Tribunal acrescentou ainda que a cláusula compromissória outorgada era válida, não só porque respeitava a direitos disponíveis, mas também porque fora reduzida a escrito e especificava a relação jurídica a que o litígio respeitaria.

No que respeita ao disposto no art. 21º, al. h) da LCCG, o Tribunal entendeu que este preceito não visa *"excluir, quanto aos contratos abrangidos pelo regime das cláusulas contratuais gerais, a possibilidade de intervenção de um Tribunal Arbitral, isto é, que a especial natureza dos contratos sujeitos a tal regime não impunha, como medida de protecção do consumidor final, a proibição do recurso à decisão de árbitros para resolução dos conflitos surgidos entre as partes"*, considerando que a intervenção do tribunal arbitral assegurava as garantias de procedimento previstas na lei. Para o Tribunal da Relação, apenas a parte da cláusula em que as partes consagravam a impossibilidade de recurso para o tribunal judicial era nula, por configurar uma redução das garantias de procedimento previstas na lei [art. 21º, al. h), 1ª parte], devendo proceder-se à redução da cláusula compromissória (art. 292º do CC). Contudo, tal não impediu a procedência da excepção de preterição do tribunal arbitral voluntário [art. 494º, alínea j) do CPC], confirmando-se a decisão recorrida.

Esta decisão foi alvo, uma vez mais, de recurso intentado pelo Autor, do qual resultou a decisão do Supremo Tribunal de Justiça analisada de seguida.

"Caso PT II"

No recurso para o Supremo Tribunal de Justiça, o Autor invocou os mesmos fundamentos que haviam motivado o recurso junto da Relação.

Analisando os factos provados, o Tribunal concluiu que a Ré não tinha violado o dever de comunicação adequada e efectiva das cláusulas contratuais (art. 5º da LCCG) nem o dever de informação (art. 6º). O Supremo considerou ainda que o litígio não estava submetido exclusivamente a tribunal judicial ou a

---

[65] O art. 5º, nº 3 da LCCG determina que cabe ao contraente que submeta a outrem as cláusulas contratuais gerais o ónus da prova da comunicação adequada e efectiva das mesmas.

arbitragem necessária nem dizia respeito a direitos indisponíveis pelo que era, no caso, possível a celebração de uma cláusula compromissória.

Entrando na questão que motivara o recurso, o Tribunal defendeu a validade da cláusula compromissória face ao disposto no art. 21º, al. h) da LCCG, entendendo que o que este *"pretende evitar é que uma das partes em litígio impeça a outra de recorrer às instâncias judiciais, sempre que elas, à partida, não tenham validamente estabelecido o recurso exclusivo a tribunal arbitral"*. Assim, no entender do Tribunal, a cláusula em análise só seria *"absolutamente proibida se não assegurasse as garantias de procedimento previstas na lei, o que não é o caso, na medida em que consta da cláusula contratual em análise que os eventuais litígios serão julgados de acordo com a lei portuguesa e com a observância da forma de processo ordinário, incluindo as naturais garantias de defesa e de exercício do contraditório"*.

Nestes termos, o Supremo concluiu pela validade e eficácia da cláusula compromissória e, consequentemente, pela competência exclusiva do tribunal arbitral para a resolução dos litígios resultantes do contrato em questão.

Afigura-se correcta a decisão do acórdão, ao confirmar a decisão recorrida, na medida em que considerou estar perante uma cláusula compromissória atributiva de competência aos tribunais arbitrais, excluindo a intervenção dos tribunais estaduais. É de destacar a interpretação que é feita do disposto no art. 21º, al. h) da LCCG no sentido de considerar que o legislador não pretendeu impedir a intervenção de tribunais arbitrais no âmbito de contratos celebrados por recurso a cláusulas contratuais gerais desde que estejam asseguradas as garantias de procedimento previstas na lei.

"Caso Imopólis"
A Autora intentou acção declarativa contra a Ré pedindo a condenação desta no pagamento de uma indemnização por danos resultantes do incumprimento de contrato-promessa de arrendamento. A Ré arguiu a incompetência do tribunal judicial, alegando que do referido contrato constava uma cláusula que atribuía a um tribunal arbitral a competência para o julgamento da existência ou não de incumprimento culposo por qualquer das partes e, em caso afirmativo, para a determinação da indemnização a que a parte não faltosa teria direito.

Na réplica, a Autora invocou a improcedência da excepção, defendendo que a causa de pedir abrangia, para além do incumprimento do contrato-promessa, o incumprimento de contrato atípico inominado. O Tribunal declarou procedente a excepção dilatória de violação da convenção de arbitragem, absolvendo a Ré da instância. A Autora recorreu desta decisão para o Tribunal da Relação.

O Tribunal começou por fazer algumas observações sobre a convenção de arbitragem, em geral, e sobre a fonte e os limites dos poderes dos árbitros.

ANÁLISE DE JURISPRUDÊNCIA SOBRE ARBITRAGEM

Assim, salientou que pode ser objecto de convenção de arbitragem todo o litígio que não esteja submetido exclusivamente a um tribunal judicial ou a arbitragem necessária e que não respeite a direitos indisponíveis (art. 1º, nº 1 da LAV).

No que concerne à competência do tribunal arbitral, o acórdão defendeu a sua natureza convencional, considerando que, através da cláusula compromissória, *"as partes atribuem poderes aos árbitros para que estes conheçam litígios não determinados, se bem que determináveis no momento da celebração da convenção"*. A Relação concluiu ainda que *"O tribunal arbitral nasce para dirimir um conflito determinado pelas partes e tem todos os poderes para conhecer da questão – ou questões – que lhe é submetida pelas partes, mas só tem competência para conhecer dela"*, acrescentando que *"a fonte dos poderes dos árbitros e seus limites resultam da convenção de arbitragem"*.

No caso concreto, o Tribunal entendeu que as partes tinham acordado em atribuir a um tribunal arbitral a competência para julgar a existência ou não de incumprimento culposo por qualquer delas e, em caso afirmativo, para determinar o montante indemnizatório a que a parte não faltosa teria direito. Tal disposição constituía, no entendimento do Tribunal da Relação, uma convenção de arbitragem, pelo que se verificava *in casu* a excepção dilatória prevista no art. 494º, al. j) do CPC. Assim, confirmou-se a decisão de absolvição da Ré da instância

Parece correcta a opção tomada pelo acórdão ao considerar que, quando a convenção de arbitragem assuma a fórmula de cláusula compromissória (referindo-se a litígios eventuais emergentes de uma determinada relação jurídica contratual ou extracontratual), é possível sustentar a atribuição de poderes aos árbitros para que estes conheçam litígios não determinados mas *determináveis* no momento da celebração da convenção (como o montante indemnizatório, em caso de incumprimento por uma das partes).

"Caso dos Juros"

O presente acórdão foi proferido no âmbito de recurso de decisão arbitral que condenou uma das partes no pagamento da indemnização requerida, não se pronunciando quanto ao pedido de juros já que considerou que o mesmo não integrava o objecto do litígio. No processo arbitral que conduziu a esta decisão, a Autora tinha pedido a condenação da Ré no pagamento de indemnização decorrente do incumprimento por esta do contrato de empreitada, acrescida dos respectivos juros. A Ré, por seu turno, alegara a incompetência do tribunal para se pronunciar relativamente ao pedido de juros, defendendo que estes não integravam o objecto do litígio.

Ambas as partes recorreram: a Ré, relativamente ao valor que foi condenada a pagar à Autora e esta última, considerando que os juros eram uma consequência automática do deferimento da pretensão, constituindo um acessório da questão em litígio.

O Tribunal entendeu que a questão dos juros não era abordada nem directa, nem indirectamente na convenção de arbitragem, fazendo referência aos requisitos enunciados no art. 2, nº 3 da LAV e realçando a necessidade de determinar, com precisão, o objecto do litígio. Nestes termos, julgou improcedente o recurso na parte referente à Autora.

Na defesa de uma interpretação o mais extensa e favorável possível à arbitragem, afigura-se que a condenação no pagamento de juros, enquanto consequência automática do deferimento da pretensão indemnizatória, deverá constituir um acessório das questões em litígio e, como tal, integrar o objecto do litígio em casos semelhantes a este.

"Caso do Fornecimento de Moldes"

A Autora propôs uma acção contra a Ré pedindo a condenação desta no pagamento das quantias em dívida no âmbito de um contrato de fornecimento de moldes celebrado entre as partes. O Tribunal julgou procedente a excepção de preterição de tribunal arbitral voluntário invocada pela Ré, absolvendo-a da instância.

A Autora, inconformada, recorreu, alegando que a cobrança de um crédito é incompatível com o recurso à arbitragem, não constando tal matéria do contrato de fornecimento de moldes nem correspondendo à vontade das partes tal inclusão.

O Tribunal da Relação entendeu que as partes celebraram uma cláusula compromissória, sendo os termos desta suficientemente amplos para abranger as questões que foram suscitadas no processo. Embora tenha reconhecido que o tribunal arbitral não tem competência executiva, a Relação considerou que os autos se encontravam numa fase prévia – de cobrança de créditos -, não se podendo argumentar que não esteve na vontade das partes a discussão de tal matéria, uma vez que a cláusula compromissória contemplava, de forma ampla, todas as disputas surgidas *"só ou em conexão com o contrato"*. Face a tal consideração, improcederam as conclusões da Autora, negando-se provimento ao agravo.

A questão objecto do litígio consistia apenas no apuramento das quantias em dívida resultantes de um contrato no qual uma das partes se obrigava ao fornecimento de moldes e a outra ao pagamento do preço. Ora, afigura-se correcto que tal questão esteja abrangida por cláusula compromissória na qual se prevê a resolução arbitral para todas as disputas surgidas só ou em conexão com o contrato.

"Caso do Condomínio"

O Autor instaurou acção sumária contra os Réus, condóminos, pedindo a anulação de assembleia de condóminos e de todas as deliberações nela tomadas, fundamentalmente por irregularidades de convocação e de funcionamento daquela. Os Réus arguiram a excepção dilatória de preterição do tribunal arbitral voluntário (art. 494º, al. h) do CPC)[66], considerando que a questão deveria ser resolvida por recurso à arbitragem.

Julgada procedente a excepção invocada e, consequentemente, absolvidos os Réus da instância, o Autor recorreu de tal decisão, alegando a nulidade da cláusula compromissória inserida nos estatutos do condomínio por falta de assinatura de todos os outorgantes e ainda por não individualizar com precisão o litígio a decidir.

O Tribunal da Relação considerou essencial a vontade manifestada pelas partes na constituição de um tribunal arbitral com vista à decisão de um litígio presente ou futuro. Mais defendeu que a cláusula compromissória, por natureza, abarca litígios eventuais e meramente determináveis (não sendo possível outorgar uma cláusula desta natureza depois da existência do litígio).

Nestes termos, o Tribunal considerou formal e materialmente válida a cláusula constante dos estatutos de um condomínio, aprovados em assembleia de condóminos, segundo a qual as questões emergentes das relações reguladas por tais estatutos seriam decididas por árbitros, em tribunal arbitral voluntário. Ora, a Relação entendeu, por um lado, que a acção de anulação de assembleia de condóminos e das deliberações nela tomadas se inseria no objecto da cláusula compromissória e, por outro lado, que a violação de tal cláusula implicava preterição de tribunal arbitral voluntário, tendo por efeito a absolvição da Ré da instância, pelo que confirmou a decisão impugnada.

Uma vez mais se concorda com a posição do Tribunal, porquanto não obsta à validade da cláusula compromissória o facto de esta respeitar a litígios eventuais (art. 1º, nº 2 da LAV) ou de nela não se proceder à prévia designação dos árbitros (procedimento considerado facultativo pelo art. 7º).

"Caso da Sociedade de Pesca da Sardinha"

O Autor propôs uma acção de prestação de contas contra os Réus relativamente à gestão de uma sociedade de que as partes, conjuntamente com mais dois, eram sócias. Requeria o Autor a prestação de contas do exercício de gerência pelo Réu marido, bem como a condenação dos Réus na distribuição dos lucros da sociedade, conforme acordado pelos sócios. Os Réus apresentaram contas que, no entanto, vieram a ser contestadas pelo Autor.

---

[66] Actual al. j) do art. 494º do CPC.

Em sede de audiência de discussão e julgamento, as partes manifestaram o seu acordo em solucionar o litígio através da intervenção de perito independente, que encarregaram de proceder à apreciação da contabilidade da sociedade. Mais declararam *"entender como boas as conclusões"* da perícia no que respeitasse às contas do exercício da gerência pelo Réu marido.

Tendo sido designado o perito, e porque apresentado relatório inconclusivo, foi ordenada a realização de nova peritagem através de uma auditoria intensiva, da qual resultou novo relatório pericial. Confrontado com este relatório, o Tribunal de 1ª Instância começou por considerar que *"As partes realizaram uma convenção de arbitragem, na modalidade de compromisso arbitral (...) tendo confiado ao tribunal judicial a sua organização (o que se não encontra impedido por lei), motivo pelo qual não foi a instância, imediatamente, julgada extinta".* Ora, uma vez apresentado o relatório final da perícia – que o Tribunal expressamente qualificou como "decisão" – chegara ao fim o processo arbitral, pelo que se julgou extinta a instância judicial.

Os Réus recorreram para a Relação, alegando que apenas quiseram cometer a um revisor oficial de contas a apreciação pericial da contabilidade da sociedade, sem que lhe tivessem confiado o poder de julgar a causa. No seu entender, não resulta de nenhum procedimento ou agravo que as partes se tenham querido vincular antecipadamente às conclusões da perícia, renunciando ao dever de pronúncia do juiz.

O Tribunal da Relação começou por referir-se à arbitragem em geral, sublinhando que esta *"só funciona, nos casos em que é legalmente admitida, quando as partes convencionam a sua intervenção"*, considerando que a convenção de arbitragem é uma *"manifestação concordante de vontades, pela qual as partes cometem à decisão de árbitros um litígio actual ou eventuais litígios futuros emergentes de determinada relação jurídica".* A Relação acrescentou ainda que *"o tribunal arbitral nasce para dirimir um conflito determinado pelas partes, vê a sua competência para o caso concreto dependente [d] a vontade das partes expressa na convenção de arbitragem".*

Voltando à análise do caso concreto, o Tribunal entendeu que a conduta das partes no processo, mesmo subsequente ao acordo efectuado, não dava qualquer sinal de que estas tivessem querido submeter o litígio à arbitragem, tudo apontando para que apenas pretendessem o apuramento pericial das contas do exercício da gerência pelo Réu marido. Assim, para a Relação, o acordo entre as partes quanto à realização da perícia e ao seu valor não revestia a natureza de convenção de arbitragem, o que levou à revogação da decisão recorrida.

São duas as questões que se colocavam no presente acórdão: por um lado, a análise da intenção das partes no sentido de recorrerem ou não à arbitragem como forma de resolução do litígio em causa; por outro lado, a interpretação do acordo em *"entender como boas"* as conclusões da perícia às contas da sociedade.

Afigura-se correcta a decisão vertida no acórdão. Quanto ao segundo aspecto referido, parece que as partes estavam apenas a aceitar antecipadamente as conclusões da perícia, delegando, porém, a decisão da causa no juiz. No entanto, como se tratava de uma perícia decisória, o Tribunal deveria atender apenas às conclusões da perícia na sua decisão, ou seja, deveria analisar se a perícia foi conforme ao que as partes acordaram, homologando o acordo das partes integrado pelas conclusões da perícia em caso de resposta afirmativa. Esta parece ter sido a vontade das partes.

"Caso da Auto-Estrada"

Os Autores propuseram contra as Rés acção declarativa de condenação no pagamento de uma indemnização por danos patrimoniais e não patrimoniais causados pelas detonações de rochas levadas a cabo pelas Rés. Estas defenderam-se dizendo, entre outras coisas, que celebraram com os Autores um Protocolo de Acordo nos termos do qual o estado do imóvel daqueles seria avaliado por uma comissão técnica formada por três peritos. Na réplica, os Autores alegaram que o Protocolo de Acordo, porque se reportava a um bem comum do casal e constituía um acto de administração extraordinária, era nulo e ineficaz em relação à Autora mulher por esta não ter participado ou consentido na sua celebração.

O Tribunal de 1ª Instância julgou a acção totalmente improcedente e absolveu as Rés do pedido. Os Autores recorreram desta decisão para a Relação.

O Tribunal da Relação considerou que, sendo o prédio um bem comum do casal e, simultaneamente, casa de morada de família, o Protocolo de Acordo deveria ter sido celebrado por ambos os Autores ou por um deles, desde que com o consentimento do outro. De facto, uma vez que o Protocolo respeitava à reparação do prédio dos Autores ou, em alternativa, à determinação do montante indemnizatório devido pelas Rés por danos provocados no imóvel, tratava-se de um acto de administração extraordinária para o qual a lei exigia o consentimento de ambos os cônjuges (art. 1678º, nº 3 do CC). Nestes termos, o Tribunal considerou que o Protocolo de Acordo era anulável por ter sido celebrado sem o consentimento da Autora mulher (art. 1687º, nºs 1 e 2 do CC) pelo que os Autores não se encontravam vinculados à avaliação efectuada pela comissão técnica.

Para além do mais, a declaração negocial do Autor marido estava viciada por erro de vontade, situação que acarretava a sua anulabilidade, uma vez que este, ao subscrever o Protocolo, não admitiu que da avaliação da comissão técnica pudesse resultar que nada era devido pelas Rés.

Parece-nos correcta a fundamentação do acórdão, pois ainda que o Protocolo de Acordo constituísse substancial e formalmente uma convenção de arbitragem, o mesmo era anulável.

"Caso do Acidente de Viação"

O Tribunal de 1ª Instância e a Relação absolveram os Réus da instância na acção declarativa de condenação que o Autor lhes movera para o pagamento de uma indemnização decorrente de acidente de viação. Ambos os Tribunais declararam procedente, no despacho saneador, a excepção dilatória de preterição do tribunal arbitral voluntário, dado o compromisso arbitral assinado pelo Autor em papel timbrado da Associação Portuguesa de Seguradores, ao qual se seguiu processo e decisão arbitral.

O Autor recorreu para o Supremo Tribunal de Justiça, invocando que a decisão arbitral só vinculava seguradoras e que a arbitragem realizada era nula, não apenas por falta de fundamentação, mas também porque não houve designação de árbitros pela sua parte.

O Supremo verificou o preenchimento dos requisitos formais da convenção arbitral, salientando que a exigência de forma escrita tem em vista evitar que a convenção seja celebrada sem grande ponderação. No caso em concreto, o Tribunal considerou que a convenção de arbitragem revestia forma escrita, residindo o cerne da questão em saber se as partes não estariam equivocadas e se a assinatura do Autor exprimia a vontade de celebrar convenção arbitral.

Analisada a declaração assinada e denominada "compromisso arbitral", o Tribunal concluiu que esta tinha de individualizar, com precisão, não apenas o litígio, mas também os árbitros escolhidos pelas partes, ainda que remissivamente, mas sempre com a fixação do modo por que estes seriam escolhidos. Acrescentou o Tribunal que a convenção de arbitragem em análise vinculava apenas as aderentes, ou seja, empresas de seguros, pelo que o Autor assinara um compromisso alheio, que não o podia vincular.

Refira-se que os factos a que se reporta o acórdão ocorreram em 1985, ou seja, em data anterior à entrada em vigor da LAV, aplicando-se à arbitragem voluntária o regime então constante do CPC[67]. Ora, o art. 1511º do CPC determinava, em relação ao compromisso arbitral, que este deveria individualizar com precisão o litígio a decidir e o árbitro ou árbitros a quem era cometida a decisão. Compreende-se, assim, a decisão do Supremo Tribunal de Justiça. Actualmente, pelo contrário, a LAV não exige que os árbitros sejam designados na convenção de arbitragem (art. 7º da LAV).

---

[67] Este regime – constante do Livro IV, Título I do CPC – foi revogado com a aprovação da LAV.

"Caso da Empreitada no Funchal"

A Autora propôs acção declarativa pedindo a condenação das Rés (uma sociedade e um casal) no pagamento de indemnização decorrente do incumprimento de um contrato de empreitada celebrado pelas partes. Os Réus contestaram, tendo a sociedade, além do mais, arguido a excepção de preterição do tribunal arbitral voluntário.

No despacho saneador, o juiz julgou procedente a excepção dilatória invocada e, consequentemente, absolveu os Réus da instância. A Relação confirmou a decisão recorrida. A Autora recorreu para o Supremo Tribunal de Justiça, alegando que a causa de pedir era constituída não apenas pela conduta da Ré sociedade mas também pela conduta dos restantes Réus, marido e mulher, sendo que a estes últimos não era oponível a cláusula compromissória, pelo que a excepção de preterição de tribunal arbitral não deveria ter sido julgada procedente.

O Supremo considerou necessário apreciar os requisitos de validade da cláusula compromissória posta em causa pela Autora, concluindo que o litígio entre esta e a Ré sociedade estava abrangido pela cláusula arbitral, razão pela qual o mesmo deveria ser submetido a apreciação e decisão arbitral. Por seu turno, os Réus marido e mulher eram, no entender do Tribunal, alheios à cláusula compromissória, pelo que, qualquer que fosse o fundamento do litígio entre estes e a Autora, nenhuma das partes estava compelida a recorrer à arbitragem.

Assim, como não foi alegada a existência de qualquer convenção de arbitragem entre a Autora e os Réus marido e mulher, nem estes invocaram a excepção de preterição do tribunal arbitral voluntário, o Supremo concluiu pela procedência da excepção apenas relativamente à Ré sociedade, com a consequente absolvição da instância da mesma.

O Supremo Tribunal de Justiça entendeu que a arbitragem voluntária só pode funcionar quando as partes tenham convencionado a sua intervenção, ou seja, quando celebrem convenção arbitral válida e eficaz e nos exactos moldes e limites por esta definidos. Esta é a razão pela qual a lei exige que a convenção de arbitragem determine, com precisão, o objecto do litígio (compromisso arbitral) ou especifique a relação jurídica a que os litígios respeitarão (cláusula compromissória).

"Caso dos Automóveis"

O Autor propôs acção declarativa contra a Ré pedindo a condenação desta no pagamento de indemnização por resolução abusiva de um contrato de concessão comercial celebrado entre as partes. A Ré, em sede de contestação, invocou a excepção de preterição do tribunal arbitral voluntário. Na réplica, o

Autor veio ampliar o pedido, requerendo a declaração de nulidade de cláusulas contratuais gerais inseridas no contrato.

O Tribunal julgou procedente a excepção dilatória invocada, declarando-se incompetente e absolvendo a Ré da instância. A Relação negou provimento ao recurso de agravo interposto pelo Autor.

O Supremo Tribunal de Justiça confirmou a decisão recorrida, declarando materialmente competente para a causa o tribunal arbitral. No que respeita à alegada nulidade da cláusula arbitral, o Tribunal entendeu que, mesmo que se estivesse face a um contrato de adesão, daí não resultava, por si só, a nulidade ou a exclusão da cláusula arbitral, uma vez que o dever pré-contratual de comunicação das cláusulas contratuais gerais, resultante do art. 5º da LCCG (com a alteração introduzida pelo DL nº 220/95, de 31 de Agosto), *"não deixa de se considerar satisfeito se a comunicação for feita mediante o envio do próprio documento de que venha a constar, após a assinatura da parte aderente, o contrato respectivo"*. O Supremo afirmou, aliás, que *"Nem se vê a mínima necessidade de envio de dois documentos que possivelmente até seriam iguais, um apenas para comunicar as cláusulas, outro para ser assinado a fim de titular o contrato"*.

Aquilo que é verdadeiramente importante, segundo o Tribunal, é que o documento *"entregue seja completo e claro quanto ao teor de todas as cláusulas propostas para integrar o contrato, e que seja concedido tempo suficiente para o mesmo poder ser analisado pela parte aderente a fim de permitir a esta que peça qualquer esclarecimento que entenda ou sugira alguma alteração"*. Uma vez que estes requisitos estavam preenchidos *in casu* e, assim, a Ré tinha cumprido o dever de comunicação que sobre ela impendia (art. 5º, nº 2 da LCCG) o Supremo concluiu que a cláusula arbitral se inseria no contrato.

O documento enviado à aderente não continha ainda o contrato definitivo mas apenas a proposta dos termos do contrato; o contrato só se tornou definitivo uma vez outorgado pela aderente, pois só então se formou o acordo de vontades nele integrado. De notar que, com alguma surpresa, se verificou que o presente acórdão não fez qualquer referência ao problema da aplicação do art. 21º, al. h) da LCCG, como nos parece que era exigido.

"Caso Nova Dehl"
O Autor recorreu da decisão do Tribunal da Relação que, com base numa convenção arbitral, absolvera a Ré da instância na acção que lhe fora movida para pagamento do preço de fornecimentos. O Autor alegava, como fundamento do recurso, a nulidade da convenção de arbitragem por falta de forma; a Ré, por seu turno, defendia a validade da convenção de arbitragem e a consequente confirmação da decisão recorrida.

Dos factos provados resultou que o Autor dirigiu a uma sociedade coligada da Ré (que representava sector de actividade diferente, mas pertencia ao mesmo grupo económico daquela) uma carta escrita com uma inequívoca remissão para um contrato anteriormente celebrado pela Ré, do qual constava uma cláusula compromissória.

Ora, no entender do Supremo, *"a carta da autora (...) escrita, sem qualquer dúvida, no contexto daquele contrato de distribuição, e já num ambiente litigioso, contém uma inequívoca remissão para o contrato assinado (...) por C"*, remissão essa que tem o *"mesmo valor formal que o documento escrito e assinado por ambos os contraentes"* (art. 2º, nº 2 da LAV). Assim, embora o contrato de *franchising* celebrado entre o Autor e a Ré não tivesse sido reduzido a escrito, a aludida carta estabelecia a ligação entre este negócio e o contrato celebrado anteriormente pela Ré no que respeitava à cláusula compromissória constante deste último. Desta forma, afirmando a validade da convenção de arbitragem *per relationem*, o Supremo confirmou a decisão recorrida.

"Caso da Construção Civil"
Subjaz ao acórdão em análise um litígio decorrente do incumprimento de dois contratos de empreitada que deu, inicialmente, origem a uma acção declarativa de condenação intentada pela Autora contra as Rés, em que se pedia que estas fossem condenadas no pagamento de uma indemnização, acrescida de juros. Nas suas contestações, as Rés invocaram a excepção de preterição de tribunal arbitral voluntário, prevista na 2ª parte da al. j) do art. 494º do CPC, reclamando a sua absolvição da instância.

O Tribunal de 1ª Instância julgou procedente a excepção alegada relativamente à 2ª Ré e improcedente quanto à 1ª Ré, condenando esta no pagamento parcial da indemnização requerida. A Ré condenada interpôs recurso da sentença e o Tribunal da Relação, julgando a apelação procedente, revogou a sentença na parte em que esta considerara improcedente a excepção arguida e absolveu a 1ª Ré da instância.

Discordando da decisão, a Autora interpôs recurso tendo em vista a questão de saber se, não tendo reclamado a carta que lhe foi remetida (assim obstando à constituição do tribunal arbitral), a 1ª Ré deveria ou não considerar-se notificada da intenção da Autora de instaurar o litígio no tribunal arbitral. Assim, o objecto do recurso limitava-se à apreciação da procedência ou improcedência da excepção dilatória de preterição do tribunal arbitral voluntário no respeitante à 1ª Ré.

O Supremo começou por analisar a cláusula contratual inserida nos contratos de empreitada celebrados pelas partes, concluindo que as mesmas haviam estipulado uma convenção de arbitragem, na modalidade de cláusula compromissória, visto ter por objecto litígios eventuais emergentes de uma determinada relação jurídica contratual (art. 1º, nº 2 da LAV). Em seguida, o Tribunal afirmou que *"A convenção de arbitragem, quer constitua, como no caso vertente, uma cláusula contratual, quer represente um negócio jurídico autónomo, pressupõe o acordo das partes, e a sua validade depende da verificação de certos requisitos, respeitantes à arbitrabilidade, à forma e ao conteúdo"*.

Passando à análise destes requisitos, o Supremo começou por se debruçar sobre a arbitrabilidade do litígio, considerando arbitráveis todos os litígios que não estejam submetidos a tribunal judicial ou a arbitragem necessária e que não digam respeito a direitos indisponíveis (art. 1º, nº 1 da LAV) e defendendo ainda a arbitrabilidade das questões relacionadas com a necessidade de precisar, completar, actualizar ou rever os contratos ou as relações jurídicas que estejam na origem da convenção de arbitragem (art. 1º, nº 3). No que respeita à forma, o Tribunal salientou que a lei exige a redução a escrito da convenção de arbitragem (art. 2º, nºs 1 e 2) e, no que toca ao conteúdo, sublinhou que a convenção arbitral deve ser determinada (art. 2º, nº 3), ora estabelecendo com precisão o objecto do litígio (no caso do compromisso arbitral), ora especificando a relação jurídica a que os litígios respeitarão (no caso da cláusula compromissória).

No litígio em análise, o Tribunal concluiu que todos estes requisitos se verificavam de forma inequívoca, pelo que a cláusula compromissória era válida e vinculava as partes a respeitá-la. Nestes termos, o Supremo concluiu que *"O processo arbitral teria de ser dirigido contra ambas as rés (...) não sendo concebível, justamente porque constituem uma única parte nos contratos, que pudesse uma delas (...) e não também a outra, ser demandada nos tribunais judiciais"*, assim confirmando a decisão recorrida.

5. Conclusões

A primeira conclusão a retirar do estudo efectuado está relacionada com a estreita proximidade existente entre o entendimento doutrinal e jurisprudencial no que concerne aos requisitos formais e materiais da convenção de arbitragem. Senão vejamos:

1. Os tribunais judiciais revelam conhecimento e até familiaridade com o conceito de convenção de arbitragem e com as modalidades desta, iniciando, frequentemente, as suas decisões com a classificação da convenção arbitral em presença num dos dois tipos existentes: cláusula compromissória e compromisso arbitral.

2. Relativamente aos requisitos de validade da convenção de arbitragem, na grande maioria dos acórdãos analisados é dado um enfoque especial à exigên-

cia de manifestação inequívoca de vontade das partes na celebração da convenção arbitral, bem como à necessidade de acordo. De facto, a convenção de arbitragem corresponde ao encontro de vontade das partes em submeter determinado(s) litígio(s) à apreciação de um tribunal arbitral. A jurisprudência nacional não é indiferente a esta dupla exigência: por um lado, exige que as partes manifestem vontade de celebrar convenção de arbitragem, não estando equivocadas quanto à sua pretensão e, por outro lado, impõe a redução a escrito desse acordo.

Neste sentido, podem referir-se os acórdãos da Relação de Lisboa no *"Caso Prémio Anual dos Administradores"* – que considerou que uma cláusula constante de uma acta de assembleia geral não exprimia a vontade das partes em submeter o litígio a arbitragem – e no *"Caso Imopólis"* – que se referiu expressamente à necessidade de acordo das partes na celebração de uma convenção de arbitragem – e o acórdão da Relação do Porto no *"Caso do Fornecimento de Moldes"*, que destacou a importância da vontade das partes na celebração de uma convenção de arbitragem, daí retirando consequências em sede de interpretação da cláusula compromissória. A mesma orientação foi seguida pelo Supremo Tribunal de Justiça no *"Caso do Acidente de Viação"* – no qual o Tribunal constatou que as partes tinham manifestado vontade clara e inequívoca de celebrar convenção de arbitragem -, no *"Caso Empreitada no Funchal"* – em que considerou que as partes não estavam vinculadas à convenção arbitral por falta de acordo – e no *"Caso da Construção Civil"*, que se debruçou sobre o acordo das partes como pressuposto da convenção de arbitragem.

3. No que respeita à questão de saber em que condições a adesão a cláusulas contratuais gerais representa uma forma válida de manifestar o consentimento quanto à convenção arbitral delas constante, é possível detectar alguma proximidade entre as decisões proferidas pelos tribunais judiciais e a doutrina que se tem pronunciado sobre esta matéria.

Assim, no *"Caso PT I"*, o Tribunal da Relação de Lisboa entendeu que a Ré cumprira o ónus da prova da comunicação adequada e efectiva de todas as cláusulas inseridas no contrato, tendo concluído pela validade da cláusula compromissória – entendendo que a intervenção do tribunal arbitral assegurava todas as garantias de procedimento previstas na lei – excepto na parte em que esta obstava ao recurso da decisão junto dos tribunais judiciais. Por seu turno, o acórdão do Supremo Tribunal de Justiça no *"Caso PT II"* (proferido no âmbito do mesmo processo) entendeu que a cláusula compromissória era *integralmente válida* na medida em que, ao respeitar o disposto na LAV, assegurava as garantias de procedimento exigidas por lei (nomeadamente, os direitos de defesa e o contraditório). Neste caso em concreto, o Tribunal parece ter ido mais longe que o próprio legislador (e até ao arrepio da interpretação feita por alguma doutrina, reveladora de incompreensível precaução e desconfiança relativamente à arbitragem) ao conceder, com esta decisão, um verdadeiro voto de confiança à arbitragem enquanto meio de resolução extra-judicial de litígios.

4. Quanto às questões da capacidade e da legitimidade para celebrar uma convenção de arbitragem, apenas encontrámos e analisámos um acórdão que abordou o tema – trata-se do acórdão do Tribunal da Relação de Guimarães no *"Caso da Auto-Estrada"*. Nesta decisão, o Tribunal entendeu que o Protocolo de Acordo, respeitando à casa de morada de família (simultaneamente bem comum do casal) e revestindo a natureza de acto de administração extraordinária, deveria ter sido celebrado por ambos os cônjuges ou por um deles, desde que com o consentimento do outro. Ora, uma vez que a cônjuge mulher não assinara o Protocolo nem assentira na sua celebração, a Relação concluiu pela anulabilidade do mesmo.

5. O requisito da arbitrabilidade do litígio também é aflorado em alguns dos acórdãos analisados; contudo, como se referiu, esta matéria será objecto de outros textos incluídos nesta obra[68]. Importa, no entanto, destacar que, a fim de verificar a validade da convenção de arbitragem, os acórdãos referem-se, não poucas vezes, ao facto de os litígios não poderem respeitar a direitos indisponíveis.

6. No que respeita ao requisito formal da convenção de arbitragem – necessidade de redução a escrito – verificámos, nos acórdãos analisados, uma tendência para a repetição do que é comummente defendido pela doutrina portuguesa sobre a matéria. Praticamente todos os acórdãos fazem referência, directa ou indirecta, à exigência de forma escrita, de um documento que comprove a celebração da convenção arbitral (assim, por exemplo, o acórdão do Tribunal da Relação de Lisboa no *"Caso PT I"* e os acórdãos do Tribunal da Relação do Porto no *"Caso dos Juros"* e no *"Caso do Fornecimento de Moldes"*).

Esta questão encontra-se desenvolvida com maior detalhe no *"Caso Prémio Anual dos Administradores"*, em que a Relação de Lisboa considerou que uma cláusula constante da acta de uma assembleia geral (na qual um sócio se absteve) não constitui um documento expresso, claro e inequívoco quanto à vontade das partes em celebrarem uma convenção arbitral. Ora, face à ausência de escrito comprovativo do acordo das partes, cuja existência considerou forçosa, e não aceitando declarações tácitas, o Tribunal considerou não existir uma convenção de arbitragem válida e eficaz. Importa compreender que a Relação funda a exigência de uma declaração negocial expressa e formal, ora na natureza convencional da competência do tribunal arbitral, ora na necessidade de maior reflexão das partes antes de celebrarem uma convenção de arbitragem,

---

[68] Cfr. nota 27.

atentos os seus efeitos. Também o acórdão do Supremo Tribunal de Justiça no *"Caso do Acidente de Viação"* se deteve, com algum pormenor, na necessidade de redução a escrito da convenção arbitral, baseando tal exigência na preocupação de evitar que esta seja celebrada sem grande ponderação.

A jurisprudência parece entender que não basta que a convenção revista forma escrita, tal como não basta a vontade das partes no sentido de celebrarem uma convenção de arbitragem: deve, antes, haver uma comunhão entre estes requisitos, isto é, para que haja convenção de arbitragem, o documento escrito deve corresponder à vontade manifestada pelas partes. Neste sentido, o acórdão do Tribunal da Relação do Porto no *"Caso da Sociedade de Pesca da Sardinha"* decidiu que a acta exarada pelo juiz de 1ª Instância, na qual as partes acordavam a submissão do litígio a uma peritagem, não constituía uma convenção de arbitragem por não corresponder a uma declaração de vontade das partes no sentido de submeterem o litígio a decisão arbitral.

7. O acórdão do Supremo Tribunal de Justiça no *"Caso Nova Dehl"* justifica um tratamento autónomo, dado o seu carácter inovador. Neste caso, o Tribunal decidiu pela validade da convenção arbitral por remissão, entendendo que os requisitos formais da LAV não obstam a que um documento (no caso em análise, uma carta) remeta para outro documento que contenha uma convenção de arbitragem. Esta decisão vai, uma vez mais, de encontro ao entendimento da doutrina relativamente à questão da validade da convenção de arbitragem *per relationem*.

8. Outro dos aspectos frequentemente referidos e objecto de considerações nos acórdãos analisados é o da determinação do objecto do litígio. Como vimos, no processo arbitral – à semelhança do que ocorre no processo judicial – cabe às partes a delimitação e conformação do objecto do litígio: ao autor, na petição inicial e ao réu, no caso de deduzir pedido reconvencional. De facto, o tribunal arbitral não pode imiscuir-se na definição do objecto do litígio pelas partes, atento o princípio do dispositivo; o mesmo se passa com o tribunal judicial, em face do princípio do dispositivo e da autonomia do tribunal arbitral. Por outras palavras, o tribunal (arbitral ou judicial) apenas pode verificar a conformidade ou desconformidade do objecto do litígio com o âmbito objectivo da convenção de arbitragem[69].

Nos acórdãos objecto do presente estudo, não existe qualquer tentativa de interferência dos tribunais judiciais na determinação do objecto do litígio mas apenas a preocupação em verificar se o litígio é ou não abrangido pela convenção de arbitragem. Assim, o acórdão do Tribunal da Relação do Porto no *"Caso dos Juros"* decidiu que a condenação no pagamento de juros não fora abordada,

---

[69] Lebre de Freitas, "Alcance da Determinação cit.", pp. 65 a 71.

nem directa, nem indirectamente, na convenção de arbitragem, pelo que esta não lhe era aplicável, realçando a necessidade de precisão na determinação do objecto do litígio. No *"Caso do Condomínio"*, o mesmo Tribunal, depois de considerar que a convenção de arbitragem era formal e materialmente válida, concluiu que o litígio em causa se inseria na cláusula compromissória. Finalmente, o acórdão do Tribunal da Relação de Lisboa no *"Caso do Contrato--Promessa"*, chamado a pronunciar-se relativamente às questões abrangidas pela cláusula compromissória celebrada entre as partes, constatou que o objecto do litígio – execução específica de um contrato-promessa – não extravasava o âmbito da convenção arbitral – que abrangia todos os problemas de interpretação ou aplicação do contrato – dado o nexo causal existente entre a execução específica e o incumprimento do contrato.

6. Apreciação crítica final
Numa breve nota final, importa sublinhar a (algo surpreendente) harmonia entre as decisões dos tribunais judiciais superiores e o entendimento da doutrina acerca da matéria em estudo – os requisitos formais e materiais da convenção de arbitragem. A principal conclusão que se pode extrair da análise dos acórdãos é, assim, no sentido da existência de uma clara postura judicial pró-arbitragem, com respeito (e verdadeiro acolhimento) do postulado pela doutrina portuguesa e pela LAV, atitude essa que, esperamos, se venha a manter nos próximos anos com o esperado desenvolvimento e afirmação da arbitragem na sociedade.

Nas palavras de Fernando Pessoa, *"Primeiro estranha-se, depois entranha-se"*. Esta frase traduz bem o percurso da arbitragem que, tendo a noção do caminho que falta percorrer na afirmação de uma nova cultura de justiça, não poderá deixar de desejar e pugnar por um bom entendimento e colaboração com a justiça estadual.

Anulação da Decisão Arbitral
Taxatividade dos Fundamentos de Anulação

por Rui Ferreira

Primeira Parte – I. A Anulação da Decisão Arbitral. II. Causas de Anulação da Decisão Arbitral. III. Colocação do Problema. IV. Elementos de Direito Estrangeiro e Internacional. V. Posições Adoptadas pela Doutrina Nacional. Segunda Parte – Análise Jurisprudencial. Terceira Parte – I. Posição da Jurisprudência. II. Conclusão Final.

PRIMEIRA PARTE — SÍNTESE DA DOUTRINA NACIONAL

I – A anulação da decisão arbitral

A matéria relativa à anulação de uma decisão arbitral está intimamente ligada com os meios que são conferidos às partes para impugnar uma sentença proferida por um tribunal arbitral antes de a mesma transitar em julgado.

Actualmente, nos termos da Lei nº 31/86, de 29 de Agosto (Lei de Arbitragem Voluntária, doravante "LAV"), a força de caso julgado de uma decisão arbitral depende do depósito da mesma (arts. 26º, nº 1 e 24º, nº 2 da LAV) caso não tenha havido dispensa de depósito na convenção de arbitragem ou no regulamento de arbitragem que regeu o processo, razão pela qual o depósito tem sido considerado como uma condição de eficácia da sentença. Assim, só depois da notificação da decisão às partes e do respectivo depósito (quando necessário) e uma vez decorridos os prazos de impugnação da decisão é que a mesma ganha força de caso julgado (art. 26º, nº 1).

Tem-se entendido que a possibilidade de impugnação da decisão arbitral deriva da sua equiparação à sentença emanada por um tribunal judicial, sendo

ANÁLISE DE JURISPRUDÊNCIA SOBRE ARBITRAGEM

uma condição necessária para tal equiparação e reconhecimento, também por causa da atribuição de poderes jurisdicionais aos árbitros. Daí que a decisão arbitral possa ser controlada, anulada e até substituída pelos tribunais estaduais.

Assim, caso as partes não concordem com a decisão proferida, a lei faculta-lhes dois meios de impugnação da sentença arbitral: o recurso e a acção de anulação. Saliente-se, desde já, que apenas é possível impugnar decisões finais (art. 27º, nº 3 da LAV) e que a acção de anulação não interfere com o decurso dos prazos de trânsito em julgado da sentença arbitral, uma vez que esta transita em julgado logo que não seja susceptível de *recurso ordinário*, por conseguinte independentemente de dela ser proposta uma acção de anulação.

Quer isto dizer que, para pôr em causa a sentença arbitral, a parte vencida poderá dela interpor recurso (se o valor da causa assim o permitir e caso as partes não tenham previamente renunciado aos recursos – art. 29º, nº 1 da LAV) ou propor acção de anulação da decisão (forma de impugnação insusceptível de renúncia pelas partes – art. 28º, nº 1). Nestes termos, mesmo que a decisão proferida não admita recurso, o direito de requerer a anulação é sempre irrenunciável, configurando-se como a forma de controlo dos aspectos processuais que presidiram à decisão tomada. De referir, no entanto, que caso a decisão arbitral admita recurso, os fundamentos de anulação devem ser invocados no recurso, conforme estatuído no art. 27º, nº 3.

Com a possibilidade de impugnação da decisão arbitral atribuída às partes, nomeadamente através de uma acção de anulação, os tribunais estaduais podem, num segundo momento, verificar se foram cumpridas as regras do processo equitativo e justo e se não ocorreram nulidades durante o processo arbitral, não podendo, porém, sindicar o mérito da decisão proferida. Aliás, tal controlo também é obtido pelos limites à arbitrabilidade dos litígios e pelo controlo da competência do tribunal enquanto, respectivamente, asseguram o respeito pela reserva pública de jurisdição e pela vontade das partes.

As regras aplicáveis ao recurso estão previstas no Código de Processo Civil (doravante "CPC"), designadamente nos arts. 678º e ss., vigorando desde 1 de Janeiro de 2008 (data de entrada em vigor do DL nº 303/2007, de 24 de Agosto) um sistema monista de recursos. Já a acção de anulação está consagrada no art. 27º da LAV, nele estando previstas as causas susceptíveis de conduzir à anulação das decisões arbitrais.

Os prazos de interposição de cada um destes meios de impugnação são, respectivamente, de um mês para a acção de anulação (art. 28º, nº 2) e de 30 dias para o recurso (art. 685º, nº 1, do CPC), sendo que na acção de anulação estamos perante um prazo substantivo – dado tratar-se do exercício de um direito substantivo – que não se interrompe durante as férias judiciais (arts. 279º do Código Civil – "CC" – e 28º da LAV) enquanto no recurso estamos perante um prazo adjectivo, suspendendo-se nas férias judiciais (arts. 143º e 144º do CPC, devidamente conjugados com o art. 12º da Lei 3/99, de 13 de Janeiro, com as alterações introduzidas pela Lei 42/2005, de 9 de Agosto).

No presente estudo vamos concentrar-nos apenas na acção de anulação, mais concretamente nos fundamentos que podem servir de base à mesma.

II – Causas de anulação da decisão arbitral

Já vimos o prazo em que a sentença arbitral pode ser anulada (através de decisão essa com efeito meramente cassatório e não substitutivo), vamos agora ver os fundamentos que podem conduzir à anulação.

Os fundamentos de anulação da decisão arbitral previstos no art. 27º da LAV são sete, a saber:

- A não arbitrabilidade do litígio;
- A incompetência do tribunal, alegada oportunamente;
- A irregularidade de constituição do tribunal, também desde que seja alegada oportunamente;
- A violação dos princípios processuais fundamentais previstos no art. 16º da LAV, com influência decisiva na resolução do litígio;
- A falta de assinatura da decisão pelos árbitros;
- A falta de fundamentação da sentença;
- O excesso ou omissão de pronúncia.

Como atrás foi referido[1], estas causas de anulação visam assegurar o respeito pelos princípios mínimos de que depende a validade de todo o processo arbitral e, consequentemente, da respectiva sentença. Pretende-se, assim, acautelar um processo justo, com respeito pelos princípios fundamentais do nosso ordenamento jurídico, pelo que a acção de anulação se destina a assegurar apenas o controlo da legalidade formal da decisão proferida, estando a apreciação do mérito da causa excluído.

Desta forma, os vícios susceptíveis de conduzir à anulação da decisão traduzem-se em ilicitudes ocorridas durante a instância arbitral – seja no processo, seja na decisão – que se traduzem em nulidades. Essas nulidades, por regra, são praticadas pelos árbitros e não pelas partes. Contudo, no caso de nulidade da convenção de arbitragem (art. 3º da LAV) – que acarretará necessariamente a incompetência do tribunal arbitral [art. 27º, n º1, al. b), 1ª parte] – os árbitros não têm qualquer responsabilidade.

Como constatámos, os vícios em causa abarcam questões relativas à própria convenção de arbitragem, à constituição do tribunal, às regras de tramitação processual, à validade e à eficácia da decisão arbitral.

---

[1] Cfr. *supra*, p. 202.

III – Colocação do problema

A questão que nos vai ocupar diz respeito a saber se uma decisão arbitral apenas pode ser anulada com base nos fundamentos expressamente mencionados no art. 27º da LAV, ou se – pelo contrário – existem outros fundamentos de anulação além dos aí previstos, isto é, se os fundamentos de anulação previstos no art. 27º têm ou não carácter taxativo.

Numa primeira abordagem, de uma interpretação puramente literal do preceito parece resultar a exclusão de quaisquer outros fundamentos. A letra da lei diz expressamente que *"a sentença arbitral só pode ser anulada"* com base nos fundamentos nela previstos (art. 27º, nº 1).

Porém, alguns autores nacionais e estrangeiros têm vindo a defender a inclusão nas causas de anulação de outros fundamentos, nomeadamente a violação de regras e princípios de ordem pública, o desrespeito de regras processuais fixadas pelas partes, a decisão segundo a equidade não autorizada pelas partes, a não aplicação do direito material escolhido pelas partes (na arbitragem internacional) e a contradição entre a decisão final e os respectivos fundamentos.

Vejamos com mais pormenor essas posições.

IV – Elementos de direitos estrangeiros e de direito internacional

Fazendo uma breve referência à legislação internacional diga-se, desde logo, que a Lei-Modelo da UNCITRAL sobre Arbitragem Comercial Internacional (de 21.6.1985) prevê, no seu art. 34º, além das causas reconhecidas na nossa legislação, outras causas de anulação da decisão arbitral, como sendo a desconformidade do processo com a convenção arbitral e a incompatibilidade da decisão com a ordem pública. Além disso, refira-se que tais causas constituem ainda motivo para a recusa de reconhecimento de sentenças arbitrais estrangeiras, nos termos do art. V da Convenção de Nova Iorque de 1958 sobre o reconhecimento e a execução de sentenças arbitrais estrangeiras (ratificada por Portugal).

Os fundamentos que impedem o reconhecimento e a consequente exequibilidade de uma sentença arbitral estrangeira nos termos da Convenção de Nova Iorque assemelham-se às causas de anulação de uma sentença arbitral em diversos ordenamentos jurídicos, como é o caso do alemão (art. 1041º, nº 1 do ZPO) e do francês (art. 1482º, nº 1 do NCPC).

Em relação à violação da ordem pública, praticamente todas as leis de arbitragem dos países ocidentais cominam de nulidade a sentença arbitral que viole a ordem pública *interna*[2] desse Estado. É o caso do art. 1484º, nº 6

---

[2] A ordem pública *interna* abrange – como se verá *infra*, pp. 210 e 210 – as regras e os princípios estruturantes de um ordenamento jurídico que, como tal, impõem limitações à autonomia privada. A ordem

do NCPC francês; do art. 1059º/2/2/b do ZPO alemão; do art. 829º, 3º par. do CPC italiano [este preceito utiliza até uma expressão mais ampla – violação de regras de direito (*regule di diritto*)]; do art. 41º, nº 1, al. f) da Lei de Arbitragem espanhola; do art. 33º, nº 2 da Lei sueca de Arbitragem (que se refere à ordem pública como princípios do sistema legal sueco); do art. 1065º, nº 1, al. e) da Lei Processual Civil holandesa na matéria relativa à arbitragem e do art. 1704º, nº 2, al. a) do *Code Judiciaire* belga.

A nível doutrinal, Pierre Mayer e Audley Sheppard[3] fazem referência à recomendação da *International Law Association* (ILA) no sentido de a ordem pública dever constituir um limite à execução das sentenças arbitrais estrangeiras.

Também Jean-François Poudret e Sébastien Besson[4] referem que, na Lei francesa, a ordem pública, para além de constituir um fundamento de anulação, impõe restrições à arbitrabilidade dos litígios, sendo a única reserva à arbitrabilidade dos litígios na arbitragem internacional. A este propósito, conforme salienta Gary B. Born[5], é habitual que os Estados inter-relacionem arbitrabilidade e ordem pública para reforçar a aplicação de determinadas regras ou o seu controlo sobre certas matérias que julgam essenciais.

A propósito do caso específico das sentenças arbitrais nacionais, Martin Domke e Gabriel Wilner, baseando-se na doutrina do *"manifesto desrespeito da lei"* (*manifest disregard of the law*)[6], consideram que numa arbitragem interna o controlo da conformidade da decisão arbitral com a ordem pública interna desse Estado deve ser ainda mais minucioso, entrando até na apreciação do mérito da decisão, de modo a assegurar que ela não colide com princípios fundamentais da ordem pública interna desse Estado. Assim, segundo estes autores, será de admitir o recurso da decisão arbitral no que respeita a questões de direito, embora sob condições muito restritivas, com respeito a qualquer categoria de arbitragem regulada pela lei.

Do exposto resulta que a razão da inclusão de outros fundamentos de anulação da decisão arbitral pela legislação e doutrina estrangeiras tem que ver, por um lado, com o facto de, tendo a arbitragem um fundamento contratual, a violação pelos árbitros das estipulações contidas na convenção de arbitragem

---

pública *internacional*, por seu turno, abarca apenas aquelas regras e princípios que compõem a ordem pública interna e que, atenta a sua importância, não podem ser postergados ainda que o litígio apresente conexões com diferentes ordenamentos jurídicos.

[3] Apud. Luís de Lima Pinheiro, *Arbitragem Transnacional – A Determinação do Estatuto da Arbitragem*, 2005, p. 277, nota 835.

[4] Jean-François Poudret e Sébastien Besson, *Droit Comparé de l'Arbitrage International*, 2002, pp. 310 e 311.

[5] Gary B. Born, *International Commercial Arbitration*, vol. I, 2009, p. 771.

[6] *Apud.* Luís de Lima Pinheiro, "Apontamento sobre a Impugnação da Decisão Arbitral" *in ROA*, ano 67, nº 3, p. 1033, nota 27.

– ora decidindo segundo a equidade, sem que para tal estivessem autorizados, ora não aplicando, na arbitragem internacional, o direito material escolhido pelas partes – significar que estes estão a actuar contra a vontade das partes, que é a fonte dos seus poderes. Por outro lado, razões de coerência e bom senso levam a que, caso a decisão proferida esteja em contradição com os fundamentos invocados ou colida com a ordem pública interna ou com a ordem pública internacional do Estado, se imponha a sua anulação.

No nosso ordenamento jurídico, tais fundamentos de anulação não se encontram expressamente consagrados na LAV, mas isso não significa, necessariamente, que não possam conduzir à anulação de decisões arbitrais que os contrariem.

V – Posições adoptadas pela doutrina nacional

A) A favor do carácter taxativo

A1) A posição de Paula Costa e Silva
Paula Costa e Silva publicou na *Revista da Ordem dos Advogados* um estudo sobre os meios de impugnação de decisões proferidas em arbitragem voluntária[7].

Nesse estudo, conclui que a enumeração prevista no art. 27º da LAV é taxativa, isto é, que a decisão arbitral apenas pode ser anulada com base em algum dos fundamentos aí previstos, não podendo estabelecer-se qualquer equiparação ou analogia com as causas de anulação de uma sentença judicial previstas no CPC. Assim, existem certos fundamentos de anulação das sentenças judiciais – nomeadamente a contradição entre os fundamentos e a decisão e a condenação em quantidade superior ou objecto diverso do pedido [art. 668º, nº 1, al. c)] – que não são causa de anulação da sentença arbitral.

Como ensina a autora[8], os princípios que se visam proteger no processo arbitral destinam-se a permitir o acesso ao direito de defesa pelas partes e a assegurar um julgamento imparcial, estando intimamente relacionados com o facto do processo arbitral ser um processo privado, mas cujos efeitos têm incidência pública, só podendo o Estado reconhecer tais decisões de privados caso cumpram estes requisitos mínimos e básicos ao longo de todo o processo. Assim, estes princípios mais não são do que concretizações do estatuído no

---

[7] Paula Costa e Silva, "Anulação e Recursos da Decisão Arbitral", *in ROA*, ano 52, nº 3, pp. 893 e ss.
[8] Costa e Silva, "Anulação cit." p. 934.

art. 20º nº 4, da Constituição da República Portuguesa, ou seja, do princípio do processo equitativo.

Contudo, a autora concorda que a violação de uma regra de ordem pública *interna*[9] deve conduzir à anulação da decisão arbitral, distinguindo a este propósito as seguintes situações:

- Se a violação da ordem pública residir na convenção arbitral, a invalidade reconduzir-se-á à não arbitrabilidade do litígio ou à incompetência do tribunal, pelo que recairá no âmbito da previsão das als. a) ou b) do art. 27º;
- Se ocorrer durante o processo arbitral, estaremos perante um desrespeito dos princípios fundamentais do processo arbitral que se repercutirá na decisão final desde que a violação desses princípios tenha influenciado de forma decisiva a sentença [art. 27º, al. d)];
- Se apenas a sentença for contrária à ordem pública, importará paralisar os seus efeitos por recurso aos critérios gerais de direito[10], ou seja, a sentença padecerá de nulidade, invocável a todo o tempo, oficiosamente ou por qualquer interessados, nos termos dos arts. 281º e 286º do CC.

Assim, no entender de Paula Costa e Silva, a ordem pública *interna* pode funcionar como um limite à aplicação do direito pelos árbitros mas, dada a sua não inclusão como fundamento de anulação no art. 27º, da LAV, a decisão que a contrarie apenas poderá ser invalidada nos termos gerais previstos na lei civil, ou seja, com fundamento na nulidade da sentença (arts. 281º a 286º do CC).

Por outro lado, conjugando a questão do recurso com o carácter taxativo do art. 27º, a autora defende que, se da decisão arbitral for admitido recurso – caso em que os fundamentos de anulação terão de ser deduzidos nessa sede (art. 27º, nº 3) – o tribunal de recurso pode alterar a decisão e, assim, conhecer do fundo da causa, não estando limitado a um juízo meramente cassatório como sucederia caso se tratasse de uma acção de anulação (art. 715º, nºs 1 e 2, do CPC). Desta forma, a LAV, ao prever dois meios de impugnação da decisão arbitral, permite que em sede de recurso – onde se aplicam as regras do CPC –, esta possa ser anulada tendo como suporte um motivo que não seria causa de anulação nos termos do art. 27º, nº 1 da LAV.

Em suma, Paula Costa e Silva sustenta que, no âmbito da acção de anulação, a decisão arbitral apenas pode ser anulada com base nos fundamentos constantes do art. 27º. No entanto, caso haja recurso da decisão, a esta também poderá ser anulada com base nos mesmos fundamentos que levam à anulação de uma

---

[9] Muito embora Costa e Silva nunca se refira expressamente à ordem pública interna, o contexto em que surge a referência à violação da ordem pública parece sugerir que a autora tem em vista a *arbitragem interna*, no âmbito da qual estará sempre em causa apenas *ordem pública interna*: cfr. "Anulação cit.", pp. 944 e 945.

[10] Costa e Silva, "Anulação cit.", p. 945.

decisão judicial, não estando limitada às causas de anulação previstas no art. 27º. Por fim, caso dela não caiba recurso, a decisão arbitral que seja contrária a princípios e regras de ordem pública interna poderá ser impugnada com base em nulidade, nos termos dos arts. 281.º e 286.º do CC.

A2) A Proposta de Lei apresentada pela Associação Portuguesa de Arbitragem (APA)

Outro argumento importante para a defesa do carácter taxativo dos fundamentos de anulação da decisão arbitral e, consequentemente, no sentido da não inclusão da violação da ordem pública *interna* nesse elenco, é a proposta recentemente apresentada pela APA para a nova Lei de Arbitragem Voluntária[11]. Nesta proposta, as causas de anulação da sentença arbitral proferida em arbitragem interna – previstas no art. 46º – correspondem, no essencial, às previstas no art. 34º da Lei-Modelo da UNCITRAL[12], não incluindo a violação da ordem pública *interna*. Contudo, no que respeita às sentenças proferidas em arbitragem internacional e ao reconhecimento de decisões arbitrais estrangeiras, a lei prevê como causa de anulação da decisão ou de recusa de reconhecimento a violação da ordem pública *internacional* do Estado português [arts. 54º e 56º, al. b), par. ii)].

Esta proposta de Lei, designadamente na parte dedicada à anulação da decisão arbitral, é inspirado naquilo que já estabeleciam a Lei alemã (§ 1059, nº 2 da ZPO), a Lei espanhola (art. 41º, nº 1), a Lei suíça de Direito Internacional Privado (art. 190, nº 2) e o CPC italiano (art. 829, 1º par.).

Aliás, na exposição de motivos deste Projecto – que visa harmonizar o regime português da arbitragem voluntária com as soluções consagradas na maioria dos direitos estrangeiros – diz-se expressamente que "*o pedido de anulação da sentença arbitral só é admissível se se basear num dos fundamentos tipificados na presente lei*", sendo os fundamentos aí previstos os seguintes:

- A falta de capacidade de uma das partes para celebrar a convenção de arbitragem ou a invalidade da convenção nos termos da lei a que as partes a sujeitaram ou, na falta de indicação, nos termos da lei de arbitragem voluntária;
- A falta de informação sobre a designação de um árbitro ou sobre o processo arbitral ou o facto de não ter tido sido dada oportunidade à parte, por outro motivo, de fazer valer os seus direitos;
- A sentença que se pronuncie sobre um litígio não abrangido pela convenção de arbitragem ou que ultrapasse os termos dessa convenção;

---

[11] Disponível em http://arbitragem.pt/noticias/proposta-de-lav-13052010.pdf.
[12] A Lei-Modelo reproduz, neste particular, o art. V da Convenção de Nova Iorque de 1958.

- A desconformidade entre a convenção das partes e a composição do tribunal arbitral ou o processo arbitral, salvo se a convenção contrariar uma disposição da lei de arbitragem voluntária que as partes não possam derrogar ou, na falta de estipulação na convenção de arbitragem, a desconformidade entre a lei de arbitragem voluntária e a composição do tribunal ou o processo desde que, em qualquer dos casos, essa desconformidade tenha tido influência decisiva na resolução do litígio;
- O tribunal arbitral conhecer de questões de que não podia tomar conhecimento ou deixar de se pronunciar sobre questões que devia apreciar;
- A não assinatura da decisão pelos árbitros e a falta de fundamentação, nos termos do art. 42º, nºs 1 e 3;
- A notificação da decisão após o decurso do prazo fixado de acordo com o art. 43º;
- Não arbitrabilidade do litígio em face do direito português.

Assim, também esta proposta de nova LAV estabelece a taxatividade dos fundamentos de anulação da decisão arbitral.

B) Contra o carácter taxativo

B1) A posição de Lima Pinheiro
Embora reconheça o carácter aparentemente taxativo da formulação do art. 27º, Luís de Lima Pinheiro defende que poderão existir outras causas de anulação da decisão arbitral[13]. O autor aponta quatro motivos adicionais de anulação que, no seu entender, acrescem aos estatuídos no art. 27º, nº 1, sendo eles[14]:
- O desrespeito das regras processuais fixadas pelas partes;
- A decisão segundo a equidade, quando não autorizada pelas partes;
- A não aplicação do direito material escolhido pelas partes no âmbito da arbitragem internacional;
- A violação da ordem pública internacional.

Esta posição baseia-se no facto de a Convenção de Nova Iorque, respeitante ao reconhecimento e execução de sentenças arbitrais estrangeiras, prever como causas de recusa de reconhecimento a desconformidade da constituição do tribunal arbitral ou do processo de arbitragem com a convenção arbitral [art. V,

---

[13] Lima Pinheiro, *Arbitragem cit.*, pp. 173 e 174 e "Recurso e Anulação da Decisão Arbitral: Admissibilidade, Fundamentos e Consequências" *in I Congresso do Centro de Arbitragem da Câmara do Comércio e Indústria Portuguesa*, 2008, pp. 185 a 186.
[14] Lima Pinheiro, "Apontamento cit.", pp. 1030 a 1034.

ANÁLISE DE JURISPRUDÊNCIA SOBRE ARBITRAGEM

nº 1, al. d)] ou a violação da ordem pública [art. V, nº 2, al. b)][15]. Também a não aplicação do direito material convencionado pelas partes, na arbitragem internacional, ou a decisão segundo a equidade, quando não autorizada – apesar de não se encontrarem expressamente previstas no art. V – devem, no entender de Luís de Lima Pinheiro, obstar ao reconhecimento de sentenças estrangeiras por maioria de razão com o disposto no art. V, nº 1, al. d)[16].

Ora, tendo em conta que tais fundamentos obstam ao reconhecimento de uma decisão arbitral estrangeira nos termos da Convenção de Nova Iorque, Lima Pinheiro sustenta que, por maioria de razão, deverão constituir fundamento de anulação de decisão arbitral nacional[17]. Quanto à violação da ordem pública *internacional*, o argumento de maioria de razão baseia-se ainda no art. 1096º do CPC, que estabelece os requisitos necessários para a revisão e confirmação de uma sentença estrangeira. Neste preceito, refere-se – entre outros pressupostos – que só pode ser confirmada a sentença cujo reconhecimento não conduza a *"resultado manifestamente incompatível com os princípios de ordem pública internacional do Estado Português"* [al. f)][18].

Neste particular, importa salientar que uma decisão arbitral que condene uma das partes com fundamento numa responsabilidade sem dano ou que reconheça como causa legítima de cessação de um contrato a raça, a religião ou a convicção política de certa pessoa[19] implicará a violação de um ou mais princípios de ordem pública, princípios esses que constituem uma limitação à autonomia privada e procuram tutelar interesses superiores da comunidade, constituindo por isso o último reduto de intervenção do Estado.

B2) A posição de Mariana França Gouveia e Assunção Cristas
Assunção Cristas e Mariana França Gouveia também se pronunciam contra o carácter supostamente taxativo do art. 27º, nº 1 da LAV, considerando que a violação da ordem pública *interna* constitui igualmente um fundamento de anulação da decisão arbitral[20]. Para as autoras, a ordem pública interna *"contém os*

---

[15] Pese embora a formulação adoptada no art. V, nº 2, al. b) possa suscitar algumas dúvidas relativamente ao conceito de ordem pública utilizado, Lima Pinheiro considera que se tem em vista a ordem pública internacional do Estado de reconhecimento (cfr. "Apontamento cit.", p. 1032).

[16] Lima Pinheiro, "Apontamento cit.", pp. 1030 e 1031.

[17] Note-se que a semelhança entre os fundamentos de recusa de reconhecimento de decisão arbitral estrangeira e as causas de anulação da decisão arbitral proferida em arbitragem interna existe, entre outros, na Lei-Modelo da UNCITRAL (art. 34º) e no ordenamento jurídico alemão (art. 1041º, nº 1 do Z.P.O).

[18] Lima Pinheiro, "Apontamento cit.", p. 1032.

[19] Exemplos dados por Costa e Silva, "Anulação cit.", p. 945, nota 129.

[20] Assunção Cristas e Mariana França Gouveia, "A Violação da Ordem Pública como Fundamento de Anulação de Sentenças Arbitrais – Anotação ao Acórdão do STJ de 10.07.2008" *in Cadernos de Direito Privado*, nº 29, pp. 48 a 52 (em especial, p. 52).

princípios e regras considerados como essenciais (...) para o Estado Português", incluindo os *"princípios gerais implícitos, mas fundamentais, do nosso ordenamento jurídico"* mas não todas as normas imperativas[21]. No fundo, ela é composta pelos princípios estruturantes da sociedade, que só casuisticamente se poderão revelar.

As autoras começam por considerar que a violação da ordem pública está interligada com a questão da arbitrabilidade – pois a ordem pública, além de poder consubstanciar um fundamento de anulação da decisão, é também um limite à arbitrabilidade dos litígios – acabando por entender que a violação da ordem pública interna consubstancia um fundamento autónomo de anulação da decisão arbitral. Mais acrescentam que, a fim de determinar se a decisão arbitral é ou não conforme com a ordem pública interna, se torna necessário entrar na análise do mérito da sentença.

Na verdade, é precisamente o facto de adoptarem um entendimento amplo do conceito de arbitrabilidade, nos termos do qual poderá ser arbitrável um litígio relativo a situações jurídicas cujo regime é regulado – em abstracto – por normas imperativas, que justifica a preponderância da ordem pública interna como fundamento de anulação das decisões arbitrais. Ora, a ordem pública surge nesta perspectiva como *"último reduto da intervenção do Estado"*[22], como mecanismo de *"controlo estadual da aplicação do direito imperativo"*[23]. E isto porque nenhum Estado pode reconhecer eficácia a decisões de tribunais privados que não apliquem os princípios e regras basilares que norteiam esse mesmo Estado.

Transpondo este raciocínio para a análise do acórdão do Supremo Tribunal de Justiça no **"Caso Cláusula Penal II"**, em que se discutia se a condenação em cláusula penal indemnizatória – na ausência de dano – violava a ordem pública, Assunção Cristas e Mariana França Gouveia referem que as partes são livres de estipular uma cláusula penal, ao abrigo dos princípios da autonomia privada e da liberdade contratual. Ora, a condenação em cláusula penal – quando se tenha demonstrado a sua natureza indemnizatória e a inexistência de dano – viola ambos os princípios referidos, na medida em que, na hipótese configurada, o tribunal estará a *"substituir-se às partes na regra contratualmente fixada"*[24]. Tendo o conta o carácter estruturante da autonomia privada e da liberdade contratual no direito privado, as autoras concluem que esta desconformidade implicará a violação da ordem pública interna.

---

[21] Assunção Cristas e França Gouveia, "A Violação cit.", p. 53.

[22] Assunção Cristas e França Gouveia, "A Violação cit.", p. 51.

[23] Assunção Cristas e França Gouveia, "A Violação cit.", p. 52.

[24] Assunção Cristas e França Gouveia, "A Violação cit.", p. 55.

ANÁLISE DE JURISPRUDÊNCIA SOBRE ARBITRAGEM

SEGUNDA PARTE – ANÁLISE DE ACÓRDÃOS SOBRE O TEMA

"Caso da Comissão Paritária"

Neste acórdão estava em causa a anulação de uma decisão da Comissão Arbitral Paritária do Sindicato dos Jogadores de Futebol Profissional que julgou procedente o pedido formulado pelo autor (futebolista) de declaração de validade da rescisão do contrato celebrado entre si e o clube e de condenação deste último no pagamento da indemnização aí acordada. Em sede de recurso, a Relação anulou a decisão, considerando todos os réus partes ilegítimas.

Nas alegações de recurso para o Supremo, o autor (agora recorrente) invocou a violação do princípio de processo equitativo, designadamente na vertente da igualdade de armas e do contraditório, por não ter sido deferido incidente de intervenção de terceiros e por ter sido desentranhada a contestação, considerada *"manifestamente intempestiva, inútil e irrelevante"* pelos árbitros.

A propósito do tema e muito *en passant*, o acórdão entendeu que a decisão arbitral era susceptível de ser impugnada por via de recurso ou de acção de anulação, esta última apenas com base nos fundamentos previstos no art. 27º, da LAV. Assim, o Tribunal concluiu pelo carácter taxativo do art. 27º e, em relação ao caso em apreço, considerou que, sendo os princípios do contraditório e da igualdade de armas elementos incidíveis do processo equitativo, só no caso de a violação dos mesmos ter tido relevância fundamental na decisão tomada é que poderiam servir de base à anulação da decisão arbitral [art. 27º, nº 1, al. c)].

"Caso das Faltas Injustificadas"

Este acórdão teve por base uma acção de anulação instaurada no Tribunal de Trabalho de Lisboa por um clube contra um jogador de futebol, pedindo a anulação de um acórdão da Comissão Arbitral Paritária do Sindicato dos Jogadores de Futebol Profissional.

Para fundamentar a acção de anulação, o autor alegava, em síntese que, no âmbito do processo que correu na aludida Comissão Paritária, tinha sido condenado no pagamento de determinada quantia, incluindo a remuneração do mês de Julho de 1996, sem que a Comissão Paritária se tivesse pronunciado sobre um dos factos que havia sido invocado em sede de contestação (faltas injustificadas dadas pelo futebolista durante esse mesmo mês). Assim, concluía que a decisão era anulável por violação do art. 27º, nº 1, al. e) da LAV, ou seja, por omissão de pronúncia.

A primeira instância deu razão aos autores, anulando a decisão da Comissão Paritária. Inconformado, o futebolista recorreu para a Relação invocando, basicamente, três argumentos, a saber: a competência do Tribunal de Trabalho para apreciar o pedido de anulação da decisão da Comissão Paritária; a ilegi-

212

timidade do réu na acção de anulação e a omissão de pronúncia do acórdão recorrido sobre questão submetida à sua apreciação.

O Tribunal da Relação constatou que no acórdão da Comissão Arbitral Paritária se deram como admitidas por acordo as quantias peticionadas e relativas aos vencimentos de Junho e Julho de 1996, quando, na verdade, não existiu tal acordo, tendo esse facto sido decisivo para a condenação do ora recorrido: tratou-se, assim, de um erro de julgamento. Porém, entendeu que, dado o carácter taxativo do art. 27º da LAV, a sentença arbitral apenas poderia ser anulada se o tribunal tivesse conhecido de questões de que não podia tomar conhecimento ou tivesse deixado de se pronunciar sobre questões que devia apreciar (art. 27º, nº 1).

"Caso Jogador de Golfe I"

O presente recurso tinha subjacente a celebração de uma convenção de arbitragem entre as partes, cujo objecto consistia na *"determinação das consequências jurídicas resultantes da cessação do contrato de patrocínio (...), bem como o eventual pagamento indemnizatório de prejuízos e quaisquer outros pedidos directamente ligados àquele contrato"*. Nessa mesma convenção, estabeleceram-se ainda as regras segundo as quais se conduziria o processo arbitral, designadamente que os árbitros julgariam de acordo com a equidade, com expressa renúncia aos recursos.

Depois de a primeira instância ter confirmado a decisão do tribunal arbitral, a recorrente baseou o recurso em dois fundamentos: a falta de fundamentação da decisão no tocante à ilicitude da resolução contratual operada e a pronúncia sobre matéria que não foi invocada pelas partes e que era estranha ao objecto do litígio – ofensa do direito à imagem do recorrido, alicerçada em factos posteriores à resolução do contrato, como violação do respectivo contrato.

A Relação começou por afirmar que a decisão arbitral deve ser anulada se não for fundamentada, assim como se conhecer de questões de que não podia tomar conhecimento. Ora, uma vez que houve renúncia aos recursos, as partes apenas poderiam lançar mão da acção de anulação, a qual apenas tem efeitos cassatórios.

No entanto, e reconhecendo embora que a necessidade de fundamentação fáctica e de direito das decisões é um princípio constitucional, destinando-se a permitir a apreensão pelas partes do silogismo alcançado na decisão e a inteligibilidade desta, o Tribunal considerou que só a falta absoluta de fundamentação consubstancia uma causa de anulação, embora esta se possa referir só aos fundamentos de facto ou só aos fundamentos de direito, seguindo nesta parte o defendido por Antunes Varela, Sampaio e Nora e Miguel Bezerra[25].

---

[25] Antunes Varela, J. Miguel Bezerra e Sampaio e Nora, *Manual de Processo Civil*, 2ª ed., 1985, p. 670.

ANÁLISE DE JURISPRUDÊNCIA SOBRE ARBITRAGEM

Em resumo, a Relação acabou por concluir pelo carácter taxativo do art. 27º da LAV[26] pelo que, caso não caiba recurso – seja porque – o valor da causa não o permite, seja porque as partes escolheram a equidade como forma de resolução do litígio, seja porque renunciaram ao recurso – as partes terão de se conformar com o facto de a decisão arbitral estar mal ou deficientemente fundamentada.

Por fim, a Relação sustentou ainda que o tribunal arbitral só pode conhecer das questões suscitadas pelas partes e, consequentemente, caso conheça de questões que extravasem o objecto do litígio, conforme delimitado na convenção arbitral, o problema será de competência do tribunal arbitral, que se encontra balizada por aquela convenção.

"Caso do Árbitro Impedido"
Subjacente a este acórdão estava uma acção declarativa de anulação de uma decisão arbitral com fundamento no facto de a mesma ter sido tomada por tribunal incompetente ou irregularmente constituído e ainda na violação dos princípios processuais estatuídos no art. 16º da LAV (princípios da igualdade, da oposição, do contraditório e da audição) com influência decisiva na resolução do litígio [als. b) e c) do art. 27º, nº 1, da LAV]. Especificamente, a 2ª Autora alegou que não era parte no contrato à data da sua celebração e por isso não lhe era aplicável a cláusula de arbitragem aí estatuída, pelo que o tribunal arbitral seria incompetente no que lhe respeitava. Mais referiu que, aquando da solicitação para que procedesse à nomeação do árbitro, invocou a excepção mencionada, afirmando expressamente que a cláusula arbitral não lhe era oponível e, subsequentemente, voltou a suscitar essa questão em sede de contestação, alegando a incompetência do tribunal arbitral. Por último, os Autores invocavam ainda que o árbitro por si nomeado não foi ouvido nem tomou parte na deliberação tomada.

O Tribunal de 1ª instância considerou os argumentos invocados improcedentes. Inconformados com tal decisão, os autores recorreram para a Relação, invocando contradições na decisão arbitral e a sua fragilidade económica e negocial face à contraparte e referindo que a ausência do árbitro por si nomeado impunha o adiamento da deliberação. A acrescer a estes fundamentos sustentaram ainda que, embora em 1ª instância tivessem invocado a ilegitimidade passiva, o certo é que o vício se traduzia na incompetência do tribunal.

O acórdão da Relação começou por referir que, face à redacção do art. 28º, nº 1 da LAV, a parte vencida tem o direito de requerer a anulação da decisão arbitral, mas atenta a natureza taxativa dos fundamentos de anulação previstos

---

[26] Indo, aliás, ao encontro daquilo que já havia sido decidido no ac. STJ de 31.3.1993, *in CJSTJ* 1993, II, p. 55.

no art. 27º estão fora de apreciação neste âmbito todas as questões relativas ao mérito da causa.

Quanto à violação dos princípios processuais previstos no art. 16º da LAV, dado que o árbitro nomeado pelos Autores só não compareceu à reunião destinada à assinatura do acórdão, sendo que o árbitro presidente estabeleceu todos os esforços – documentados em acta – para conseguir a presença daquele, que se declarou impedido, considerou a Relação que a situação se subsumia no art. 23º, nº 2. Assim, no entender do Tribunal, nada justificava o adiamento da reunião, cujas consequências seriam gravosas dada a iminência do fim do prazo para a decisão ser proferida e consequente caducidade da cláusula compromissória, podendo o adiamento acarretar responsabilidade civil para o árbitro faltoso pelos danos causados (nos termos do art. 19º, nº 5).

Assim, a Relação entendeu que não se verificava qualquer causa de anulação da decisão enquadrável nas taxativamente enumeradas no art. 27º da LAV. Quanto à incompetência ou irregular constituição do tribunal arbitral, o fundamento improcedeu na medida em que não tinha sido, no entender do Tribunal, alegado de forma expressa em momento oportuno (art. 27º, nº 3). Quanto ao facto de um dos árbitros não ter comparecido à reunião designada para a assinatura do acórdão, o Tribunal concluiu que não se justificava o seu adiamento, devendo assinar a decisão os árbitros presentes (art. 23º, nºs 1 e 2).

"Caso Golfe das Amoreiras"

Na acção de anulação sobre a qual se debruçou este acórdão, a autora invocava como fundamentos de anulação, entre outros, a decisão segundo a equidade não autorizada pelas partes, a violação da ordem pública e a falta de fundamentação da decisão arbitral.

A Relação de Lisboa entendeu, em relação aos dois primeiros fundamentos, que estes não constituíam causa de anulação da decisão, uma vez que com uma acção de anulação apenas se pretendem atingir vícios de natureza processual, não se entrando no conhecimento do mérito da decisão.

Em relação à alegada falta de fundamentação, seguindo aliás a orientação uniforme da jurisprudência, o Tribunal considerou que apenas a falta absoluta de fundamentação – isto é, a completa omissão da fundamentação fáctica ou de direito em que assenta a decisão – é que pode levar à anulação da decisão, concluindo assim que o vício de contradição entre os fundamentos e a decisão não se inclui no art. 27º, nº 1, al. d), da LAV.

"Caso da Compra e Venda de Acções"

Neste acórdão estava em causa o recurso de decisão de improcedência de acção de anulação baseada na violação dos princípios do contraditório e da igualdade de tratamento das partes, do dever de fundamentação e na omissão e excesso de pronúncia.

Uma vez que as partes haviam renunciado ao recurso da decisão arbitral, o Tribunal considerou que se encontrava excluída a apreciação do mérito da decisão em causa, pelo que a mesma apenas poderia ser anulada com base nos fundamentos taxativamente previstos no art. 27º, nº 1, da LAV, ou por meio de embargos, nos termos das disposições conjugadas dos arts. 31º da LAV e 814º do CPC. Ou seja, o Supremo considerou que a acção de anulação está restrita às causas de pedir previstas no art. 27º.

Em relação aos vícios alegados, o Tribunal considerou que não se verificava a violação dos princípios do contraditório e da igualdade de armas. Em relação à contradição entre os fundamentos e a decisão, o Supremo Tribunal de Justiça entendeu que apenas a falta absoluta de fundamentação – e não a sua eventual deficiência ou contradição – constitui causa de anulação, reproduzindo assim a posição de parte da doutrina e da jurisprudência. Por fim, no que respeita aos vícios de omissão e de excesso de pronúncia, o Supremo concluiu que estes também não se tinham verificado, chamando a atenção para a regra do conhecimento oficioso da nulidade (art. 286º do CC) e para o facto de o erro de julgamento não se reconduzir à omissão de pronúncia.

"Caso da Deliberação Social"

Neste recurso suscitavam-se, com interesse para o presente estudo, as seguintes questões: por um lado, saber se o tribunal arbitral decidiu para além da questão que lhe foi submetida e se tal é fundamento de anulação da decisão; por outro lado, saber se, no âmbito da acção de anulação, o tribunal judicial deve unicamente conhecer dos fundamentos de anulação invocados ou se pode também conhecer do mérito da sentença arbitral, isto tendo as partes renunciado aos recursos.

Os fundamentos invocados pela Autora para a anulação da decisão arbitral eram a violação do princípio do contraditório com influência decisiva na resolução do litígio, o facto de o tribunal ter conhecido questões de que não podia conhecer e ter deixado de pronunciar-se sobre questões que devia apreciar e a falta de assinatura dos árbitros.

A Relação considerou que a sentença proferida pelo tribunal arbitral respeitou o objecto do litígio, tendo conhecido todas as questões que lhe foram submetidas e não apreciando questões de que não pudesse tomar conhecimento, pelo que não se verificava o fundamento de anulação previsto no art. 27º, nº 1, al. e) da LAV.

No que respeita à violação do princípio do contraditório, a Relação considerou que este princípio devia ser observado durante todo o processo, não obrigando – no entanto – a ouvir as partes sempre que tenha de se decidir uma questão jurídica de forma diferente daquela que foi submetida à apreciação do tribunal. Aliás, o Tribunal concluiu que, ainda que tivesse havido violação do princípio do contraditório, esta não teria influído na decisão final, pelo que o fundamento de anulação invocado sempre seria improcedente.

Na decisão em análise, há mais dois aspectos que merecem especial destaque: por um lado, o Tribunal entendeu que, se a parte apenas pretender invocar vícios formais, deverá intentar uma acção de anulação da decisão arbitral, no âmbito da qual o tribunal judicial não poderá pronunciar-se sobre o mérito da decisão arbitral, devendo apenas, se for o caso, anulá-la. Por outro lado, a Relação veio afirmar o carácter taxativo do art. 27º, nº 1 da LAV, negando a existência de equivalência entre os fundamentos de anulação de decisões arbitrais e as causas de nulidade das sentenças judiciais, nomeadamente no que respeita à oposição entre os fundamentos e a decisão, à deficiente fundamentação, ao erro de julgamento ou à condenação em objecto diverso do pedido.

"Caso da Apresentadora de Televisão"
O acórdão em análise surgiu no seguimento de uma acção de anulação de decisão arbitral julgada improcedente pelo Tribunal de 1ª Instância e pela Relação. Nas alegações de recurso, o recorrente alegava, em síntese, como fundamentos para a anulação da decisão arbitral a violação do dever de fundamentação e do princípio do contraditório e a inarbitrabilidade do litígio.

O Supremo começou por referir que, tendo havido renúncia aos recursos da decisão arbitral, as partes não podiam discutir o mérito ou demérito daquela decisão – onde se incluíam as questões da legitimidade substantiva, da aplicabilidade ou não da cláusula penal ou da qualificação jurídica do contrato em que inseria a convenção arbitral – apenas podendo recorrer à acção de anulação e, mesmo assim, só com base nos fundamentos taxativos previstos no art. 27º, nº 1, da LAV.

Quanto à alegada falta de fundamentação, o Tribunal considerou que a fundamentação da convicção do árbitro e a análise da prova, embora feita com alguma simplicidade, pode resultar de remissão para despacho anteriormente proferido ou para diligência probatória constante dos autos sem que se verifique qualquer violação do art. 27º, nº 1, al. d). Parece, assim, que o acórdão acolheu a tese segundo a qual só a falta absoluta de fundamentação constitui fundamento de anulação da decisão arbitral, não bastando para tanto a deficiente fundamentação.

No que respeita à suposta não arbitrabilidade do litígio, o Supremo defendeu que, embora os direitos de personalidade sejam, em princípio, direitos

ANÁLISE DE JURISPRUDÊNCIA SOBRE ARBITRAGEM

indisponíveis, é disponível o direito a exigir indemnização por responsabilidade civil adveniente da violação de direitos de personalidade, bem como a quantificação dos danos causados por essa violação.

Por outro lado, reforçando o carácter taxativo dos fundamentos de anulação previstos no art. 27º da LAV, o Tribunal entendeu que a violação de um qualquer preceito da lei processual civil não constitui fundamento de anulação da decisão arbitral, pois apenas a violação dos princípios processuais referidos no art. 16º da LAV – igualdade de tratamento das partes, citação do demandado para se defender, observância do contraditório e audição das partes antes da decisão final – com influência decisiva na resolução do litígio pode levar à anulação da decisão, nos termos da al. c) do art. 27º.

"Caso da Cláusula Penal I"

Este recurso teve origem numa acção de anulação de decisão arbitral com fundamento na falta de fundamentação [art. 21º, nº 1, al. c)], no excesso de pronúncia [art. 21º, nº 1, al. d)] e na violação da ordem pública.

Nas suas alegações de recurso, o recorrente invocava, em síntese, que o tribunal arbitral conhecera questões de que não podia conhecer (pronúncia indevida), porquanto a condenação no pagamento da cláusula penal, estabelecida apenas para os casos de incumprimento definitivo, dependia desse mesmo incumprimento, sendo que o tribunal nunca o deu como provado. Já a violação da ordem pública decorria, na sua perspectiva, do facto de a condenação no pagamento de uma quantia a título de cláusula penal – uma vez provado que da mora não resultaram quaisquer danos – corresponder a uma responsabilidade sem dano, em violação de normas imperativas e de princípios de ordem pública (arts. 483º, 798º e 811º, nºs 1 e 3, do CC). Por último, em relação à falta de fundamentação, argumentava o recorrente que a decisão arbitral apenas referia os fundamentos em que se baseou para considerar excessiva a cláusula penal, sendo omissa na justificação do montante concreto da indemnização.

Deixando de lado o primeiro fundamento (excesso ou omissão de pronúncia), centremo-nos na violação da ordem pública. O acórdão da Relação começou por referir que, tendo as partes renunciado ao recurso, podiam impugnar a decisão através de uma acção de anulação, com base nos fundamentos taxativos previstos no art. 27º da LAV, entre os quais não se inclui a violação da ordem pública.

O Tribunal considerou, porém, que a violação da ordem pública acarreta uma nulidade directa ou derivada da decisão arbitral, na medida em que a ordem pública constitui uma limitação à autonomia privada, visando salvaguardar as normas e os princípios fundamentais do sistema jurídico. A Relação acrescentou – seguindo o entendimento de Paula Costa e Silva[27] – que a nulidade será directa quando a violação da ordem pública resultar da própria sentença arbitral (p.e, se a sentença reconhecer como causa legítima de cessação de um contrato a raça, a religião ou a convicção politica de certa pessoa) e indirecta quando a contrariedade com a ordem pública residir em acto diverso da sentença, que acabará, no entanto, por se traduzir num vício da própria sentença. Porém, no caso concreto, dado que as partes tinham renunciado ao recurso e, consequentemente à apreciação do mérito da decisão, o Tribunal concluiu pela impossibilidade de apreciar o tipo de cláusula penal em causa ou a decisão proferida, não podendo assim conhecer da eventual violação da ordem pública.

Quanto à violação do dever de fundamentação, a Relação considerou que só a falta absoluta de motivação é susceptível de gerar uma situação de nulidade da sentença arbitral, nos termos dos arts. 27º nº 1, al. d) e 23º, nº 2, da LAV, sendo a deficiente fundamentação apenas impugnável em sede de recurso (se este for possível).

"Caso do Contrato de Prestação de Serviços"
Este acórdão surgiu na sequência de uma decisão arbitral proferida ao abrigo de cláusula compromissória incluída em contrato de prestação de serviços celebrado entre as partes. Inconformada com a decisão tomada, tendo havido renúncia ao recurso, a autora intentou acção de anulação com base em nulidades na constituição do tribunal – por falta de válida delimitação e fixação do objecto do litígio e irregularidade na constituição do tribunal propriamente dita – e da própria decisão arbitral, com base na contradição entre esta e os respectivos fundamentos.

O Tribunal começou por se debruçar sobre a questão da delimitação do objecto do litígio, entendendo que este se encontrava validamente fixado com base na correspondência trocada entre as partes e nos articulados por elas apresentados. No que respeita à alegada irregularidade na constituição do tribunal arbitral, foi julgada improcedente por não ter sido alegada oportunamente.

Quanto ao vício de contradição entre os fundamentos e a decisão, a Relação defendeu que, tendo as partes renunciado ao recurso – ficando impossibilitadas de discutir a justeza da decisão arbitral – restava-lhes a possibilidade de propor acção de anulação dessa decisão, com base nos fundamentos taxativamente previstos no art. 27º, nº 1 da LAV. Ora, no entender do Tribunal, desse elenco de causas de anulação consta a falta de fundamentação da decisão – que

---

[27] Costa e Silva, "Anulação cit.", pp. 944 e 945.

ANÁLISE DE JURISPRUDÊNCIA SOBRE ARBITRAGEM

se verifica em caso de absoluta falta de fundamentos de facto ou de direito –
mas não a contradição entre a decisão e os respectivos fundamentos.

"Caso da Cláusula Penal II"

O tema tratado no presente acórdão, com relevância para este estudo, consiste
em saber se é ou não possível anular uma decisão arbitral com fundamento
na violação da ordem pública. Embora o recorrente tenha invocado, para além
deste vício, o excesso de pronúncia [art. 27º, nº 1, al.e)] e a falta de fundamentação da decisão [art. 27º, nº 1, al. d)], apenas será apreciada a questão de saber
se a condenação do recorrente a indemnizar a recorrida, tendo-se provado que
esta não sofreu quaisquer danos com a mora, consubstancia ou não violação da
ordem pública.

O acórdão do Supremo considerou que, pese embora o art. 27º da LAV
tenha carácter taxativo e a violação da ordem pública não conste do elenco
de causas aí previstas, esta poderá constituir causa de anulação da decisão por
aplicação dos critérios gerais de direito, conforme o entendimento de Paula
Costa e Silva[28]. Pode ler-se no acórdão que *"quando se verifique numa sentença arbitral a violação de uma regra de ordem pública, ocorrerá necessariamente a nulidade directa
desta sentença arbitral, quando a contrariedade com a ordem pública estiver na própria
sentença arbitral, tendo de ser paralisados os efeitos desta por recurso aos critérios gerais de
direito".* Fazendo alusão à posição de alguns autores que se têm pronunciado
sobre o conceito de ordem pública, o Tribunal sustentou que esta constitui
uma limitação à autonomia privada, visando salvaguardar as normas e os princípios fundamentais do sistema jurídico.

Porém, no caso concreto, o Supremo considerou que a condenação no
pagamento de cláusula penal indemnizatória quando se prove a ausência de
quaisquer danos, embora viole normas de direito civil, não viola, necessariamente, qualquer norma ou princípio de ordem pública, designadamente não
afronta nenhuma norma ou princípio estruturante do ordenamento jurídico
nacional. A esta questão acrescia, no entender do Tribunal, o facto de a apreciação do teor exclusivamente indemnizatório da cláusula penal implicar uma
análise ao mérito da causa, o que estava vedado uma vez que as partes tinham
renunciado ao recurso. Em suma, o Supremo Tribunal de Justiça concluiu que
não era possível afirmar que a cláusula penal tivesse carácter exclusivamente
indemnizatório – e não, também, compulsório – ou que a condenação no seu
pagamento acarretasse a violação da ordem pública.

---

[28] *Ibidem.*

Resumo de Acórdãos

Nome do Acórdão	Tribunal	Fundamentos invocados	Decisão Final
Caso da Comissão Paritária	STJ	Violação de princípios processuais	Taxatividade
Caso das Faltas Injustificadas	TRL	Ilegitimidade do réu e omissão de pronúncia	Taxatividade
Caso do Jogador de Golfe	TRL	Falta de fundamentação e excesso de pronúncia	Taxatividade
Caso do Árbitro Impedido	TRL	Contradições na decisão e falta de comparência de árbitro	Taxatividade
Caso Golfe das Amoreiras	STJ	Decisão segundo equidade não autorizada	Taxatividade
Caso da Compra e Venda de Acções	STJ	Violação da ordem pública	Taxatividade
		Falta de fundamentação da decisão	
		Violação do princípio da igualdade e do contraditório	
		Contradição entre os factos provados e prova produzida	
Caso da Deliberação Social	TRL	Falta de fundamentação da decisão	Taxatividade
		Violação do princípio do contraditório	
		Deficiente fundamentação e oposição com a decisão	
Caso da Apresentadora de Televisão	STJ	Falta de assinatura dos árbitros	Taxatividade
		Falta de fundamentação	
		Inarbitrabilidade do litígio	
Caso da Cláusula Penal I	TRL	Violação do princípio do contraditório	Não Taxatividade
		Pronúncia indevida	
		Violação de princípios de ordem pública	

		Falta de fundamentação	
Caso do Contrato de Prestação de Serviços	TRP	Falta de válida delimitação e fixação do objecto do litígio	Taxatividade
		Irregularidade na constituição do Tribunal	
Caso da Cláusula Penal II	STJ	Contradição entre a decisão e os respectivos fundamentos	Não Taxatividade
		Violação de princípios de ordem pública	
		Excesso de pronúncia	
		Falta de fundamentação	

TERCEIRA PARTE — CORRENTES JURISPRUDENCIAIS. CONCLUSÃO

I – Posição da Jurisprudência

Como vimos, a maioria das decisões analisadas defende o carácter taxativo dos fundamentos de anulação da decisão arbitral previstos no art. 27º da LAV, sem no entanto entrar em grandes explicações a este propósito.

Esta posição jurisprudencial parece estar relacionada com o propósito de impedir que as partes, através da propositura de uma acção de anulação, consigam obter uma reapreciação do mérito da decisão arbitral, apenas possível em sede de recurso. No fundo, pretende-se evitar que a acção de anulação acabe por se transformar num recurso da decisão impugnada, sempre que este não fosse admissível nos termos do art. 29º da LAV.

A título exemplificativo desta tendência, refira-se o acórdão do Supremo Tribunal de Justiça no *"Caso do Golfe das Amoreiras"*, em que a recorrente havia invocado como fundamentos de anulação, entre outros, a decisão segundo a equidade não autorizada pelas partes e a violação da ordem pública, tendo o tribunal entendido que tais vícios não eram causa de anulação da decisão. Mais recentemente, o Tribunal da Relação de Lisboa e o Supremo Tribunal de Justiça, nos *"Casos Cláusula Penal I e II"*, embora considerando que a violação de uma norma de ordem pública pode constituir um fundamento de anulação de uma decisão arbitral, julgaram improcedente a acção de anulação por considerarem, entre outras razões, que a apreciação da cláusula penal em causa implicava a análise do mérito da decisão, vedada nessa sede.

ANULAÇÃO DA DECISÃO ARBITRAL ...

Conforme se pôde constatar pela análise da jurisprudência, para além dos fundamentos de anulação previstos no art. 27º, nº 1, a violação da ordem pública é, porventura, a possível causa de anulação da decisão arbitral mais discutida. No entanto, também a decisão segundo a equidade, quando não autorizada pelas partes, e a deficiente fundamentação ou a contradição entre a decisão e a fundamentação têm sido invocadas junto dos tribunais portugueses como possíveis causas de anulação da sentença arbitral.

Vamos analisá-las separadamente.

A) A deficiente fundamentação e a contradição entre a decisão e a fundamentação.

Importa, antes de mais, recordar que o dever de fundamentação das decisões dos tribunais resulta directamente da Constituição da República Portuguesa, designadamente do seu art. 205º, visando permitir que os árbitros julgadores justifiquem a decisão obtida e que as partes compreendam o raciocínio do tribunal.

Neste particular, a jurisprudência tem considerado que só a falta absoluta de fundamentação da decisão arbitral constitui causa de anulação da mesma, excluindo por isso a insuficiência da fundamentação ou a contradição entre esta e a decisão.

Assim, segundo a orientação adoptada pela jurisprudência, perante uma decisão arbitral importa, desde logo, analisar se a omissão de fundamentação é total ou se a fundamentação é apenas deficiente e, em seguida, verificar se, embora aparentemente fundamentada, a decisão pode ser apreendida por uma pessoa média (*bonus pater familias*). Só no caso de se concluir que a decisão não se encontra, pura e simplesmente, fundamentada é que será possível recorrer à acção de anulação, nos termos dos arts. 27º, nº 1, al. d) e 23º, nº 3, da LAV[29]. Pelo contrário, se a decisão estiver fundamentada, embora de forma deficiente ou até incoerente, apenas poderá ser impugnada em sede de recurso, dado que esta hipótese não se encontra prevista no art. 27º, nº 1[30,31]. Esta disparidade

---

[29] Cfr. Costa e Silva, "Anulação cit.", pp. 938 e 939. Importa, no entanto, destacar que a autora conclui que *"Teria sido, no entanto, mais correcto, consagrar uma identidade de sanção para a falta absoluta de motivação e para a incoerência total da motivação com a parte decisória"* (p. 939). Contra, Mariana França Gouveia – *Resolução Alternativa de Litígios: Negociação. Mediação. Arbitragem. Julgados de Paz* (Relatório apresentado na Faculdade de Direito da Universidade Nova de Lisboa), 2008, p. 105, disponível em http://www.fd.unl. pt/eapoio/eapoio.asp – defendendo que a contradição entre a decisão e a fundamentação deverá ser equiparada à falta de fundamentação, uma vez que em ambos os casos a sentença não será inteligível.
[30] Cfr., neste sentido, as decisões proferidas no *"Caso Golfe das Amoreiras"*, no *"Caso Jogador de Golfe"*, no *"Caso da Deliberação Social"* e no *"Caso da Compra e Venda de Acções"*.
[31] No domínio das sentenças judiciais, pelo contrário, a contrariedade entre a decisão e a respectiva motivação é causa de nulidade da sentença, nos termos do art. 668º, nº 1, al. c) do CPC.

de regimes poderá estar relacionada com o facto de a falta de fundamentação constituir um vício processual, enquanto a fundamentação deficiente ou incoerente se traduz num erro de julgamento, no sentido em que o tribunal terá julgado mal a questão que lhe foi submetida, o que parece extravasar o âmbito da acção de anulação[32].

· Uma última referência para o facto de alguma jurisprudência adoptar uma postura de menor exigência no que toca à fundamentação das decisões arbitrais, quando comparadas com as decisões judiciais.

A este propósito, refira-se o *"Caso da Apresentadora de Televisão"*, em que o Supremo entendeu que as exigências de fundamentação da decisão sobre a matéria de facto são diferentes no processo judicial e no arbitral, bastando neste último a remissão para despacho anteriormente proferido ou para diligência probatória constante dos autos.

Em sentido contrário, o ac. TRP de 11.11.2003[33] decidiu anular uma sentença arbitral por esta não ter feito o exame crítico das provas, sem procurar distinguir as particularidades do processo arbitral, nomeadamente a circunstância de os árbitros poderem não ser juristas[34].

A propósito desta decisão, não se deve perder de vista que os árbitros não têm, necessariamente, profundos conhecimentos de técnica jurídica – pode ser árbitro qualquer pessoa singular, desde que plenamente capaz (art. 8º da LAV) – bastando que sejam dotados de bom senso e de alguns conhecimentos jurídicos e técnicos sobre a área em que se insere o litígio, a fim de se poder alcançar uma melhor justiça material. Por isso, desde que no texto da sentença os árbitros consigam explicar porque chegaram àquela solução e não a outra, e qual o caminho percorrido, a sentença estará, em nosso entender, fundamentada.

B) Não aplicação de regras processuais escolhidas pelas partes e decisão segundo a equidade, quando não autorizada pelas partes.
As partes têm uma ampla liberdade para regular os trâmites do processo arbitral, tendo, no entanto, como limite os princípios fundamentais previstos no art. 16º da LAV (igualdade de armas, citação, contraditório e audiência prévia à decisão). Ora, nos termos do art. 27º, nº 1, al. d), a violação destes princípios apenas configurará uma causa de anulação da decisão arbitral caso tenha tido uma influência decisiva na resolução do litígio.

---

[32] Cfr. *supra*, p. 203.

[33] Proc. nº 0324038, *in* www.dgsi.pt.

[34] Em sentido igualmente crítico desta decisão, cfr. Armindo Ribeiro Mendes, "Balanço dos Vinte Anos de Vigência da Lei de Arbitragem Voluntária: sua Importância no Desenvolvimento da Arbitragem e Necessidade de Alterações", *in I Congresso do Centro de Arbitragem da Câmara de Comércio e Indústria Portuguesa*, 2008, p. 47.

Também o direito material a aplicar ao fundo da causa pode ser escolhido pelas partes no âmbito da arbitragem transnacional. Ora, a questão que se levanta consiste em saber quais as consequências da aplicação pelos árbitros de um direito substantivo que não o escolhido pelas partes. Problema semelhante levanta-se quando os árbitros decidam segundo a equidade sem estarem para tal autorizados pelas partes.

Na jurisprudência analisada apenas encontrámos uma decisão que se pronunciou sobre a decisão segundo a equidade não autorizada pelas partes. No *"Caso do Golfe das Amoreiras"*, a Relação considerou que a aplicação pelos árbitros da equidade como critério de decisão não constituía uma causa de anulação da decisão, uma vez que com a acção de anulação apenas se pretendem atingir vícios de natureza processual, não sendo possível conhecer do mérito da decisão.

Embora esta não seja a orientação do acórdão, poder-se-á entender que a hipótese em análise prefigura ou coexiste com uma situação de incompetência do tribunal, na medida em que, se os árbitros conhecerem de questões que não lhes foram submetidas pelas partes e que não têm enquadramento na convenção arbitral, isso acarretará a incompetência do tribunal, cujo âmbito de competência é precisamente delimitado pela convenção de arbitragem. Assim, embora nos pareça que a decisão segundo a equidade não autorizada ou a não aplicação do direito substantivo escolhido pelas partes (no âmbito da arbitragem internacional) podem conduzir à anulação da decisão arbitral, estas não constituem um fundamento autónomo de anulação, sendo antes enquadráveis na incompetência do tribunal [art. 27º, nº 1, al. b)].

C) Violação de uma regra de ordem pública interna.

Embora esta causa também não esteja expressamente prevista no art. 27º, nº 1 da LAV[35], é chocante que uma decisão arbitral contrária a regras ou princípios de ordem pública *interna* não possa ser anulada, tanto mais considerando que a decisão de um tribunal judicial que padeça do mesmo vício poderá sempre ser impugnada.

A questão da violação da ordem pública está intimamente ligada com a questão da arbitrabilidade. Nos termos do art. 1º, nº 1 da LAV, apenas podem ser sujeitos a arbitragem litígios respeitantes a direitos disponíveis, em que os árbitros não têm que aplicar normas imperativas. A generalidade das normas imperativas, bem como os princípios gerais subjacentes ao sistema jurídico, têm por objectivo proteger os valores estruturantes do ordenamento jurídico,

---

[35] Ao contrário daquilo que estabelecem a maioria das leis arbitrais, incluindo a Lei-Modelo da UNCITRAL [art. 36, nº 1, al.b), par. ii] ou a Convenção de Nova Iorque (art. V).

ANÁLISE DE JURISPRUDÊNCIA SOBRE ARBITRAGEM

pelo que a sua violação pode, em muitos casos, ser reconduzida à violação da ordem pública.

Ora, a doutrina e a jurisprudência[36] têm entendido, de forma progressiva, que poderão ser arbitráveis litígios respeitantes a direitos em abstracto indisponíveis, mesmo que o respectivo regime contenha normas de carácter imperativo, fazendo uma interpretação extensiva do disposto no art. 1º, nº 1 da LAV. Seguindo-se esta orientação jurisprudencial e admitindo-se a arbitrabilidade de litígios cujo regime pode compreender regras imperativas – p.e, o caso da indemnização de clientela no âmbito do contrato de agência – terá que se estabelecer um mecanismo que permita controlar a aplicação do direito imperativo pelos árbitros.

Na jurisprudência, levantam-se três tipos de questões a propósito da ordem pública, a saber: a) em que consiste a ordem pública; b) se a violação da ordem pública interna é ou não fundamento de anulação da decisão arbitral; c) se é ou não necessário entrar na análise do mérito da causa para apreciar esta questão.

Em relação ao conceito de ordem pública, os tribunais têm entendido que esta é constituída por um conjunto de normas e de princípios imperativos, subjacentes à estrutura do nosso sistema jurídico, que limitam a autonomia privada. Neste sentido, a ordem pública surge também como uma restrição à arbitrabilidade dos litígios, na medida em que compreende regras estruturais do nosso ordenamento jurídico: por um lado, limita os poderes das partes e dos árbitros no que toca ao objecto do litígio; por outro lado, implica a concessão ao Estado de poderes para controlar e fiscalizar a decisão arbitral (ainda que, para alguma jurisprudência, apenas em sede de recurso).

Quanto à questão de saber se a violação da ordem pública interna constitui ou não fundamento de anulação da decisão, a jurisprudência não é pacífica. Assim, se no *"Caso do Golfe das Amoreiras"* o Supremo entendeu que esta não é causa de anulação, já nos *"Casos Cláusula Penal I e II"* prevaleceu o entendimento de que se trata, efectivamente, de um fundamento autónomo de anulação.

Em defesa da invalidade da decisão que viole a ordem pública interna, a jurisprudência analisada procurou basear-se na posição de Paula Costa e Silva[37]. Assim, importaria distinguir os casos em que a violação da ordem pública resulte de acto que não a sentença mas que se reflecte nesta (nulidade derivada) daqueles em que o vício resida na própria sentença (nulidade directa). No caso da nulidade derivada, a violação da ordem pública não constituirá um fundamento de anulação autónomo, na medida em que, ocorrendo, por regra,

---

[36] *"Caso da Deliberação Social"*.
[37] Costa e Silva, "Anulação cit.", pp. 944 e 945.

na convenção de arbitragem ou no procedimento arbitral, será reconduzível ao previsto no art. 27º, nº1, als. a), b) ou c). Já no caso da nulidade directa, aplicar-se-ão os critérios gerais de direito que, neste particular, determinam a nulidade da decisão, invocável a todo o tempo e por qualquer interessado (arts. 281º e 286º do CC).

No caso mais paradigmático desta tendência – *"Caso Cláusula Penal II"* – o Supremo entendeu que a violação da ordem pública, atentos os valores por ela prosseguidos, traduz-se numa invalidade da decisão arbitral. No entanto, o Tribunal considerou que a decisão em análise não violava, necessariamente, qualquer norma ou princípio de ordem pública, para além do que o apuramento efectivo do teor da cláusula penal implicava uma análise ao mérito da causa, o que lhe estava vedado visto que as partes tinham renunciado ao recurso.

Este último aspecto está já relacionado com a questão de saber se a apreciação de uma eventual violação da ordem pública implica a análise do mérito da decisão impugnada. O Supremo concluiu que sim, sustentando que a indagação do mérito da decisão não é possível no âmbito da acção de anulação.

Em suma, a análise jurisprudencial permite-nos concluir que uma decisão arbitral poderá ser objecto de acção de anulação quando a violação da ordem pública resultar da convenção de arbitragem ou do próprio procedimento arbitral, nos termos dos art. 27º, nº 1, als. a), b) e c). Quando a violação da ordem pública residir na própria decisão, a jurisprudência divide-se, havendo acórdãos que sustentam a invalidade da decisão com base nas regras gerais de invalidade previstas no Código Civil.

II – Conclusão Final

Face ao que fica dito, constata-se que, por regra, os supostos fundamentos adicionais de anulação da decisão arbitral acabam por reconduzir-se a alguma das situações previstas no art. 27º da LAV, pelo que, numa primeira abordagem, seríamos forçados a concluir pela taxatividade dos fundamentos de anulação.

A questão mais delicada consiste em saber se a violação da ordem pública interna pode ou não ser encarada como um fundamento autónomo de anulação de uma sentença arbitral, logo não enquadrável em algum dos fundamentos previstos no art. 27º. Como já se referiu, esta situação apenas se verifica quando a violação se encontra na própria sentença arbitral, sendo que nos restantes casos – ou seja, quando resulte da convenção de arbitragem ou do decurso do processo arbitral – a violação da ordem pública é reconduzível a uma das causas de anulação previstas no art. 27º, nº 1 da LAV.

A nível doutrinal, conforme tivemos oportunidade de desenvolver na primeira parte deste estudo, Luís de Lima Pinheiro defende que se a violação da ordem pública *internacional* do Estado português impede o reconhecimento de uma decisão arbitral estrangeira em Portugal, por maioria de razão essa violação deverá constituir uma causa de anulação de uma decisão arbitral nacional. Por seu turno, Paula Costa Silva defende que a decisão arbitral que viole a ordem pública *interna* será nula, nos termos gerais (arts. 281º e 286º do CC).

Por sua vez, Assunção Cristas e Mariana França Gouveia admitem a arbitrabilidade de litígios relativos a situações jurídicas cujo regime é regulado por normas imperativas, no âmbito dos quais os árbitros estão obrigados a aplicar o direito imperativo. Para as autoras, a extensão do conceito de arbitrabilidade tem como consequência a necessidade de permitir ao Estado o controlo da aplicação das normas de ordem pública interna. Assim, concluem que a violação da ordem pública *interna* consubstancia um fundamento de anulação da decisão arbitral, devendo o tribunal analisar a decisão e os seus fundamentos de forma a determinar se foram ou não cumpridas as normas fundamentais do nosso ordenamento jurídico.

A análise de alguma jurisprudência dos tribunais portugueses também não é conclusiva, na medida em que esta se encontra marcada por um pendor casuístico. Pese embora a generalidade das decisões se incline no sentido de afirmar o carácter taxativo dos fundamentos de anulação da decisão arbitral, pelo menos dois acórdãos – relativos aos ***"Casos Cláusula Penal I e II"*** – pronunciaram-se no sentido de que a violação da ordem pública pode conduzir à invalidade da decisão arbitral.

É chegada a altura de tomar posição nesta matéria. Desde logo, contra o argumento apresentado por Lima Pinheiro – por maioria de razão, as causas que obstam ao reconhecimento de sentenças arbitrais estrangeiras na Convenção de Nova Iorque devem ser invocáveis em sede de acção de anulação de decisões arbitrais nacionais – sempre se dirá que a Convenção de Nova Iorque apenas foi ratificada por Portugal em 1994, entrando em vigor a 16 de Janeiro de 1995. Assim, aquando da elaboração e entrada em vigor da LAV, Portugal ainda não tinha ratificado a referida Convenção e, portanto, esta não se aplicava no ordenamento jurídico nacional.

É certo que, de acordo com o art. V, nº 2, al. b), da Convenção de Nova Iorque e com o processo de revisão de sentenças estrangeiras, actualmente previsto no art. 1096º, do CPC, caso uma decisão arbitral estrangeira viole a ordem pública internacional, tal facto impedirá o seu reconhecimento em Portugal. No entanto – repita-se – aquando da entrada em vigor da LAV, uma vez que Portugal ainda não tinha ratificado a referida Convenção, a violação da ordem pública internacional não constituía fundamento de anulação da decisão arbitral, nem com base na Convenção de Nova Iorque, nem com base no CPC.

Importa também não esquecer que a letra do art. 27º da LAV, numa interpretação literal, é bastante explícita quanto ao carácter taxativo dos fundamentos de anulação aí previstos, ao determinar que *"a sentença arbitral só pode ser anulada"*.

Outro argumento importante e que se opõe à inclusão da violação da ordem pública *interna* entre os fundamentos de anulação da decisão arbitral é a proposta da nova Lei de Arbitragem Voluntária, recentemente apresentada pela APA. Nesta proposta, as causas de anulação de decisões arbitrais proferidas em arbitragem interna – art 46º – correspondem, no geral, àquelas que se encontram previstas no art. 34º da Lei-Modelo da UNCITRAL, não incluindo a violação da ordem pública. Já no âmbito das decisões arbitrais estrangeiras ou daquelas que sejam proferidas em arbitragem internacional, a proposta da APA prevê que a violação da ordem pública *internacional* possa constituir fundamento de recusa de reconhecimento, no primeiro caso [art. 56º, nº 2, al. b)] ou de anulação, no segundo (art. 54º).

Um quarto argumento está relacionado com as garantias do processo arbitral e implica distinguir, previamente, as consequências da invocação de violação da ordem pública em arbitragens internas e internacionais. Isto porque, de acordo com o estatuído na LAV, no domínio da arbitragem internacional, por regra, a decisão arbitral não admite recurso (art. 34º), ao contrário do que sucede nas arbitragens internas, em que por regra a decisão é recorrível (art. 29º).

Por si só, esta diferença justifica níveis diferentes de protecção, podendo ainda acrescentar-se que no âmbito das arbitragens internacionais a possibilidade de ofensa à ordem pública é maior, dado o confronto da decisão com diversos ordenamentos jurídicos. Compreende-se, assim, porque razão a violação da ordem pública internacional constitui fundamento de recusa de reconhecimento de sentenças arbitrais estrangeiras, nos termos dos arts. V, nº 2, al. b) da Convenção de Nova Iorque e 1096º, al. f) do CPC.

Acresce a todos estes argumentos uma dificuldade prática, na medida em que se o conceito de ordem pública internacional já é vago, transpô-lo para a ordem jurídica nacional não será tarefa fácil e colidirá com duas características essenciais da arbitragem: a voluntariedade e definitividade. De facto, importa recordar que apenas se submete a uma jurisdição arbitral quem quer, sendo essa opção motivada, em regra, pela procura de um processo rápido, sigiloso e que culmine numa decisão definitiva para as partes, pondo termo ao litígio que as opõe.

Assim, aceitar novos fundamentos de anulação da decisão arbitral, entre os quais a violação da ordem pública interna, traria uma maior incerteza e insegurança quanto à possibilidade de as partes poderem impugnar a decisão final. Por outro lado, é deveras importante limitar os fundamentos da acção de anulação para dar credibilidade à arbitragem, o que ajuda a explicar a exclusão, nesta sede, da análise do mérito da causa.

Porém, também é fundamental que seja assegurado ao Estado o controlo e a fiscalização das decisões arbitrais, designadamente no que respeita à observância daqueles princípios fundamentais, inerentes à própria estrutura do ordenamento jurídico. Ora, este corpo de princípios e regras basilares – que não incorpora todas as normas imperativas, mas inclui princípios gerais implícitos ao sistema jurídico – forma a ordem pública interna.

Daí que não se discuta se a violação da ordem pública interna consubstancia ou não um fundamento para impugnar uma decisão arbitral. A questão consiste, antes, em saber se a violação da ordem pública interna deverá ser invocada no âmbito de acção de anulação da decisão arbitral ou em sede de recurso da mesma.

Vimos anteriormente que alguma jurisprudência considera que a violação da ordem pública pode constituir um fundamento de impugnação da decisão arbitral, mesmo que não por via de uma acção de anulação. É também essa a solução que preconizamos.

Assim, consideramos que o art. 27º da LAV tem carácter taxativo, pelo que uma decisão arbitral apenas poderá ser anulada com base nos fundamentos aí previstos.

Porém, quando a decisão contrariar regras e princípios fundamentais do nosso ordenamento jurídico – isto é, a ordem pública interna –, deverá defender-se a sua nulidade, com base nos critérios gerais de direito (art. 281º do CC). Esta nulidade da decisão arbitral poderá, nos termos do art. 286º do CC, ser invocada a todo o tempo, por qualquer dos interessados ou oficiosamente.

Pelo exposto, somos levados a concluir que, embora não se inclua nas causas de anulação da decisão arbitral previstas na LAV, a violação da ordem pública *interna* constitui uma causa autónoma de nulidade da decisão arbitral, nos termos gerais.

BIBLIOGRAFIA

ALMEIDA, Carlos Ferreira de – "Convenção de Arbitragem: Conteúdo e Efeitos", *in I Congresso do Centro de Arbitragem da Câmara de Comércio e Indústria Portuguesa*, Coimbra, Livraria Almedina, 2008.

BAPTISTA, Albino Mendes – *Direito Laboral Desportivo – Estudos*, vol. I, Lisboa, *Quid Juris*, 2003.

BARROCAS, Manuel Pereira – "Contribuição para a Reforma da Lei de Arbitragem Voluntária", *in ROA*, Lisboa, ano 67 (2007), nº 1.

BORGES, Carla Gonçalves – "Pluralidade de Partes e Intervenção de Terceiros na Arbitragem", *in Themis*, Lisboa, ano VII (2006), nº 13.

BORN, Gary B. – *International Commercial Arbitration*, vol. I, Austin, Wolters Kluwer, 2009.

BREKOULAKIS, Stavros L. – "On Arbitrability: Persisting Misconceptions & New Areas of Concern", *in Arbitrability – International & Comparative Perspectives*, org. LOUKAS A. MISTELIS e STRAVROS L. BREKOULAKIS, Wolters Kluwer, The Netherlands, 2009.

CARAMELO, António Sampaio – "Anotação ao Acórdão da Relação de Lisboa de 18 de Maio de 2004", *in RDES*, Lisboa, ano 45 (2004), nº 4.

— "Questões de Arbitragem Comercial – II Anotação ao Acórdão do STJ, de 22 de Abril de 2004", *in RDES*, Lisboa, ano 46 (2005), nº 2-3-4.

— "A Disponibilidade do Direito como Critério de Arbitrabilidade do Litígio – Reflexões de *Jure Condendo*", *in ROA*, Lisboa, ano 66 (2006), nº 3.

— "A Autonomia da Cláusula Compromissória e a Competência da Competência do Tribunal Arbitral", *in ROA*, Lisboa, ano 68 (2008), nº 1.

— "Decisões Interlocutórias e Parciais no Processo Arbitral. Seu Objecto e Regime", *in II Congresso do Centro de Arbitragem da Câmara de Comércio e Indústria Portuguesa*, Coimbra, Livraria Almedina, 2009.

CRISTAS, Assunção e GOUVEIA, Mariana França – "A Violação da Ordem Pública como Fundamento de Anulação de Sentenças Arbitrais – Anotação ao Acórdão do STJ de 10.7.2008", *in Cadernos de Direito Privado*, Braga, nº 29 (2010).

CUNHA, Paulo Olavo – *Direito das Sociedades Comerciais*, 3ª ed., Coimbra, Livraria Almedina, 2007.

FERNANDES, Luís A. Carvalho – *Teoria Geral do Direito Civil*, vol. I, 2ª ed., Lisboa, Lex, 1995.

FONSECA, Rodrigo Garcia da – "A Arbitragem na Jurisprudência Recente do Supremo Tribunal de Justiça", *in Revista de Arbitragem e Mediação*, São Paulo, ano 5 (2008), nº 19.

FOUCHARD, Gaillard e Goldman – *On International Commercial Arbitration*, org.

BIBLIOGRAFIA

EMMANUEL GAILLARD e JOHN SAVAGE, The Hague, Kluwer Law International, 1999.

FREITAS, José Lebre de – *Introdução ao Processo Civil – Conceito e Princípios Gerais*, Coimbra, Coimbra Editora, 1996.

— "Algumas Implicações da Natureza da Convenção de Arbitragem", *in Estudos em Homenagem à Professora Doutora Isabel de Magalhães Collaço*, vol. II, Coimbra, Livraria Almedina, 2002.

— "Alcance da Determinação pelo Tribunal Judicial do Objecto do Litígio a submeter a Arbitragem", *in O Direito*, Lisboa, ano 138 (2006), nº 1.

FURTADO, Jorge Henrique da Cruz Pinto – *Manual do Arrendamento Urbano*, vol. I, 3ª ed., Coimbra, Livraria Almedina, 2001 e 4ª ed., Coimbra, Livraria Almedina, 2007.

GOMES, M. Januário da Costa – *Arrendamentos para Habitação*, 2ª ed., Coimbra, Livraria Almedina, 1996.

GOUVEIA, Mariana França – *Resolução Alternativa de Litígios: Negociação. Mediação. Arbitragem. Julgados de Paz* (Relatório apresentado na Faculdade de Direito da Universidade Nova de Lisboa), 2008, disponível em http://www.fd.unl.pt/eapoio/eapoio.asp.

KRÖLL, Stefan – "The «Arbitrability» of Disputes Arising from Commercial Representation", *in Arbitrability: International & Comparative Perspectives*, org. LOUKAS A. MISTELIS e STAVROS L. BREKOULAKIS, Wolters Kluwer, The Netherlands, 2009.

LABAREDA, João – "Notícia sobre os Processos Destinados ao Exercício de Direitos Sociais", *in Direito e Justiça*, Lisboa, ano 13 (1999), tomo I.

LARENZ, KARL – *Metodologia da Ciência do Direito*, tradução de JOSÉ DE SOUSA E BRITO e JOSÉ ANTÓNIO VELOSO, 2ª ed., Lisboa, Fundação Calouste Gulbenkian, 1978.

LEITÃO, João Morais e VICENTE, Dário Moura – "Portugal", *in International Handbook on Commercial Arbitration*, Alphen, suplemento do nº 35 (Agosto de 2002).

LEW, Julian D.M., MISTELIS, Loukas A. e KRÖLL, Stefan – *Comparative International Commercial Arbitration*, The Hague, Kluwer Law International, 2003.

LIEBSCHER, Christoph – "Insolvency and Arbitrability", *in Arbitrability: International & Comparative Perspectives*, org. LOUKAS A. MISTELIS e Stravros L. BREKOULAKIS, The Netherlands, Wolters Kluwer, 2009.

MACHADO, António Montalvão, FREITAS, José Lebre de e PINTO, Rui – *Código de Processo Civil Anotado*, vol. II, 2ª ed., Coimbra, Coimbra Editora, 2008.

MENDES, Armindo Ribeiro – *Sumários da Disciplina de Práticas Arbitrais do Mestrado Forense da Universidade Católica*, [s.d], disponível em http://arbitragem.pt/estudos/sumarios-praticas-arbitrais-mestrado-forense-da-catolica.pdf.

— "Balanço dos Vinte Anos de Vigência da Lei de Arbitragem Voluntária: sua Importância no Desenvolvimento da Arbitragem e Necessidade de Alterações", *in I Congresso do Centro de Arbitragem da Câmara de Comércio e Indústria Portuguesa*, Coimbra, Livraria Almedina, 2008.

— "As Medidas Cautelares e o Processo Arbitral (Algumas Notas)", *in Revista Internacional de Arbitragem e Conciliação*, Coimbra, ano 2 (2009).

MENDES, Armindo Ribeiro e MENDES, Sofia Ribeiro – "Crónica de Jurisprudência", *in Revista Internacional de Arbitragem e Conciliação*, Coimbra, ano 1 (2008).

MENDES, João de Castro – *Direito Civil*, vol. II, Lisboa, AAFDL, 1979.

— *Direito Processual Civil*, vol. I, Lisboa, AAFDL, 1986.

MONTEIRO, António Pinto – *Contrato de Agência*, 6ª ed., Coimbra, Livraria Almedina, 2007.

PEREIRA, Fernanda da Silva – *Arbitragem Voluntária Nacional. Impugnação de Sentenças Arbitrais – o Longo e Tortuoso Caminho a Percorrer*, Lisboa, Livraria Petrony, 2009.

PINHEIRO, Luís de Lima – *Arbitragem Transnacional – A Determinação do Estatuto da Arbitragem*, Coimbra, Livraria Almedina, 2005.

— "Apontamento sobre a Impugnação da Decisão Arbitral", *in ROA*, Lisboa, ano 67 (2007), nº 3.

— "Recurso e Anulação da Decisão Arbitral: Admissibilidade, Fundamentos e Consequências", *in I Congresso do Centro de Arbitragem da Câmara de Comércio e Indústria Portuguesa*, Coimbra, Livraria Almedina, 2008.

PINTO, Carlos Alberto da Mota – *Teoria Geral do Direito Civil*, 11ª reimpressão da 3ª ed., Coimbra, Coimbra Editora, 1996.

POUDRET, Jean-François e BESSON, Sébastien – *Droit Comparé de l'Arbitrage International*, Bruxelles, Bruylant, 2002.

— *Comparative Law of International Arbitration*, tradução de STEPHEN V. BERTI e ANNETTE PONTI, 2ª ed., London, Sweet and Maxwell, 2007.

REDFERN, Alan e HUNTER, Martin – *Law and Practice of International Commercial Arbitration*, 4ª ed., Thomson, Sweet and Maxwell, 2004.

REIS, João Luis Lopes dos – "A Excepção da Preterição do Tribunal Arbitral (Voluntário) ", *in ROA*, Lisboa, ano 58 (1998), nº 3.

SANTOS, António Marques dos – "Arrendamento Urbano e Arbitragem Voluntária", *in Estudos em Homenagem ao Professor Doutor Inocêncio Galvão Telles*, vol. III, Coimbra, Livraria Almedina, 2002.

SILVA, Germano Marques da – *Introdução ao Estudo do Direito*, 3ª ed., Lisboa, Universidade Católica, 2009.

SILVA, Manuel Botelho da – "Pluralidade de Partes em Arbitragens Voluntárias", *in Estudos em Homenagem à Professora*

Doutora Isabel de Magalhães Collaço, vol. II, Coimbra, Livraria Almedina, 2002.

SILVA, Paula Costa e – "Anulação e Recursos da Decisão Arbitral", *in ROA*, Lisboa, ano 52 (1992), nº 3.

— "Os Meios de Impugnação de Decisões Proferidas em Arbitragem Voluntária no Direito Interno Português", *in ROA*, Lisboa, ano 56 (1996), nº 1.

— "A Arbitrabilidade de Medidas Cautelares", *in ROA*, Lisboa, ano 63 (2003), nºs 1 e 2.

SOUSA, Miguel Teixeira de – *A Acção de Despejo*, Lisboa, Lex, 1991.

— *A Competência Declarativa dos Tribunais Comuns*, Lisboa, Lex, 1994.

TRABUCO, Cláudia – "Dos Contratos Relativos ao Direito à Imagem", *in O Direito*, Lisboa, ano 133 (2001), nº 2.

TRABUCO, Cláudia e GOUVEIA, Mariana França – "Arbitrabilidade das Questões de Concorrência no Direito Português", *in Estudos em Homenagem ao Prof. Doutor Carlos Ferreira de Almeida*, 2010 (no prelo).

VARELA, João de Matos Antunes – *Das Obrigações em Geral*, vol. I, 10ª ed., Coimbra, Livraria Almedina, 2000.

VARELA, Antunes, BEZERRA, J. Miguel e NORA, Sampaio e – *Manual de Processo Civil*, 2ª ed., Coimbra, Coimbra Editora, 1985.

VASCONCELOS, Pedro Pais de – *Direito de Personalidade*, Coimbra, Livraria Almedina, 2006.

VENTURA, Raul – "Convenção de Arbitragem e Cláusulas Contratuais Gerais", *in ROA*, Lisboa, ano 46 (1986), nº 1.

— "Convenção de Arbitragem", *in ROA*, Lisboa, ano 46 (1986), nº 2.

VICENTE, Dário Moura – *Da Arbitragem Comercial Internacional – Direito Aplicável ao Mérito da Causa*, Coimbra, Coimbra Editora, 1990.

— "A Manifestação do Consentimento na Convenção de Arbitragem", *in RFDUL*, Coimbra, ano 43 (2002), nº 2.

LISTA DE JURISPRUDÊNCIA FINAL

Ac. STJ de 2.5.1978 – Proc. nº 067102

Ac. STJ de 4.4.1986 – *BMJ* nº 356, pp. 183 a 196

"Caso do Acidente de Viação": Ac. STJ de 19.12.1989 – Proc. nº 078381

" Caso Empreitada no Funchal": Ac. STJ de 27.9.1990 – Proc. nº 080443

"Caso Setenave": Ac. STJ de 29.5.1991 – Proc. nº 078981

Ac. STJ de 27.5.1992 – *BMJ* nº 417, pp. 545 a 553

Ac. STJ de 31.3.1993 – *CJSTJ* 1993, II, p. 55

Ac. STJ de 2.12.1993 – Proc. nº 084696

"Caso da Comissão Paritária": Ac. STJ de 11.3.1999 – Proc. nº 98B1128

"Caso do Jogador de Golfe II": Ac. STJ de 17.5.2001 – *CJ* 2001, II, pp. 89 a 91

"Caso dos Automóveis": Ac. STJ de 27.6.2002 – Proc. nº 02A3692

Ac. STJ de 11.2.2003 – Proc. nº 02A4683

"Caso Nova Dehl": Ac. STJ de 23.10.2003 – Proc. nº 03B3145

Ac. STJ de 30.9.2004 – Proc. nº 04B2545

"Caso PT II": Ac. STJ de 4.10.2005 – Proc. nº 05A2222

"Caso Nova Deli": Ac. STJ de 11.10.2005 – Proc. nº 05A2507

"Caso da Compra e Venda de Acções": Ac. STJ de 24.10.2006 – Proc. nº 06B2366

"Caso da Apresentadora de Televisão": Ac. STJ de 3.5.2007 – Proc. nº 06B3359

Acórdão Uniformizador de Jurisprudência do STJ de 28.2.2008 – Proc. nº 07B1321

"Caso da Construção Civil": Ac. STJ de 27.5.2008 – Proc. nº 08B847

"Caso da Cláusula Penal II": Ac. STJ de 10.7.2008 – Proc. nº 08A1698

Ac. STA de 18.11.1998 – Proc. nº 013730

"Caso Inquérito Judicial I": Ac. TRL de 18.5.1977 – *CJ* 1977, III, pp. 619 e 620

"Caso Anulação Deliberações Sociais": Ac. TRL de 15.4.1986 – *CJ* 1986, II, p. 110

Ac. TRL de 31.3.1992 – Proc. nº 0057461

Ac. TRL de 13.10.1992 – Proc. nº 0057341

"Caso Prémio Anual dos Administradores": Ac. TRL de 14.6.1994 – Proc. nº 0083551

ANÁLISE DE JURISPRUDÊNCIA SOBRE ARBITRAGEM

"*Caso Despejo I*": Ac. TRL de 11.10.1994 – Proc. nº 0086041

"*Caso Acção Executiva*": Ac. TRL de 14.5.1998 – Proc. nº 0008222

"*Caso das Faltas Injustificadas*": Ac. TRL de 14.6.2000 – *CJ* 2000, III, pp. 167 a 169

Ac. TRL de 26.9.2000 – Proc. nº 0006361

"*Caso do Jogador de Golfe I*": Ac. TRL de 9.11.2000 – *CJ* 2000, V, pp. 87 a 90

"*Caso da Execução Específica*": Ac. TRL de 16.1.2001 – *CJ* 2001, I, pp. 79 a 81

"*Caso do Árbitro Impedido*": Ac. TRL de 7.11.2002 – *CJ* 2002, V, pp. 69 a 71

Ac. TRL de 12.12.2002 – Proc. nº 0089192

"*Caso Despejo II*": Ac. TRL de 23.10.2003 – Proc. nº 3317/2003-6

"*Caso Teleweb*": Ac. TRL de 18.5.2004 – Proc. nº 3094/2004-7

"*Caso PT I*": Ac. TRL de 3.3.2005 – Proc. nº 9596/2004-6

"*Caso Sporting*": Ac. TRL de 21.4.2005 – Proc. nº 3060/2005-6

Ac. TRL de 19.10.2005 – Proc. nº 4301/2005-4

"*Caso Imopólis*": Ac. TRL de 24.11.2005 – Proc. nº 10593/2005-6

"*Caso Arresto*": Ac. TRL de 20.4.2006 – Proc. nº 3041/2006-2

"*Caso Golfe das Amoreiras*": Ac. TRL de 2.10.2006 – Proc. nº 1465/2006-2

"*Caso da Deliberação Social*": Ac. TRL de 6.3.2007 – *CJ* 2007, II, pp. 70 a 76

"*Caso do Trespasse*": Ac. TRL de 5.6.2007 – Proc. nº 1380/2007-1

"*Caso da Cláusula Penal I*": Ac. TRL de 29.11.2007 – Proc. nº 5159/2007-2

Ac. TRL de 9.4.2008 – Proc. nº 332/2008-4

"*Caso Embargo Obra Nova*": Ac. TRL de 18.9.2008 – Proc. nº 3612/2008-8

"*Caso do Acordo-Quadro*": Ac. TRL de 10.2.2009 – Proc. nº 3859/2008-7

"*Caso Insolvência*": Ac. TRL de 25.6.2009 – Proc. nº 984/08.0TBRMR.L1-8

"*Caso dos Juros*": Ac. TRP de 11.11.1993 – Proc. nº 9220917

"*Caso do Fornecimento de Moldes*": Ac. TRP de 3.4.1995 – Proc. nº 9451263

"*Caso do Condomínio*": Ac. TRP de 30.9.1996 – Proc. nº 9650553

"*Caso Ovarense*": Ac. TRP de 24.11.1997 – *CJ* 1997, V, pp. 246 a 248

"*Caso do Cão*": Ac. TRP de 27.11.2001 – Proc. nº 0121217

Ac. TRP de 11.11.2003 – Proc. nº 0324038

"*Caso Impugnação Despedimento*": Ac. TRP de 9.2.2004 – Proc. nº 0344354

Ac. TRP de 23.3.2004 – Proc. nº 0326177

"*Caso Suspensão Deliberações Sociais*": Ac. TRP de 17.5.2005 – Proc. nº 0522209

"*Caso da Sociedade de Pesca da Sardinha*": Ac. TRP de 18.5.2006 – Proc. nº 0630812

"*Caso Nomeação Órgãos Sociais*": Ac. TRP de 20.7.2006 – Proc. nº 0632696

"*Caso do Contrato de Prestação de Serviços*": Ac. TRP de 18.6.2008 – Proc. nº 0726831

"*Caso das Sementes de Milho*": Ac. TRP de 11.1.2007 – Proc. nº 0636141

"*Caso Inquérito Judicial II*": Ac. TRP de 17.4.2007 – Proc. nº 0721539

"*Caso Consignação em Depósito I*": Ac. TRP de 26.5.2008 – Proc. nº 0852236

Ac. TRP de 3.2.2009 – Proc. nº 0826756

LISTA DE JURISPRUDÊNCIA FINAL

"Caso Consignação em Depósito II": Ac. TRP de 2.3.2009 – Proc. n.º 0823701

Ac. TRE de 12.7.1984 – *CJ* 1984, IV, pp. 286 e 287

"Caso Beira-Mar": Ac. TRE de 27.10.1998 – *CJ* 1998, IV, pp. 292 a 294.

"Caso da Urbanização": Ac. TRE de 4.10.2007 – Proc. n.º 1725/07-2

"Caso Indemnização de Clientela": Ac. TRG de 16.2.2005 – Proc. n.º 197/05-1

"Caso da Auto-Estrada": Ac. TRG de 23.11.2005 – Proc. n.º 1595/05-1

Ac. TRC de 11.1.2007 – Proc. n.º 355/05.OTTLRA.C1

"Caso Mitsubishi": Ac. *Supreme Court* – 473 U.S. 614, L. Ed. Ed 444 (1985)

Ac. Supremo Tribunal Alemão de 3.9.2009 – *Revista de Arbitragem e Mediação*, São Paulo, ano 7 (2010), n.º 24

ÍNDICE

LISTA DE ACÓRDÃOS ANALISADOS 9

"A Arbitragem na Jurisprudência dos Tribunais Superiores" 11
Mariana França Gouveia e João Pedro Pinto-Ferreira

"O Princípio da Competência dos Tribunais Arbitrais
para decidirem sobre a sua própria Competência" 23
Joana Neves

"A Arbitrabilidade dos Litígios em Sede de Invocação de Excepção
de Preterição do Tribunal Arbitral Voluntário" 59
Joana Galvão Teles

"A Não Arbitrabilidade como Fundamento de Anulação
da Sentença Arbitral na Lei de Arbitragem Voluntária" 135
Isabel Gonçalves

"Os Requisitos Formais e Materiais da Convenção de Arbitragem" 167
Rute Santos

"Anulação da Decisão Arbitral.
Taxatividade dos Fundamentos de Anulação" 201
Rui Ferreira

BIBLIOGRAFIA 231

LISTA DE JURISPRUDÊNCIA FINAL 235